勇立潮头

"八八战略"引领浙江科学发展

厉佛灯 ◎ 著

浙江人民出版社

序　言

一个民族要实现伟大复兴，不能没有科学的理论指导；一个国家和地区要推进科学发展，不能没有正确的战略引领。

"八八战略"是习近平总书记在浙江工作时亲自擘画实施的引领浙江发展、推进浙江工作的总战略。正值开展学习贯彻习近平新时代中国特色社会主义思想主题教育之际，浙江迎来"八八战略"实施20周年。20年前召开的省委十一届四次全会，在历史的长河中只是短暂的一瞬，但对浙江来说非同寻常，值得载入史册，永远铭记，因为习近平同志在这次全会上向全省干部群众郑重提出了进一步发挥"八个方面的优势"、推进"八个方面的举措"的"八八战略"。自此，"八八战略"犹如一把金钥匙，打开了浙江通向科学发展的大通道，为推进高质量发展打下了坚实基础，对浙江落实干在实处、走在前列、勇立潮头要求，产生了极其重大而深远的影响。

呈现在我眼前的《勇立潮头——'八八战略'引领浙江科学发展》书稿，是厉佛灯同志在《今日浙江》杂志工作期间，公开发表过的有关实施"八八战略"的通讯、综述选编，忠实纪录了"八八战略"作出后的5年间，浙江省委率领全省干部群众全面展开、扎实实施"八八战略"的情况。这正是浙江转型发展的一个重要阶段，也是实施"八八战略"的一个关键时期。我觉得这本书稿，给我们提供了透视这一时期浙江实施"八八战略"的一个重要窗口。我是一名浙江人，曾长期在浙江工作和生活。2001年底来北京工作后，始终关注浙江，我喜欢阅读《浙江日报》和《今日浙江》杂志，从中了解浙江的情况。每次回浙江出席会议活动或探亲访友，目睹家乡日新月异的发展变化，总会有一些新的惊喜、新的启发并留下新的深刻印象。我就是在这样的过程中了解"八八战略"，关注"八八战略"，不断深化对"八八战略"认识的。

"八八战略"实施20年，浙江大地发生了全方位、系统性、重塑性的精彩蝶变，从经济大省到经济强省，从率先实现总体小康，到高水平建成全面小康社会，再到如今能够成为中国特色社会主义共同富裕和省域现代化"两个先行"，这其中让人欣喜、引人自豪的，不仅是一连串领跑全国的统计数字，更是人民群众获得感、幸福感、安全感的不断提升。这在《勇立潮头——'八八战略'引领浙江科学发展》中有许多呈现，可一斑窥豹。可以说，这20年是"八八战略"持续深刻接受实践检验，在浙江大地越来越深入人心、扎下深根的20年，也是持续印证"八八战略"科学真理、彰显"八八战略"实践伟力的20年。

历史是一段一段连接成的，也是一代又一代人不断续写的。阅读这本书稿，更加深刻地感受到，当前浙江辉煌成就的取得，离不开"八八战略"开始实施那五年的奠基打底，离不开一茬茬干部群众的持续接力。从十一届省委至十五届省委，正是历届省委一届接着一届干，一张蓝图绘到底，带领全省干部群众实施"八八战略"不歇脚，咬定目标不松劲，一步步推进，一年年奋斗，才谱写了这20年精彩动人的乐章。饮水思源，缘木思本；前事不忘，后事之师。认真总结实施"八八战略"的成就和经验，有利于更加准确深刻地把握"八八战略"的思想意蕴和实践要求，有利于更加坚定对"八八战略"的思想认同、价值认同和情感认同，有利于更加有力推进"八八战略"持续深入实施，使之始终焕发蓬勃的青春活力。

我一边阅读书稿，一边在思考一个问题：在"八八战略"实施20年之际，我们应该从"八八战略"中汲取些什么？"八八战略"是从省域层面对中国特色社会主义进行的卓有成效的理论创新和实践创新，是习近平新时代中国特色社会主义思想在浙江萌发与实践的集中体现和重要标志，蕴含了马克思主义的立场、观点和方法。我觉得能够从中汲取智慧和营养很多。对领导干部来说，在工作方面最重要的是作决策和抓落实，这也是领导干部应具备的基本功。"八八战略"是科学决策的典范，"八八战略"连续20年的实施是抓落实的典范，我们应该从"八八战略"的决策和实施中，领悟和学到一些作决策和抓落实的思想方法和工作方法，并真正入脑入心转化为实际行动。只要细细去研究体会，"八八战略"决策部署的高瞻远瞩、深谋远虑、统揽全局、把握规律，其中蕴含的战略思维、辩证思维、历史思维和系统观念等，会让我们收获满满，终身受益。还有"八八战略"推进实施中，浙江领导干部驰而不息抓落实、创新思路抓落实、加强督查抓落实、敢于担当抓落实、身先士卒抓落实、守住底线抓落实等抓落实的方式方法，也是非常值得我们借鉴学习的。

最后，还想说一下，浙江实施"八八战略"的理论研究和实践成果，无疑是当前浙江开展主题教育的独特资源，也是"八八战略"的实践探索者和理论研究工作者们奉献的宝贵精神财富，值得我们消化吸收，融会贯通，加以运用。

2023年6月20日

目　录

001　谋求科学发展　再创先发优势
　　　——省委"树立和落实科学发展观"专题学习会侧记

008　执政能力体现在造福人民的实践中
　　　——十六大以来省委加强党的执政能力建设工作综述

022　"八八战略"引领浙江科学发展
　　　——回眸2004年专题报道之一

026　2004，浙江在宏观调控中奋进
　　　——写在全省经济工作会议前夕

036　为了让灾民安居乐业
　　　——浙江省灾后重建工作见闻

044　影响浙江的10个关键词
　　　——回眸2004年专题报道之十

051　人才是第一资源
　　　——解读浙江"人才新政"

057　从人民群众中汲取智慧和力量
　　　——十六大以来省委、省政府大兴调查研究之风述评

063 创造惠及城乡最广大人民的幸福生活
　　　——浙江统筹城乡发展工作综述

071 贵在落实　贵在坚持
　　　——写在省委作出建设"平安浙江"决策部署一周年之际

079 天山南北浙江人
　　　——写在浙江赴新工作大队援疆50周年之际

085 推进交流合作　共谋繁荣发展
　　　——浙江党政代表团促进国内合作工作综述

090 致力于走在前列　提高了执政能力
　　　——十六届四中全会以来省委加强执政能力建设情况综述

104 案件高发势头为何能得到有效遏制
　　　——富阳市公安局派出所勤务机制改革见成效

109 先进性教育推进了和谐农村建设
　　　——画水镇开展第三批先进性教育活动试点工作纪实

113 固本强基　惠民利民
　　　——浙江村级组织办公场所建设巡礼

120 村民们走上了康庄大道
　　　——20省道马岭至浦阳段公路改建纪事

126 郑九万精神催人奋进
　　　——浙江大地涌动学习郑九万热潮

133 "法治浙江",开启政治文明建设新征程
　　　——写在省委十一届十次全会即将召开之际

141 为走在前列提供坚强的政治保证
　　　——十六大以来浙江党建工作概述

150 以科学决策引领科学发展
　　——十六大以来浙江重要决策部署回眸

159 在推进科学发展中高奏和谐乐章
　　——党的十六大以来浙江构建和谐社会的生动实践

173 浙江国有经济的"六五四三二"
　　——国有经济与民营经济成为浙江耀眼的双子星座

176 在"好"的基础上推进"快"发展

181 开局之年　良好开局
　　——浙江各市2006年推进科学发展成绩斐然

186 沿着科学发展的大道奋进
　　——浙江各市2007年工作思路概述

192 让广大农民分享城市发展成果

197 把实事办到群众心坎上
　　——浙江省委、省政府为民办实事工作综述

203 树良好作风　创优异成绩
　　——浙江部署开展"作风建设年"活动侧记

208 引领和推进浙江科学发展的重大战略

217 钱江潮涌"西洽会"

223 总揽全局抓大事　协调各方促发展
　　——浙江省委改革和完善领导方式情况综述

230 既要绿水青山　又要金山银山
　　——浙江生态省建设综述

236 非公有制企业党组织如何发挥作用
　　——温州市非公有制企业党建工作调查

242 风好正是扬帆时
　　——浙江党员干部和群众谈对党代会的期盼

248 后　记

谋求科学发展　再创先发优势
——省委"树立和落实科学发展观"专题学习会侧记

盛夏时节,骄阳似火。在浙江大地,让记者感受最"热"的,不是这气温,而是各级领导干部热切谋求落实科学发展观的思路、举措和行动。

"科学发展观的提出,是我们党坚持解放思想、实事求是、与时俱进,推进理论创新的重大成果,是我们党对社会主义现代化建设规律认识的进一步深化,是我们党执政理念的一个新的飞跃。"

"科学发展观是指引各项事业蓬勃发展的航标和灯塔,是各级领导干部想问题、办事情、作决策的基本准则。"

"我们要切实树立和落实科学发展观,大力推进经济增长方式的转变,否则浙江的发展就难以为继,提前基本实现现代化的目标就不可能变为现实。"

……

在7月29日至31日召开的中共浙江省委"树立和落实科学发展观"专题学习会上,与会的省委理论学习中心组成员,各市市委书记、市长和省直属部门主要负责人,紧密结合浙江实际,深入研究思考,充分敞开思想,热烈讨论问题,畅谈学习体会,踊跃发表意见。大家都非常珍惜这难得的机会,会场、饭桌、宿舍都成了学习、讨论和交流的场所。

这是省委在中央加强宏观调控的背景下,在浙江经济社会发展处于关键时期召开的一个重要会议。

"时间虽短,但安排紧凑,习近平书记的中心发言和其他几位省领导的发言,理论和实践结合得紧,有很强的针对性和指导性。""这是一次深入学习和贯彻科学发展观的会议，这是一次以科学发展观为指导，认真研究如何推进实施'八八战略'、建设'平安浙江'的会议，这是一次集思广益、发扬民主，统一思想、振奋精神，研究对策、明确方向，增强信心、推动工作的会议。"

这是与会同志对这次会议一致的评价。

科学发展观思想深刻，内容丰富，蕴含着深远的理性思考，彰显出鲜明的时代特征，是新一届中央领导集体理论创新的标志性成果，为我们加快全面建设小康社会，推动经济社会更快更好地发展指明了方向

学习会的第一天上午，省委书记习近平就带头作了题为"牢固树立和认真落实科学发展观，推动浙江经济社会全面协调可持续发展"的中心发言。

习近平强调，科学发展观是党中央在坚持和继承马克思主义发展观的基础上形成的科学理论，是我们党对社会主义市场经济条件下，经济社会发展规律认识的重要升华。要从马克思主义哲学的高度深刻理解科学发展观的理论基础，从人类社会发展和社会主义现代化建设的高度来把握科学发展观的精神实质，从加快全面建设小康社会和提前基本实现现代化的高度来认识科学发展观的重大意义。

在讨论中，与会同志结合各自的实践，从不同侧面、不同角度，阐述了自己对科学发展观的认识和理解。

"发展观的第一要义是发展。离开发展，就无所谓发展观。解决一切问题的关键在发展。"一位来自我省相对欠发达地区的市领导说，"发展是硬道理，是我们党执政兴国的第一要务，这是我们必须始终坚持的一个战略思想。坚持科学发展观，其根本着眼点是要用新的发展思路实现更快更好的发展。无论是发达地区还是相对欠发达地区，都要从实际情况出发，正确把握自身经济社会发展所处的阶段，不同的发展阶段，要有不同的发展模式和发展举措，走有自己特色的发展之路。但不管什么模式和举措，都必须符合科学发展观的要求。"

经济社会的发展是有规律的。发展的内在规律性要求我们转变发展观念，把发展目标转移到坚持以人为本，树立全面、协调、可持续的发展观，促进经济社会和人的全面发展上来，从而在更高的发展水平上进一步促进经济持续、快速、协调、健康的发展，实现人与自然的和谐相处，使人民生活质量不断提高。

大家一致认为，以人为本是科学发展观的核心和本质，全面、协调、可持续发展是科学发展观的基本内容，统筹兼顾是科学发展观的根本要求。要在深刻认识和正确领会科学发展观丰富内涵的基础上，坚持以科学发展观为指导，使各项工作更加符合自然界和人类社会的客观规律，更加符合浙江的省情和发展阶段，更好地推进改革开放和现代化建设。

省委提出的"八八战略"和"平安浙江"建设，符合科学发展观的精神实质，是科学发展观在浙江的生动实践和具体体现

浙江改革开放20多年的发展史，就是一部与时俱进、开拓创新的历史。

党的十六大以来，省委正确认识和把握浙江经济社会发展的时代背景、现实基础和战略目标，按照"发展要有新思路，改革要有新突破，开放要有新局面，各项工作要有新举措"的要求，在深入调查研究，总结历届省委工作经验的基础上，坚持继承和创新的统一，去年作出了实施"八八战略"的重大决策。今年省委十一届六次全会又对建设"平安浙江"作出全面部署，不仅得到了全省上下的一致赞同，并且还受到中央领导同志的充分肯定。

今年以来，针对经济社会发展中的矛盾和问题，面对宏观调控后出现的新情况，我省坚持以科学发展观为指导，扎扎实实地深入实施"八八战略"，全面展开建设"平安浙江"各项工作。通过全省上下的共同努力，今年我省经济社会发展继续保持良好态势。上半年全省实现生产总值5110亿元，同比增长15.5%；财政总收入845.8亿元，其中地方一般预算收入444.2亿元，分别增长16%和26.5%；城镇居民人均可支配收入和农村居民人均现金收入分别为7771元和3778元，分别增长11.9%和14.1%，扣除价格因素，实际分别增长9.1%和8.6%。国际知名的瑞士洛桑国际管理发展学院，自1989年以来，每年对世界最主要的国家和地区竞争力进行分析排名，2003年把浙江作为唯一的中国地区代表列入竞争力分析，2004年经过经济绩效、政府效率、商业效率和基础设施等4个要素、323个分析指标排名，浙江在60个国家和地区的国际竞争力中名列19位，比2003年前移了19位，被评为竞争力提升最快的地区。

"这样的成绩来之不易，我们要十分珍惜。"与会的同志一致认为，保持我省经济社会发展的良好势头，完成全年的目标任务，加快全面建设小康社会进程，必须深入实施"八八战略"，大力推进"平安浙江"建设。许多同志在发言中认为，"八八战略""平安浙江"是科学发展观在浙江的深化、细化、具体化。"八八战略"坚持继承和创新相统一，明确提出要进一步发挥环境优势，加强法治建设、信用建设；进一步发挥人文优势，抓好文化大省建设，推进全社会思想道德素质、科学文化素质的提高等。它内涵十分丰富，涉及我省经济、政治、文化和社会生活各个方面，是落实科学发展观的一项重大战略。建设"平安浙江"，创造一个和谐稳定的社会环境，是深入实施"八八战略"的有机组成部分。深入实施"八八战略"必须深化改革、促进发展，而这一切都需要和谐稳定的社会环境来保证，否则，改革就难以深化，发展就无从谈起。所以，建设"平安浙江"，既是"八八战略"具体化的重要体现，又是深入实施"八八战略"的重要保证。

深入实施"八八战略"和建设"平安浙江"，又是落实科学发展观的题中之义和迫切需要。科学发展观是促进经济社会协调发展的重大战略思想。如果社会发展与经济发展不协调，要实现统筹城乡、区域和人与自然的和谐发展是不可能的，坚持以人为本的本质和核心就会落空。

因此，一位来自省直机关综合部门的负责人深有感触地说："不抓好'八八战略'实施，不抓好'平安浙江'建设，就不会有统筹发展的浙江，不会有繁荣兴旺的浙江，不会有全面小康的浙江，也就难以切实推进科学发展。"

正确把握发展条件和社会环境的深刻变化，客观分析当前面临的困难和问题，在实际问题的理性思考中统一思想，在工作实践和探索创新中深化认识，进一步增强树立和落实科学发展观的紧迫感和责任感

不同的发展阶段，面临着不同的发展课题。

当前，我国正进入加速社会转型、体制转轨的重要时期。这既是加快发展的战略机遇期，又是各种矛盾和问题的易发多发期。近两年来，一些深层次的矛盾和问题已日益凸现：突如其来的"非典"疫情，反映出我国的经济社会发展不够全面；城乡二元经济结构，使"三农"问题更加突出；区域发展的不平衡，使地区差距有扩大趋势；经济的快速增长，对资源、环境的压力日益加大。

浙江作为市场经济的先发地区和我国相对发达的省份，一些矛盾和问题也就更早地暴露出来，比如电、水、地等要素制约问题，环境污染问题，影响社会和谐稳定的因素增多问题等等，都已严重影响我省的进一步发展。省委书记习近平在发言中用了许多生动的例子和颇有说服力的数据，认真分析了发展中面临的突出矛盾和问题，如资金高投入、能源高消耗、污染高排放的"三高"粗放经营格局尚未根本改变，生产要素的瓶颈制约越来越明显，表现为局部出现了"正在生产的缺电，正在建设的缺钱，正在招商的缺地"的现象，还有城乡、区域和社会发展中存在不协调问题等。他把这些发展中出现的困难和问题形象地比喻为"成长中的烦恼"。

大家在讨论中普遍认为，这些问题很大程度上是长期积累的体制性、结构性、素质性矛盾的进一步显现，从根本上说是粗放型增长方式的必然结果。粗放型的经济增长需要源源不断地投入大量资金和资源，一旦资源和环境难以支撑，就必然使矛盾凸现出来。这里有发展观念上偏差的原因，也有我们一些干部在工作指导上，不同程度地存在着"增长就是发展""重投资、轻效益""重增长、轻环境""重经济、轻社会"等倾向，不善于统筹兼顾，不能很好地处理经济与人口、资源、环境和社会的关系。

当然，浙江当前面临的问题，都是发展中的问题、前进中的问题，也是能够解决的问题。对面临的困难和问题，既不能望而生畏，消极对待，也不能盲目乐观，熟视无睹，要居安思危，处盛虑衰，始终保持清醒头脑，更加注重经济发展质量，更加注重社会发展水平，更加注重统筹协调发展。

树立和落实科学发展观，最重要的是付诸实践，见诸行动。浙江作为沿海发达省份，有责任、有条件在落实科学发展观方面走在全国前列。我们要实现的发展，不但要在速度上快于全国，而且要在质量和水平上高于全国，在统筹协调上领先于全国

科学发展观，重在坚持，贵在落实。如何抓好落实？这是大家最关注的问题。省委、省政府几位领导的发言，都重点阐述了这一问题。

领导科学发展的能力是党的执政能力的一个重要方面。大家认为，要把树立和落实科学发展观同加强党的执政能力结合起来，不断增强党的领导水平和执政水平。要重视解决两大课题：一是如何牢牢把握战略机遇期，促进经济持续、快速、协调、健康发展；二是面对结构转换、体制转轨和社会转型的新形势，如何保持社会和谐稳定。这两大课题相互作用、相互影响，要联系在一起研究解决，关键是要切实抓好省委提出的"八八战略"和建设"平安浙江"部署的贯彻落实。大家在发言中提出，必须突破就农业论农业、就农村论农村的传统思路，站在经济社会发展全局的高度研究和解决城乡二元经济结构及"三农"问题，推进城乡一体化，走"以城带乡、以工促农、城乡互动、协调发展"的道路。

当前树立和落实科学发展观的一项重要任务，就是要切实贯彻落实国家宏观调控政策，确保经济长期稳定健康发展。大家认为，宏观调控和要素资源紧张，正是锻炼和检验广大干部发展本领的好时机。一定要进一步把思想统一到中央对当前经济形势的判断和工作部署上来，振奋精神，迎难而上，苦练内功，化压力为动力，化挑战为机遇，努力做到紧中求活，稳中求进，好中求快。

坚持以人为本，不断满足人们的多方面需求和实现人的全方位发展需要，这是科学发展观的本质和核心。人的需求有物质方面的需求，更有精神文化方面的需求。这就需要我们切实加强社会主义精神文明建设，加快文化大省建设，不断满足人民群众日益增长的精神文化需要，切实保障人民群众的文化权益，让精神文明建设的成果惠及全体人民。

"政绩之本，在于为民"，科学的发展观与正确的政绩观相辅相成。在发展观上出现盲区，往往会在政绩观上陷入误区；缺乏正确的政绩观，往往会在实践中偏离科学的发展观。新形势下，科学发展观所要求的政绩，是坚持以人为本，全面、协调、可持续发展的政绩。大家一致认为，实践、群众和历史是正确政绩观的衡量标准。要改进政绩评价和考核方法，建立和完善科学的干部政绩考核体系，树立正确的用人导向，通过制度保证，使勤政为民、求真务实的干部得到褒奖，使好大喜功、弄虚作假的干部受到惩戒，在全省各级干部中形成勤政为民、求真务实、踏实苦干的浓厚风气，形成奋发有为、开拓进取、艰苦奋斗的浓厚氛围，坚决克服和防止形式主义、官僚主义，保证科学发展观和正确的政绩观在干部队伍中树立起来，落实下去。

沧海横流，方显英雄本色。过去20多年，浙江人民乘改革开放东风，艰苦创业，敢为人先，赢得了市场取向改革的先发优势。我们相信，今后20多年，通过全省上下的共同努力，浙江在树立和落实科学发展观，加快经济增长方式转变方面，也一定打头阵、当先锋，继续走在全国前列。

（《今日浙江》2004年第15期）

执政能力体现在造福人民的实践中

——十六大以来省委加强党的执政能力建设工作综述

"加强党的执政能力建设,提高党的领导水平和执政水平。"

这是党的十六大立足于我们党所处的历史方位和时代赋予的历史使命,着眼于中国特色社会主义事业的前进方向,从党和国家长治久安的战略高度,向全党提出的带有全局性、根本性的重大课题。

十六大以来,省委紧紧围绕这一重大课题,从浙江实际出发,针对加快全面建设小康社会、提前基本实现现代化实践中遇到的新情况、新问题,认真总结经验,积极探索创新,把加强党的执政能力建设,充分体现在各项重大决策和部署上,全面落实到执政为民的丰富实践中,取得了明显的成效。

始终坚持以科学理论武装头脑,指导实践,把深入学习贯彻"三个代表"重要思想作为首要任务

思想是行动的先导,理论是实践的指南。

党的十六大召开后,省委坚持把学习贯彻十六大精神和"三个代表"重要思想放在首位,扎实推进这方面工作。去年上半年开展的十六大精神主题教育中,省委明确提出"学在深处、谋在新处、干在实处"的要求,强调紧密联系实际,努力在真学、真懂、真信、真用上下功夫,切实达到理论上弄懂,思想上搞清,行动上落实,工作上创新,切实解决影响浙江经济与社会发展的突出矛盾和问题。在主题教育中,省委充分认识到加强党的执政能力建设的重要性和紧迫性,要求各级党委和领导干部认真研究加强党的执政能力建设问题。去年3月，省委召开全省党建工作专题研讨会，专门就加强党的执政能力建设的意义、重点和途径等进行研究讨论，从理论和实践的结合上进行探索，进一步统一思想认识，加深对十六大精神的理解和把握。

去年6月份，根据中央的统一部署，省委提出要深化主题教育，兴起学习贯彻"三个代表"重要思想新高潮。全省各级党委围绕主题、把握灵魂、抓住精髓、狠抓落实，通过加强和改进党委中心组的理论学习、组织省委宣讲团到全省各地巡回宣讲、组织县级以上领导干部的专题学习和培训等多种形式，努力在深入人心上下功夫、在开拓创新上下功夫、在力求实效上下功夫。"七一"重要讲话刚发表，省委就强调，要把兴起学习贯彻"三个代表"重要思想新高潮与认真学习、领会和贯彻落实好"七一"重要讲话精神紧密结合，进一步激发广大干部群众的积极性、主动性、创造性，把各方面的智慧和力量凝聚到省委作出的各项重大决策上来，从而合心、合力、合拍地推进浙江加快全面建设小康社会、提前基本实现现代化。

在深入学习"三个代表"重要思想的基础上，省委十一届四次全会作出了《关于兴起学习贯彻"三个代表"重要思想新高潮，进一步加强和改进党的建设的决定》。这一《决定》，为我省进一步加强党的执政能力建设，全面推进党的建设新的伟大工程理清了思路。省委十一届五次全会在部署今年工作时又明确提出："我们要以加强党的执政能力建设为重点，深入贯彻省委十一届四次全会作出的进一步加强和改进党的建设的决定，抓住根本，全面推进党的建设各项工作。"今年以来，省委相继召开了全省人大工作会议、全省工青妇工作会议、省委十一届六次全会、领导班子思想政治建设会议、全省政协工作会议等重要会议，并作出一系列事关全局的决策和举措。前段时间，省委领导深入农村、企事业单位和机关部门调查研究，分三片召开全省11个市党政主要领导参加的党建工作座谈会，交流工作经验，深入研究进一步加强党的执政能力建设的思路和办法。

牢牢把握执政兴国第一要务，认真树立和落实科学发展观，深入实施"八八战略"，着力推进全面、协调、可持续发展

发展是当代世界的主题，也是当代中国的主题。

党领导发展的能力和取得的发展成就如何，从根本上决定了党的执政地位是否巩固。能不能解决好发展问题，既是党的执政能力的体现，也是对党的执政能力的检验。

省委充分认识到，浙江虽然属于沿海发达省份，发展水平居全国前茅，但是离十六大提出的"经济更加发展、民主更加健全、科教更加进步、文化更加繁荣、社会更加和谐、人民生活更加殷实"的全面建设小康社会的目标，还有很大差距。全省各级领导干部在取得的成就面前，要始终保持清醒头脑，居安思危，处盛虑衰，正视差距，勇往直前。省委领导班子紧紧围绕发展这个主题，聚精会神搞建设，一心一意谋发展。为进一步加强和改进对经济工作的领导，成立了省委财经工作领导小组，谋划浙江经济发展中的重大问题。去年上半年"非典"突如其来，省委坚持一手抓防治"非典"这件大事不放松，一手抓经济建设这个中心不动摇，带领全省人民取得了抗"非典"、促发展的双胜利，受到了来浙江考察工作的中央领导和中央防治非典工作检查组的高度评价。

按照树立和落实科学发展观的要求，省委一班人一致认为，不同的发展阶段，面临着不同的发展课题，在进入加快全面建设小康社会、提前基本实现现代化的新阶段，必须更新发展观念，走以人为本，坚持全面、协调、可持续发展的新路。

在科学判断国际国内形势，深入基层调查研究，深刻分析浙江省情，认真总结浙江经验的基础上，省委明确提出了进一步发挥"八个优势"、推进"八项举措"的"八八战略"。这一重大战略决策得到了广大干部群众的一致拥护，全省上下很快形成共识。大家反映，"八八战略"来自基层和群众的丰富实践，坚持继承与创新的辩证统一，是新一届省委和广大干部群众集体智慧的结晶，体现了全面、协调、可持续的发展观，改革创新的动力观和为民谋利的宗旨观，是"三个代表"重要思想和十六大精神与浙江实际紧密结合、在总体思路和具体工作上的体现，抓住了事关浙江当前和长远发展的"牛鼻子"。

"八八战略"提出后，省委又不断地进行深化、细化、具体化。比如，为进一步发挥浙江的区位优势，主动接轨上海、积极参与长江三角洲地区合作与交流，省委组织党政代表团到上海、江苏学习考察，回来后立即召开省委工作会议进行全面部署，推动全省进一步加大引进外资、台资的力度，充分利用国际国内两个市场、两种资源，以更高水平的开放带动更高层次的发展。又如为进一步发挥浙江的城乡协调发展优势，加快推进城乡一体化，省委着力抓了"千村示范、万村整治"工程，使农村面貌发生了深刻的变化。又比如，为进一步发挥浙江的生态优势，省委作出了创建生态省、打造"绿色浙江"决策。经国家环保总局批准，浙江已成为继海南、吉林、黑龙江、福建之后的第五个生态省建设试点省份。

省委在部署今年工作时，又明确提出要突出深化改革这个主调，把握全面、协调、可持续发展这一主题，围绕充分发挥"八个优势"、深入实施"八项举措"这条主线，抓住机遇，乘势而上。去年以来，特别是今年4月初以来，我省严格土地管理，控制信贷规模，清理在建、拟建投资项目，高度重视粮食生产，努力缓解要素制约，积极推进结构调整，宏观调控取得了明显成效。全省经济继续保持平稳健康较快增长，经济增长的速度、质量、效益进一步统一，协调性进一步增强。

一年多来的实践充分证明，省委提出的"八八战略"，不仅有力推动了浙江经济社会发展继续保持良好的势头，而且为浙江今后一个时期的发展理清了思路，明确了方向。广大干部群众一致认为，只要坚定不移、深入实施"八八战略"，必定能使我省在树立和落实科学发展观方面走在全国前列。

重视营造良好的执政环境，努力建设"平安浙江"，千方百计维护社会和谐稳定

维护社会和谐稳定的能力，是执政党执政能力的重要组成部分。

作为执政党，应该协调各种社会关系，减少社会矛盾，创造和谐的局面，求得社会的进步。如果占绝对领导地位的执政党不能发挥这种功能，社会冲突和社会紧张就将不可避免。世纪之交，我省进入了结构转换、体制转轨、社会转型的关键时期，去年人均GDP已达2400美元。国际经验表明，人均GDP处在1000美元至3000美元的时期，既是加快发展的黄金时期，又是各类矛盾的凸显时期。"春江水暖鸭先知"，浙江作为我国经济相对发达的东部省份和市场经济的先发地区，一些新的矛盾和问题，出现得更早，也显得更为突出。

省委一直强调"富裕与安定是人民群众的根本利益，致富与治安是领导干部的政治责任"，要求各级党委、政府按照"三个代表"重要思想和科学发展观的要求，坚持稳定压倒一切的方针，牢固树立推进经济发展是政绩，维护社会和谐稳定同样是政绩的观念，全力做好社会治安综合治理的各项工作。全省各级基本形成了党政主要领导亲自抓、分管领导具体抓、有关领导共同抓的维护稳定工作领导格局。

"枫桥经验"是全国农村基层加强社会综合治理的一面旗帜。近几年来，我省始终把总结推广和创新发展"枫桥经验"作为总抓手，坚持抓基层、强基础。特别是去年，省委以纪念毛泽东同志批示"枫桥经验"40周年为契机，大力推广"枫桥经验"，全省从抓教育、打基础、管源头、建网络入手，积极整合社会资源，建立完善以基层党组织为核心、基层政权组织为基础、基层政法单位为骨干、群防群治组织为依托的基层综治组织网络。努力推进矛盾纠纷排查调处工作的经常化、制度化、规范化，着力构建具有浙江特色的预防化解矛盾纠纷新机制，建立完善规范性的操作规程和运行机制。

针对影响社会稳定的人民内部矛盾和社会矛盾增多、群众越级信访量增加的实际，省委认为，消极堵塞不是彻底解决问题的办法，正确

疏导才能事半功倍。变被动为主动，变群众上访为领导下访，既可以面对面听取群众的意见、愿望和呼声，又可以更加深入地考察了解各地党委、政府的工作，指导基层实事求是地解决群众反映强烈的突出问题。为此，省委在抓好试点的基础上建立了领导下访制度，明确信访工作是"一把手"工程，要求领导干部把下访与常年接访、定期约访有机结合起来，强调责任在领导，机制在长效，关键在落实。去年9月，省委书记习近平率先到浦江县进行下访接待群众。此后，省委、省人大常委会、省政府、省政协先后有26名省级领导干部下到群众反映问题较多的11个市县，公开接待群众来访，当场解决信访问题。在省领导的带动下，市、县两级领导干部下访活动普遍开展，为基层群众解决了大批热点难点问题，受到了群众的普遍称赞，也受到了国家信访局的充分肯定。

今年年初，在省委理论学习中心组学习会上，省委书记习近平提出了建设"平安浙江"的要求。会后，有关部门随即开展专题调研工作。时隔不久，我省发生了海宁特大火灾事故和嵊州等地的色情表演事件，这使省委更深刻地认识到，没有平安的浙江，就没有全面小康的浙江；没有和谐稳定的浙江，就没有繁荣富裕的浙江。省委在深入学习、深刻领会"三个代表"重要思想和科学发展观基础上，从切实加强党的执政能力的要求出发，针对新的发展阶段，浙江面临的新形势、出现的新情况和需要解决的新问题，审时度势，谋划全局。省委十一届六次全会审议通过了《中共浙江省委关于建设"平安浙江"促进社会和谐稳定的决定》，对"平安浙江"建设作出全面部署，提出了确保社会政治稳定、确保治安状况良好、确保经济运行稳健、确保安全生产状况稳定好转、确保社会公共安全、确保人民安居乐业等"六个确保"的目标。为保证"平安浙江"建设各项工作落到实处，省委成立了建设"平安浙江"领导小组，着手制订创建平安市县的考核办法，力争通过若干年努力，使全省绝大多数市县达到平安市县创建标准。

"一石激起千层浪"，省委建设"平安浙江"的决策部署，在省内外引起强烈反响，全省干部群众好评如潮，中央主要领导作出重要指示，给予充分肯定和鼓励。目前，"平安浙江"建设各项工作已全面展开，并初见成效。

大力发展社会主义先进文化，推动全社会提高文明素质

先进的文化是人类文明进步的结晶，又是人类社会前进的精神动力和智力支持，影响人的精神和灵魂，渗透于社会生活的各个方面。

我们党不仅代表着先进生产力的发展要求，而且代表着先进文化的前进方向。着眼于世界科学文化的发展前沿，不断发展健康向上、丰富多彩的，具有中国风格、中国特色的社会主义文化，满足人民群众日益增长的精神文化需求。这是我们党始终站在时代前列，保持先进性的根本体现和根本要求。

省委始终认为，一个政党要增强执政能力，既要增强推动先进生产力发展的能力，又要增强推进先进文化发展的能力；浙江要加快全面建设小康社会，提前基本实现现代化，既要有繁荣的经济，也要有繁荣的文化。

发展先进文化关键在于创新。省委坚持以"三个代表"重要思想为指导，积极贯彻中央的部署和要求，立足浙江实际，把建设文化大省作为发展先进文化的重大战略举措，紧紧抓住全国文化体制改革在我省开展综合试点的机遇，把深化文化体制改革作为推进文化创新的着力点和突破口。去年试点工作会议之后，省委书记习近平就进行了为期4天的专题调研，对做好试点工作，提出明确要求。省委宣传部加强了试点工作的指导协调，为试点工作顺利进行提供了有力保障。在试点工作中，我省发挥了自身的优势，同时也突出了重点，明确以省属30多个试点单位和杭州、宁波两市为重点，大胆探索，大胆创新，在一些重点难点问题上取得了突破，有力地促进了我省文化大省建设，为推动全国文化体制改革提供借鉴。

今年，恰逢"第七届中国艺术节"在我省举办，这是艺术的盛会，人民的节日。为办好"七艺节"，省委多次进行研究部署，要求努力办出水平、办出特色、办出新意，以此为契机推进文化创新，加快文化发展，把文化大省建设提高到一个新水平。在省委的高度重视下，"七艺

节"各项筹备工作进展顺利,成功举办。结合"七艺节"的筹备,我省文化部门和广大文艺工作者精心创作剧(节)目,精心抓好场馆建设,精心组织对内对外宣传,精心备战群文节目展演,着力繁荣文化事业。同时,各级党委、政府以抓好"五个一工程"为龙头,积极推进群众文化活动,鼓励广大文艺工作者送文艺进工厂、进乡镇、进社区、进校园,并把"基层文化阵地工程"真正纳入了经济社会发展总体规划。

发展先进文化的根本任务,是培养一代又一代有理想、有道德、有文化、有纪律的公民。省委十分重视加强公民道德建设,结合浙江实际制定《浙江省公民道德规范》,在党员领导干部中开展从政道德教育,在全社会开展"诚实守信、信誉兴业"教育,在青少年中开展以"五爱""四有"为主题的思想道德教育。大力开展思想政治工作,坚持分类指导,分层施教,切实把思想政治工作的触角延伸到社会各个领域,渗透到各个层次。大力推进精神文明创建活动,坚持以人为本、重在建设、城乡联动,城市从社区抓起,农村从村户抓起,行业从单位抓起,社会从家庭抓起,促进精神文明创建与现代化进程相同步。今年起在全省城乡基层开展以"加强思想道德建设、文化阵地建设,整治文化市场、整治社会风气"为主要内容的"双建设、双整治"活动,扎实推进基层的精神文明建设。发展教育是建设先进文化、提高人的素质的基础工程。省委坚定不移地实施科教兴省战略,扎扎实实,稳步推进。目前,全省义务教育和高中段教育的各项主要指标居全国前列,成为全国第一个普及15年教育的省份,还有高职教育、成人教育、远程教育、学前教育、特殊教育等都健康发展。近几年,积极支持浙江大学争创世界一流大学,推动省属重点高校加快发展,同时还规划建设了六大高教园区,使高等教育取得了突破性进展。去年高等教育毛入学率达到25%,已进入高等教育大众化阶段。

省委坚持和巩固马克思主义在意识形态领域的指导地位,狠抓舆论宣传工作。省委常委会经常性地研究宣传思想领域的工作,分析形势,部署任务,提出要求。宣传思想战线认真贯彻中央的部署,紧紧围绕省委一个时期的中心工作,有组织、有计划、有重点地开展宣传工作,为我省改革发展稳定营造良好的社会环境和舆论氛围。去年,我省宣传战线紧密配合省委实施"八八战略"的有关重点工作部署,集中开展了接轨上海融入"长三角"、推进先进制造业基地建设、生态省建设、"千村示范、万村整治"等重点工作的宣传。今年以来,我省各级宣传部门又先后部署开展了深入实施"八八战略",努力建设"平安浙江",树立和落实科学的发展观、树立正确的政绩观、加强党的执政能力建设等重大主题的重点宣传,弘扬主旋律,打好主动仗,着力形成积极健康向上的主流舆论。在最近抗台救灾宣传中,各新闻单位坚持正确的舆论引导,为稳定人心,鼓舞斗志,夺取全面胜利,发挥了积极的作用。注重加强哲学社会科学研究工作,积极推动先进文化的传播,引导人们树立正确的世界观、人生观和价值观,自觉抵制腐朽文化和各种错误思想观点对人们的侵蚀,坚定对马克思主义和对社会主义的信仰,增强对改革开放和现代化建设的信心,增强对党和政府的信任。大力弘扬浙江精神,引导人民群众增强自立意识、竞争意识、效率意识、民主法制意识。

注重提高执政主体的执政能力,努力建设一支高素质的干部队伍

领导干部的素质如何,直接决定着整个党的执政水平。加强党的执政能力建设,最根本的就是要建设一支高素质的干部队伍。

干部队伍建设的重点是加强各级领导班子建设。经济社会发展能否搞好,关键看各级领导班子;党的执政能力强不强,关键也要看各级领导班子。

省委把"坚持总揽全局、协调各方原则,充分发挥地方党委的领导核心作用"作为今年的一个重点调研课题,由省委主要领导负责,就如何进一步发扬党内民主,改进执政方式,坚持依法执政,规范党委与人大、政府、政协以及人民团体的关系等问题,深入调查研究,提出指导意见。

加强领导班子的思想政治建设是保持党的先进性,增强党的团结和统一,提高党的凝聚力、战斗力的一项根本性措施。省委结合兴起学习贯彻"三个代表"重要思想新高潮,在全省部署开展学习郑培民同志活动，引导党员干部始终坚持根本宗旨，牢记"两个务必"，争做学习实践"三个代表"重要思想的模范，推动学习活动深入开展。省委在广泛征求意见的基础上，制定下发了进一步加强领导班子思想政治建设的意见。前段时间，在县级以上党政领导班子中部署开展了以"树立科学发展观、树立正确政绩观、树立牢固群众观，创为民、务实、清廉好班子"为主要内容的"三树一创"教育实践活动，通过学习教育，对照"三观"，查找差距，反思整改，引导广大干部把心思和精力用在干事创业上。目前，这项活动正在有序进行中。省委抓住省市县三级领导班子调整换届这一有利时机，大力选拔政治上靠得住、业务上有本事，肯干事、也能干成事的优秀干部进入各级领导岗位，进一步优化领导班子结构，提高干部队伍整体素质。同时，认真落实《关于五年内大规模开展干部教育培训工作的实施意见》，以提高"五种能力"为重点，大规模开展干部教育培训。去年省、市两级组织部门共举办各类培训班100期，培训县处级以上党政领导干部5015名。今年以来，省、市两级党委组织部门举办培训班151个，培训11306人。其中，以提高执政能力为重点，培训了324名县处级以上领导干部。

深化干部人事制度改革，是加强党的执政能力建设的重要途径。围绕建立健全两个"科学机制"，省委不断加大干部制度改革力度，民主推荐、民主测评、民主评议，成为选拔任用和考察干部的必经程序，普遍推行了公开选拔、竞争上岗工作，初步形成了一套干部工作制度体系，干部工作的制度化、规范化、法制化水平进一步提高。最近，省委又公开选拔了12名副厅长、2名总工程师（规划师）、5名副市长人选和5名县（市、区）党政正职拟任人选。在推进干部工作的科学化、民主化和制度化方面，迈出了新的步伐。

党的作风就是党的形象。加强党的作风建设是加强党的执政能力建设的重要保证。省委认真贯彻党的十五届六中全会精神，特别是关于牢记"两个务必"的要求以及关于求真务实的重要论述，坚持立党为公、执政为民，切实改进领导机关和领导班子的作风。去年，在全省县以上领导机关认真开展"转变作风年"和"调查研究年"活动。今年又在全省各级机关全面开展效能建设活动。按照标本兼治、综合治理、惩防并举、注重预防的要求,坚持不懈地抓好反腐倡廉工作,注重建立健全与社会主义市场经济体制相适应的教育、制度、监督并重的惩治和预防腐败体系,在全国率先制定并实施《浙江省反腐倡廉防范体系实施意见(试行)》,促进廉政建设制度化、规范化和法制化。最近,省委常委会公开作出六项廉政承诺,带头自觉接受公众的监督。省委书记习近平要求每一位领导干部都应该算好三笔账:一是算一算组织上给干部待遇的账,二是算一算法律纪律的账,三是算一算个人的良心账。通过算账,弄清楚利害关系,建章立制和惩治腐败,做到不想腐败、不能腐败、不敢腐败。省委还在全国率先推进廉政文化建设。省委副书记、省纪委书记周国富强调,推进廉政文化建设是抵制"腐败文化"的有力武器,要努力形成全社会反对和防止腐败的良好氛围,为党员干部抵御各种各样的诱惑和腐蚀,营造良好的外部环境和条件。

巩固和增强党的执政基础,充分发挥基层党组织的战斗堡垒作用和党员的先锋模范作用

基础不牢,地动山摇。党的基层组织是党的全部工作和战斗力的基础,也是党执政的组织基础。

十六大以来,省委按照围绕中心、服务大局、拓宽领域、强化功能的要求,突出重点整体推进,努力加强基层党组织建设,采取了一系列有力举措。在农村,紧紧围绕全面建设小康社会、提前基本实现农业农村现代化,以"三级联创"为基本途径,以"强核心、强素质、强管理、强服务、强实力"为主要内容,结合省委、省政府"千村示范、万村整治",全面实施农村基层组织"先锋工程"建设。今年全省各级选派了38860名农村工作指导员,加强对农村工作的指导,促进了农村工作的开展。机关、企业及学校的基层组织建设也有新的加强。浙江市场经济发育早,相对而言,各种新经济组织和社会团体也比较多。根据十六大关于"扩大党的工作的覆盖面"的要求,省委以新领域党建工作为突破口,积极拓展非公有制企业、城市社区和新社团组织的党建工作。目前全省有27584家非公有制企业建立了党组织,基本实现"非公有制经济发展到哪里,党建工作就延伸到哪里,党的活动就开展到哪里"的要求。城市社区党的建设工作加快推进。目前在全省2944个社区居委会中,已建立各类党组织3298个,党组织已基本覆盖社区居委会,初步形成了以街道党工委为核心、居民区党支部为基础、社区党员为主体、区内所有基层党组织共同参与的党建工作新格局。新社团组织党建工作在探索中不断加强。按照中央部署,去年在杭州市和浙江大学开展了为期半年的保持共产党员先进性教育活动试点工作。在省委的正确领导和中央试点办、蹲点组的精心指导下,整个试点工作基本达到"提高党员素质、服务人民群众、促进各项工作"的目的,为在面上开展先进性教育活动奠定了基础。

在新的社会阶层中发展党员,是一项新的工作。浙江作为中组部确定的第一批试点的10个省市之一,确定了8个县(市、区)承担试点任务。在试点中,省委按照中组部要求,坚持慎重稳妥地做好党员发展工作。通过各级党组织的努力,我省在新的社会阶层中发展党员试点工作开展比较顺利。中央明确的在新的社会阶层中发展党员的有关政策规定,较多地吸收了我省的意见建议,并先后多次让我省在中组部召开的全国性会议上发言。

切实履行党的执政宗旨,努力实现好、维护好、发展好最广大人民的根本利益

省委始终坚持"权为民所用,情为民所系,利为民所谋",要求各级领导干部切实树立以民为本的思想,牢记自己手中的权力是人民给的,人民赋予的权力,只能为人民所用。

权力是把双刃剑,只有规范权力运作,才能真正用来为人民服务。新一届省委以全会形式,审议通过了《中共浙江省委议事规则》和《浙江省反腐倡廉防范体系实施意见(试行)》。群众路线是党的根本路线。党离不开人民,人民也离不开党。为进一步密切党群关系,改进省委及各级领导班子的领导方式和工作方法,省委制定了关于进一步加强和改进作风建设的《实施意见》、关于进一步精简会议和文件、改进会议和领导活动新闻报道等方面的一系列《规定》。为充分调动各方面的积极性、主动性和创造性，凝聚全社会力量共同推进浙江的改革开放和现代化建设，省委积极推进民主政治建设，创新基层民主形式，扩大公民有序的政治参与，支持、规范和发挥好各类新社团等群众性组织的积极作用。

党的执政基础是广大人民群众，为群众利益服务，就是"护基"；损害群众利益，就是"毁基"。省委始终坚持在任何时候任何情况下，一切工作和方针政策都以是否符合广大人民群众的根本利益为最高标准。省委要求各级领导干部切实增强群众观点，在思想上尊重群众，在感情上贴近群众，在决策上为了群众，在行动上深入群众，在工作上依靠群众，坚持把群众的安危冷暖放在心上，千方百计"促民富"，尽心尽职"解民忧"，竭尽全力"保民安"。今年8月中旬，我省遭受14号强台风"云娜"的袭击，省委、省政府高度重视，主要领导坐镇指挥，迅速启动防台预案，紧急落实各项措施，尽最大努力减轻灾害损失，维护人民群众生命和财产安全，彰显出人民公仆强烈的执政为民意识和崇高品质。

先富带后富，最终实现共同富裕，这是社会主义的本质要求，也是落实科学发展观，推进城乡协调发展、区域协调发展的题中之义。省委非常关心困难群体和弱势群体，切实帮助他们解决生产和生活中的实际困难，让他们共享改革开放和现代化建设的成果。大力实施再就业工程，逐步形成了市场导向的就业机制、覆盖全省的职业市场服务体系和社区服务平台。注重社会保障体系建设，积极推进养老保险扩面，不断完善"三条保障线"，切实做到"两个确保"。在全国率先建立了覆盖城乡的最低生活保障制度，目前全省共有最低生活保障对象52万人，其中农村44万人。建立贫困学生扶助机制，做到了"不让一个大学生因贫困而失学"。加大财政转移支付力度，建立结对帮扶制度，深入持久地开展扶贫济困和送温暖活动。全面展开农村税费改革，切实减轻农民负担。实施了欠发达乡镇奔小康、下山脱贫、百亿帮扶致富、千万农民素质培训等几大工程，努力推进欠发达地区加快发展。

浙江的实践证明，只要各级党委高度重视，身体力行，作出表率，真正把加强党的执政能力建设，当作新时期一项重大而紧迫的战略性任务，充分体现在推进党的建设新的伟大工程的丰富实践中，全面落实到立党为公、执政为民的本质要求上，就一定能取得明显的成效，使我们党执政地位更加巩固，更加受到人民群众的拥护和爱戴。

(《今日浙江》2004年第18期)

"八八战略"引领浙江科学发展

——回眸2004年专题报道之一

2004年，是我省深入实施"八八战略"的狠抓落实年。

岁末年终，记者走访各行各业的一些干部群众，所见所闻，让人欣喜，令人鼓舞。记者切身感到，这一年，我省各级领导干部和广大群众，认真贯彻省委、省政府的决策部署，紧紧围绕充分发挥"八个优势"、深入实施"八项举措"这条主线，扎扎实实抓落实，一心一意谋发展，在加快全面建设小康社会、提前基本实现现代化的进程中跨出了新的步伐。

据省统计局的负责人介绍，今年前三季度，我省生产总值为7870亿元，比去年同期增长14.7%，增幅同比提高1.5个百分点。全年生产总值将比去年增长14.5%左右。年初确定的各项经济指标绝大部分可以实现，我省将成为全国第4个地区生产总值突破万亿元大关的省份。更为可喜的是，今年我省不仅经济建设成就卓著，在文化、教育、卫生、体育等各个方面，也都取得令人瞩目的成果，真正体现了以人为本和全面、协调、可持续发展的要求。

省发改委一位负责人在剖析取得这些成就的原因时，一语破的：省委、省政府关于深入实施"八八战略"的重大战略部署，已经深入人心，成为全省广大干部群众的自觉行动。

今年，在中央加强宏观调控、要素资源约束趋紧和国内外市场竞争日益加剧的形势面前，我省广大干部群众，坚持以科学发展观为指导，按照"八八战略"的要求，调动一切积极因素，大力化解各种矛盾和困难，推进经济和社会持续稳定健康发展。

民营经济发达是浙江的一大特色和一大优势。年初，省委、省政府就制定《关于推动民营经济新飞跃的若干意见》，进一步明确促进民营经济"五个转变""五个提高"的工作思路和主要任务，积极引导民营企业以宏观调控为契机，及时调整发展战略，不断提高整体素质和发展水平。

有人说，浙江的民企和国企是互促共进，相得益彰。事实果真如此。特别是今年，我省加大了国有企业改革的力度，明确提出通过三年左右的努力，基本完成以投资主体多元化为主要内容的新一轮省属国有企业改革，使国有企业焕发生机。1—9月，26家由省国资委监管的省属国有企业实现销售收入1071.5亿元，同比增长30.5%，实现利润77.3亿元，同比增长44.7%。

无论是民企还是国企，今年都抓住宏观调控这一契机，把转变增长方式与优化产业结构紧密结合起来，共同推进先进制造业基地建设，加快产业结构的适应性调整和战略性调整。全省工业经济顶住了要素紧张的严峻挑战，在实现快速增长的基础上，保持了连续5年效益增长快于生产增长的好势头。

浙江人多地少，资源紧缺，特别是今年，水电和土地等制约日益凸现，浙江要继续保持良好的发展势头，就必须充分利用国际国内两种资源、两个市场。为此，省委、省政府进一步明确了"跳出浙江发展浙江"的战略思想，在主动接轨上海、加强与长江三角洲地区交流与合作，做好对口支援和对口帮扶工作，参与中西部开发和振兴东北等老工业基地建设等方面做了大量的工作。同时，继续实施外贸多元化战略，提高企业和产品的国际竞争力，促进外贸出口持续稳定增长。记者在省外经贸厅了解到，今年1—10月，全省进出口总额为686.7亿美元，比去年同期增长37.9%，在主要沿海省市中，居第4位。利用外资水平也得到较大提高，1—10月，我省新批外商投资企业2966家，投资总额218.69亿美元，比去年同期增长18.1%。

浙江是全国区域发展、城乡发展比较均衡的地区，但这个均衡只是相对而言。从本省来看，由于自然环境、历史文化等多种因素的影响，各地发展的差距还是比较大的。根据统筹协调发展的要求，今年年初，省委、省政府出台了《关于统筹城乡发展促进农民增收的若干意见》，提出并实施了"八个整体推进"的工作思路。在省农办，记者了解到作为我省推进城乡一体化发展重要载体的"千村示范、万村整治"工程已经取得明显进展。示范村建设全面启动，完成200余个；整治村建设启动6700多个，完成2000多个；培训欠发达地区农村劳动力18.3万人次。在区域统筹发展方面，省委、省政府注重因地制宜，分层次推进，继续实施了百亿帮扶致富、欠发达乡镇奔小康、山海协作等"三大工程"，进一步加大了对欠发达地区的支持力度。同时，实施了一批涉海重点工程项目，加强海洋综合管理，有效推进了海洋经济强省建设。

诗画江南，山水浙江。创建生态省，打造"绿色浙江"，是"八八战略"的重要组成部分，是促进人与自然和谐发展的必然要求。今年，围绕实施《浙江生态省建设规划纲要》，促进生态省建设，我省成功举办了"2004年中国·浙江生态省建设论坛"，建立了省市县分级管理、各部门整体联动、社会广泛参与的生态省建设工作推进机制。各级财政加大生态建设投入力度。记者从省环保局了解到，类似小冶炼、小水泥、小化工等严重污染环境的重点行业，在今年的环保专项行动中得到了有效的整治。据悉，在历时7个月的专项整治行动中，全省取缔、关闭企业458家，停产治理1402家，责令限期治理379家，罚款1177家，吊销排污许可证7家。

与此同时，我省大力推进软硬环境建设。据省计委统计，2004年前三季度"五大百亿"工程完成投资515亿元，完成年度投资计划的75%，大部分在建项目建设顺利。以"平安浙江"建设为重点，机关效能、法制政府、社会治安、企业信用等方面建设不断向纵深推进，教育、科技、卫生、体育等社会事业加快发展。通过成功举办"七艺节"，文化大省建设跨上了新台阶。教育事业实现了历史性的跨越，在全国省区率先基本普及从学前3年到高中段的15年教育，普通高考录取率达76.6%，高等教育毛入学率达30%。疾病预防控制体系、突发公共卫生事件医疗救治体系、重大疫情信息网络体系和卫生执法监督体系不断建立和完善。全民健身活动蓬勃开展。在第28届奥运会上，我省运动员不畏强手，顽强拼搏，获得了4枚金牌、1枚银牌和1枚铜牌的辉煌战绩，实现了竞技体育的新突破。

实践已经充分证明,"八八战略"是完全符合我省实际的发展战略,只要我们坚持完善,深入推进,狠抓落实,必定能对浙江的繁荣发展发挥更重要的作用,产生更深远的影响。

(《今日浙江》2004年第23期)

2004，浙江在宏观调控中奋进

——写在全省经济工作会议前夕

时近年终，盘点浙江2004年的"收成"，让人感到沉甸甸的一大收获，就是落实"有保有压"的中央宏观调控政策取得明显成效。回望一年来的艰辛工作，总结一年来的可喜成就，我们可以自豪地说：在宏观调控的大考面前，我省各级党委、政府和全省4600多万人民，郑重地交出了一份令人满意的答卷。

一个历史性的突破，全省GDP将跃过万亿元大关

从中央宏观调控的几个重点方面看，我省落实宏观调控政策所采取的一些措施和做法，均可圈可点，取得的成就令人振奋，正如省委十一届七次全会报告指出的，在宏观调控面前，全省经济社会继续保持平稳快速协调发展的良好势头，巩固了心齐、气顺、劲足、实干的良好局面。

来自省统计局的数据显示，今年前三季度，全省实现生产总值7870亿元，比去年同期增长14.7%，这是自1997年以来同期的最高增幅。到10月底，全省财政总收入1266.3亿元，按可比口径计算，增长26.2%；规模以上工业企业实现利税1235.2亿元，增长20.7%。前三季度，城镇居民人均可支配收入11089元，农村居民人均现金收入5491元，实际分别增长7.8%和8.1%。预计全年生产总值增长14.5%左右，将成为全国第4个经济总量"超万亿"的省份，提前一年完成"十五"计划的主要经济指标。

省统计局综合处的工作人员说:"这是一个历史性的突破,标志着我省经济发展上了一个新台阶。"

在加强宏观调控、面临资源短缺和遭遇严重自然灾害的情况下,能取得这样的成就,实属不易。究其原因,一个重要方面,是我省各级党委、政府对中央加强宏观调控思想统一,认识到位,措施有力,工作扎实。

省委、省政府的重大决策部署,完全体现了中央关于加强宏观调控的精神

"春江水暖鸭先知。"浙江经济发展快,一些矛盾问题也率先暴露。

当前浙江的发展,既有要素紧缺这类"成长中的烦恼",更有粗放经营这类"发展中的误区",一些地方不同程度地存在那种"三高一低"(高投入、高能耗、高污染、低效益)的发展模式和产业层次、产品档次偏低的问题,直接制约着浙江经济的发展和综合竞争力的提升。

这些经济发展中的矛盾和问题,从根本上说是经济结构问题、体制问题和经济增长方式问题。落实中央宏观调控政策,必须着力解决制约经济增长质量和效益的经济结构矛盾和体制瓶颈,着力推进浙江经济社会全面、协调、可持续发展。为此要根据客观实际的变化,针对新情况、新问题,坚持与时俱进,树立新的发展理念,创新发展思路,推进经济增长方式的转变。

找准了问题,就要制定对策,千方百计解决问题。

去年7月份召开的省委十一届四次全会,作出了发挥"八个优势"、推进"八项举措"的"八八战略"。这一重大决策和总体部署,体现了全面、协调、可持续的发展观,改革创新的动力观和为民谋利的宗旨观,是"三个代表"重要思想和十六大精神与浙江实际紧密结合、在总体思路和具体工作上的体现,为浙江今后一个时期的发展指明了方向,理清了思路,明确了重点。今年,是我省围绕实施"八八战略"的狠抓落实年。省委要求各级领导干部把落实宏观调控政策与推进实施"八八战略"有机结合起来,自觉服从宏观调控的大局,自觉维护中央宏观调

控的统一性、权威性和有效性，正确处理浙江发展与全国保持平稳较快发展的关系。省委十一届五次全会强调：中央的宏观调控政策着眼大局，有利于保持国民经济持续快速协调健康发展，是完全正确的，我们要坚决贯彻执行。今年5月上旬召开的省委十一届六次全会，又作出建设"平安浙江"、促进社会和谐稳定的重大决策部署。"平安浙江"建设的一项重要内容，就是确保经济安全稳健运行。全会强调："建设'平安浙江'，必须高度重视经济平稳健康发展，防止出现大起大落。按照'五个统筹'的要求，加强和改善宏观调控，把握大局，掌握分寸，正确处理速度与质量、结构、效益的关系，促使经济发展好中求快、稳中求进。"

今年7月，省委又举办"树立和落实科学发展观"专题学习会，专门研究浙江落实宏观调控政策，推进科学发展问题。省委强调，必须令行禁止、顾全大局，把贯彻宏观调控政策作为落实科学发展观的一次重要实践，不折不扣地完成各项宏观调控任务；必须苦练内功、强身健体，把贯彻宏观调控政策作为我省改革和发展的一次重要机遇，充分利用宏观调控的"倒逼"机制，扎实推进深化改革、调整结构、转变增长方式的各项工作；必须着眼长远、立足当前，坚持走新型工业化道路，加快科技创新步伐，掌握新一轮经济社会发展的主动权；必须紧中求活、稳中求进，把贯彻宏观调控政策作为解决我省经济生活中存在的突出矛盾与问题的关键之举，努力克服生产要素制约等各种困难，保持经济持续快速协调健康发展。

省委、省政府的一系列决策部署，特别是深入实施"八八战略"、大力建设"平安浙江"的战略决策，把贯彻落实中央宏观调控政策，贯穿到党委政府的工作思路和指导思想上，从而使全省上下各级领导干部对抓好这项工作，思想高度统一，步调协同一致，工作扎实有效。

经济发展中的一大亮点："粮食增产、农业增效、农民增收"

粮食是最重要、最基本的战略物资。粮食问题是事关国计民生的重大问题。

改革开放以来，我省经济社会快速发展，工业化和城市化进程不断加快，外来流动人口急剧增加，农业产业结构也发生了很大变化，粮食产量逐年减少，粮食对外依存度不断扩大，由过去的粮食产区转变为仅次于广东的全国第二大粮食销区。去年，全省粮食总产量79.35亿公斤，粮食总需求181亿公斤，粮食产需缺口超过100亿公斤，全省粮食对外依存度超过50%，也就是说有一半以上的粮食需要外地供给。

这些年来，省委、省政府对粮食问题始终高度重视，抓得很紧。省委在每年召开的全省农村工作会议上，一直强调粮食生产和供应问题。今年以来，省委领导多次深入农村，走访农民，召开座谈会，就浙江的粮食生产问题进行专题调研，提出指导意见。年初，我省就提出了粮食生产供应"四个确保"的目标，即：确保2150万亩，力争2600万亩粮食播种面积；确保80亿公斤，争取100亿公斤粮食生产总量；确保新增5亿公斤，共达到22.75亿公斤粮食储备规模；确保全省粮食市场稳定。

为实现"四个确保"目标，我省制定出台了《关于统筹城乡发展促进农民增收的若干意见》《关于做好粮食和农业生产资料供应工作的通知》等，制定了一系列政策，进一步调动农民种粮的积极性。统计资料显示，今年以来，浙江各地普遍加大了公共财政对"三农"的投入，全省财政用于"三农"的预算安排67.85亿元，增长12.8%。各地注重"科技兴农"，大力推广水稻强化栽培、直播栽培、抛秧栽培以及旱育秧栽培等省工节本增产技术。进一步发挥基层农业科技人员和省下派的科技特派员的作用，引导和组织他们深入基层、深入农户、深入田间地头，大力开展技术指导和培训，及时帮助种粮农民解决生产中遇到的技术难题。充分发挥市场的调节作用，与粮食主产区建立起持久、密切、良好的合作关系，组织各类粮食经营业主多渠道采购粮食，对重点粮食经营商做好指导和服务，积极鼓励和支持我省企业和个人到粮食主产区去建立粮食生产基地。加强基本农田保护，确保粮食生产能力，严格按照国务院关于坚决制止占用基本农田的要求，落实保护基本农田"五个不准"的措施。大力实施"千村示范、万村整治"工程，全面启动1000个示范村和4500个整治村的建设。

这些扶持政策的出台和落实，收到了非常明显的效果。据最近统计，今年全省粮食实现了面积、单产、总产"三增"，粮食作物播种面积达到2351万亩，预计总产量90亿公斤以上，分别比上年增长6.1%和10%以上。到10月末，地方储备粮已入库21亿公斤，完成全年任务的92%，基本落实新增5亿公斤地方储备粮源。

省农办副主任顾益康说："宏观调控以来，浙江城乡两大阵营中，明显出现了城市趋冷、农村变热；工业趋紧，农业变活；市民收入增幅不减，农民增收更快的形势。宏观调控给农村带来了补偿'欠债'、集中补血的机会。"

切实加强土地和投资管理，严格控制固定资产投资过快增长

浙江人多地少，民营经济比较发达，对土地的需求量很大，加强土地管理，运用土地政策加强宏观调控是我省的一个重点和难点。近年来，我省开发区（园区）建设有力地推动了经济社会发展，但同时也存在不少问题，如数量过多、规划面积过大、土地集约利用率不高等。去年3月以来，根据国务院的部署，我省在全省范围内开展了以治理整顿开发区（园区）为重点的土地市场秩序治理整顿工作。全省开发区（园区）从原有的758个减少到134个，其中：国务院批准的9个，省政府批准的76个，国家部委、省有关部门和设区市政府批准设立的49个；已撤销各类开发区（园区）624个，县级及以下开发区（园区）已全部撤销。全省开发区（园区）规划面积缩小到1116.09平方公里，减少75.6%，对不符合土地利用总体规划和城市规划的面积已全部予以核减。全面清理各类建设用地，收回抛荒、闲置土地13.1万亩，复耕7795亩，基本完成土地市场治理整顿阶段性任务。在此同时，经营性土地使用权招标拍卖挂牌出让制度得到全面落实，基本杜绝了商业、旅游、娱乐、商品住宅等经营性项目用地协议出让行为，土地市场运作更为规范。征地行为得到进一步规范。省政府明确提出了"四个不批、一个保障"的规定，即"凡建设项目投资强度和建筑容积率达不到相应规定要求的用地不予审批，征地方案没有征求被征地村民代表意见的不予审批，被征地农民的基本生活保障问题没有解决的不予审批，由于征地工作不当造成重大群

体性事件又没有妥善解决的不予审批,保障经济社会发展尤其是国家和省重点建设项目对土地的合理需求"。征地补偿区片综合价以及被征地农民基本生活保障制度已在全省基本建立并逐步实施。据统计,全省征地补偿标准平均提高了20%,有的地方提高了近1倍。

近几年来,我省投资状况总体上是正常的,投资增长的基础比较扎实,结构比较合理,投资规模和经济总量大体相当,投资项目的成功率和效益也比较好。但是部分行业投资增长过快的问题比较突出。为此,我省各地认真贯彻落实中央宏观调控政策,严格市场准入、严肃税制、强化信贷审核,从严控制新开工项目,严禁违规、越权、拆分审批项目,对在建拟建项目认真进行清理,淘汰高耗能、低效益项目,制止盲目投资和低水平重复建设,今年共清理项目1.9万个,决定停建36个,暂停建设、限期整改716个,取消立项193个,投资过快增长势头得到遏制。前三季度,全社会固定资产投资达到3693亿元,比去年同期增长21.5%,比一季度回落20.4个百分点,其中非国有投资2475亿元,增长24.9%,比重达到67%。预计全社会固定资产投资增幅将继续回落,全年投资5900亿元,增长18%左右,比去年回落约20个百分点。1—10月,全省限额以上固定资产投资3810.6亿元,增长28%,比一季度回落25.5个百分点。钢铁和水泥等过热行业投资和生产增幅回落幅度更大,黑色金属冶炼及压延加工业投资增幅从一季度的6.1倍回落到1.2倍,水泥等非金属矿物制品业投资增幅从1.3倍回落到35.7%。房地产开发投资自6月份开始出现明显回落,1—10月投资892.4亿元,增长34.9%,比一季度回落12.1个百分点。

在这轮宏观调控中,我省各商业银行对于有市场、有效益、有利于增加就业、符合产业政策和准入条件的民营企业,给予了充分的资金支持;另一方面,对部分限制行业及园区类贷款明显少增。10月末,全省金融机构本外币各项存、贷款余额分别为17350亿元和14342亿元,同比增长15%和17.7%,增幅分别比去年同期回落15.2个和28.3个百分点,新增贷款同比减少1601亿元。

以增加生产要素供给为重点，努力缓解经济发展中的瓶颈制约

今年我省经济在快速发展中，土地、能源、交通、水等要素制约问题日趋突出，正在生产的缺电，正在建设的缺钱，正在招商的缺地，成为影响我省经济发展的重要因素。为此，我省按照"有保有压""有加有减"的原则，在严格制止盲目投资和低水平重复建设的同时，以实施"五大百亿"工程为重点，大力加强经济社会发展薄弱环节，加大重点行业投资，全力缓解能源、交通等瓶颈制约。省统计局一位负责人介绍，前三季度，"五大百亿"工程完成投资515亿元，完成年度计划的75%；40个省重点建设项目累计完成投资323亿元，完成年度计划的80.7%，有27个项目建成投产，发挥效益。

在土地供求方面，我省一方面实行最严格的耕地保护制度，严格依法加强土地管理，从严控制审批用地计划，另一方面千方百计盘活土地存量，积极推进节约和合理用地，努力提高土地利用效率。加大滩涂围垦力度，充分利用丘陵、荒坡等非耕地资源，多途径改善土地供给。调整提高投资密度标准、建筑容积率，优先保证重点项目用地，严格限制高能耗、高污染项目用地，引导企业到省外建立生产加工基地。萧山区通过鼓励企业实施厂房加层、老厂改造、内部整理和余缺调剂等方法，变存量为在增量，今年仅技改项目用地就盘活1000亩左右。长兴县的闲置校舍和废弃窑矿整合利用、玉环县用政策引导企业建多层厂房等办法，有效地缓解了土地要素制约。绍兴县创造的"土地集约利用十法"，东阳、诸暨等地创造的"零土地技改""零土地招商"做法，还得到了中央领导同志的充分肯定。在东阳经济开发区，过去流行的评比"花园式企业""厂房建设样板企业"不复存在，取而代之的是评比"投资强度、投入产出率和社会贡献率先进企业"。前不久，省政府又出台了37号文件，进一步完善浙江省建设项目用地控制指标，对工业项目投资强度的区域修正系数和绿地控制指标又作了重新规定。

在缓解电力等能源供应紧张方面，我省加快电源电网项目建设，千

方百计增加电力供给，积极发展水电、核电、天然气发电等清洁能源，电力项目建设力度进一步加大，1—10月，新开工建设电源项目9个，装机容量1130万千瓦；投产发电装机159万千瓦；新增500千伏线路641公里，220千伏线路785公里。同时千方百计组织电力外购，增加外购电量；加强电力调度和需求管理，确保人民群众生活用电，确保医院、学校等重要单位用电，推动全社会节约用电，大力推广节电技术和设备，积极开展发电设备、输电设施和用电设备的更新改造。这些措施的实施，使有限的电量得到更有效的利用。全省规模以上工业企业万元产值耗电量从1月的538度下降到10月的465度，下降13.6%。同时，注重充分利用港口优势，规划建设煤炭、石油等战略资源储备和集散基地，改善储运设施，提高供给能力，做好天然气开发利用工作。

在水资源保护和利用方面，我省针对区域性水资源短缺问题，一方面抓紧编制和实施全省水资源保护与开发利用总体规划，另一方面加快重大水利设施建设，做好水资源综合调度，优化水资源配置，做好水资源保护，全面推进"万里清水河道"工程建设，千方百计提高水资源利用率，同时还扎实开展推进浙东引水工程实施的一些前期工作，努力解决浙北水质性缺水问题。在交通基础设施建设方面，我省全面实施高速公路、新建铁路等一批重点工程建设，铁路、高等级公路、农村公路等交通建设项目进一步加强，1—10月，浙赣铁路电气化改造、宣杭铁路复线浙江段分别完成投资15亿元和4.9亿元；新开高速公路项目18个，建设里程851公里；通村公路完成12306公里。同时，我省还高度重视解决部分城市交通拥堵问题。

今年以来，省委、省政府还竭力推进加快资源节约型社会的建设。积极引导企业走资源消耗低、环境污染少、经济效益好的新型工业化道路，加快淘汰污染重、能耗大、效益低的落后行业、企业和工艺、设备。结合"生态省"的建设，在全省大力发展循环经济，引导和鼓励全社会形成有利于节约资源的生产模式和消费模式。

把宏观调控作为推动结构产业升级的极好机遇

在宏观调控面前,无论是政府还是企业,都不是被动应付,而是主动适应。

今年7月下旬,全国工商联副主席程路就宏观调控下的企业发展问题,来浙江考察调研。他在一份考察报告中深有感触地写道:"短短8天目之所见,耳之所闻,皆是当代企业家对国家、对社会强烈的责任感,他们早已把自己的成就、理想和命运同国家的发展紧紧地联系在一起了。"

面对宏观调控,经受市场经济大潮洗礼的浙江民营企业不是一筹莫展,怨天尤人,而是沉着应对,勇往直前,紧处求生存,难处谋发展,把宏观调控当作难得的发展机遇。掌舵传化巨舰的徐冠巨认为,科学发展观是一个从量到质的过程,宏观调控则是实现质的飞跃的重要环节。国家要对经济适时调控,企业则要时时进行调整。温州威力打火机公司徐勇水认为这次调控是企业重新"洗牌"的机会。德力西集团则把宏观调控造成的压力比作"水底下憋气,谁憋得住谁赢"。

民营经济发达的温州,在一次市工商联开展的"企业家看宏观调控"问卷调查中,对宏观调控表示支持的比例高达88%,无所谓的9.8%,反对的只有2.2%。

温家宝总理今年8月底来浙江考察,就宏观调控与民营企业的发展问题发表了重要讲话。许多企业家都说,总理的讲话,让我们吃了"定心丸",我们心里更踏实了,信心更足了。同时,我省各级政府相继出台了一些有利于民营企业发展的举措,努力消除体制性障碍,让民营企业平等参与竞争,享受同等待遇,有力地促进了民营企业发展的新飞跃。前三季度,全省民营经济实现增加值5590亿元,占生产总值的71%;出口额191亿美元,增长58.3%;上缴税收963亿元,增长29%。

一年来,无论是民营企业,还是国有企业,都努力把压力化作动力,把挑战看作机遇,按照走新型工业化道路的要求,以建设先进制造业基地为载体,充分发挥体制机制优势,不断提高开放水平,切实加强科技进步与创新，推动产业结构优化升级，全省工业经济增长质量和效益进一步提高。1—10月，全省工业增加值增长21.5%；规模以上工业企业实现利税增长20.7%，其中利润增长21.3%，继续保持20%以上的增幅；7项经济效益指标综合指数为153.6，同比提高2.7点。前三季度万元产值综合能耗下降到0.52吨标准煤，比一季度下降5%。

　　2005年的脚步声已清晰可闻，取得的成绩只是属于过去。最近召开的中央经济工作会议对明年经济工作作出了具体部署，明确提出新的一年经济工作的首要任务，就是加强和改善宏观调控，确保经济平稳较快发展，可见宏观调控决不是权宜之计和应急之策，而是治本之策和必由之路。全面落实科学发展观，解决经济发展中的突出问题，巩固宏观调控成果，保持浙江经济持续快速协调健康发展，我们任重而道远。

（《今日浙江》2004年第24期）

◇ 去年8月12日至13日，一场名为"云娜"的50年来登陆我国最强的台风，正面袭击我省，造成75个县（市、区）、765个乡镇受灾，受灾人口1299万人，倒塌房屋6.43万间，直接经济损失181.28亿元。灾情发生后，在党中央、国务院的关怀和指导下，省委、省政府迅速组织动员全省人民发扬连续作战、奋力拼搏的精神，全力投入到抗灾自救、重建家园的战斗中。

为了让灾民安居乐业

——浙江省灾后重建工作见闻

年关将近，天气变冷，我省灾后重建工作的进展情况如何，灾区的群众生活过得怎样？这是党中央、国务院及省委、省政府非常关心的问题。元旦前夕，记者就这一问题作了调查，并赴台州、温州的一些重灾区进行采访。所见所闻，让记者由衷感到，经过全省上下4个多月的奋斗，我省灾后重建工作取得了显著成就，谱写了又一曲同心同德、艰苦奋斗、以民为本、克难攻坚的动人乐章。

"体现党组织和党员领导干部执政能力的关键时刻"

浙江遭受强台风袭击，牵动着中央领导同志的心。可以说，我省的抗台救灾斗争始终在中央的领导下进行，得到了中央领导的高度重视、有力指导和亲切关怀。灾情发生后，多位中央领导同志先后作出重要批示和重要指示，充分肯定我省抗台工作部署周密，决策果断，成效明显。同时，也明确要求我省继续发扬艰苦奋斗的精神，认真做好善后工作，落实各项救灾措施，维护灾区社会稳定，全力以赴做好抗灾自救工作，努力夺取抗灾救灾工作的全面胜利。本着对人民群众高度负责的精神，我省各级党委、政府抗灾救灾工作紧锣密鼓、有条不紊地展开。

8月13日，台风还没有完全离开我省，省委书记习近平、省长吕祖善等省领导就来到受灾最严重的台州市察看灾情，慰问灾民，现场指导救灾工作。习近平要求当地党委、政府重点抓好四件事，即：高度负责，安排好灾民生活；加强协调，抓好恢复生活工作；统筹规划，抓好灾后重建工作；一方有难，动员全社会力量支援。

8月15日，省领导又赶赴受灾严重、发生泥石流导致民众伤亡的温州乐清龙西乡，察看灾害发生现场，走村入户，了解灾情，强调要以极端负责的态度，全力做好抗灾自救工作。

8月16日、17日，省委相继召开常委扩大会议、全省抗灾救灾工作电视电话会议，传达中央领导的重要批示精神，对全省抗灾救灾工作作出全面部署。习近平指出，面临重大灾害的时刻，是体现党组织战斗力和党员先进性的关键时刻，是体现我们党与群众保持血肉关系的关键时刻，体现党组织和党员领导干部执政能力的关键时刻。他还强调，各级党委、政府要下大力做好以抗灾救灾为中心的各项工作，通过全省上下的共同努力，做到"四个确保"，即：确保每个受灾群众都得到妥善安置，确保灾区社会稳定，确保灾区生产生活秩序迅速恢复，确保实现2004年全省经济社会发展的目标任务。

8月底，温家宝总理亲临浙江灾区慰问，给我省广大干部群众以极大的鼓励和鞭策。9月2日，省委召开全省电视电话会议，传达了温总理在浙江视察时的重要讲话和指示精神，要求全省各级党委、政府和广大干部，一定要按照温总理的指示，把救灾工作和灾后恢复工作做得更好，夺取抗台救灾斗争的全面胜利。

"沧海横流，方显英雄本色。"在抗灾救灾的战斗中，我省各级党组织充分发挥领导核心作用和战斗堡垒作用，全省共产党员充分发挥先锋模范作用，像抗"非典"、抗缺电、抗持续干旱那样，在关键时刻挺身而出，勇往直前，发扬连续作战、英勇顽强的精神，经受住台风灾害的考验，向党和人民交上一份合格的答卷。

记者在台州、温州调查采访中遇到的灾区群众，一提起这次抗台救灾和灾后的重建家园工作，都由衷地赞叹我们的党委、政府和基层的乡村干部。临海市杜桥镇推船沟村支部书记陈永沛一心扑在"温馨家园"建设上，家里办的一个小公司没人管，亏了好几十万元；村委会主任吴学东自己家里也在造房子，为了"温馨家园"的建设，自己整天在"大家"的工地上，而自家的工地却是以每人50元一天的费用在雇工建设和照管。他的家人办有一个砖瓦厂，每块砖头市场价是0.3元，而卖给房屋被毁的灾民却一律是0.24元，仅这一项让利销售，他就减少收入20多万元。

记者接触过的许多灾区群众，都十分感激地说，遇到这样大的天灾，幸亏有各级领导的高度重视、及时救助、有力指挥，我们才能在大灾之后仍过上安耽的日子，共产党确实是"执政为民""以人为本""以民为先"的。

"在这次灾后重建中，党委、政府采取的措施与当时抗击台风、转移群众一样果断有效"

"我们不能因为遭受台风灾害而生产停顿、发展停步。越是受灾，越要加快发展，以此来弥补灾害带来的损失。"省委书记习近平在省委常委会上如此强调。

各地各部门认真贯彻省委的部署，把抗灾自救与推进发展、完成全年目标任务有机结合起来，千方百计尽快恢复生产、重建家园。农业部门积极为灾区提供种子、化肥等重要的生产资料和必要的技术服务。经贸部门积极支持企业修复厂房、维修设备、恢复生产。财政和金融部门为灾区恢复生产提供必要的资金扶持，特别是保险单位抓紧做好灾后理赔工作，及时地把保险理赔款项送到了灾民手中。台风过后没几天，省建设厅就发出《关于进一步做好救灾工作及防御16号热带风暴的通知》，指导各地灾后重建，并拨出800万专项救灾资金，用于灾区重建的规划选址和灾后给排水、垃圾、园林等受灾设施的修复。还派出厅领导和技术人员，到温、台灾区现场指导，帮助受灾群众安居点的重建。省国土资源厅灾后即紧急调集了10多位地质专家，对乐清北部因台风造成的地质灾害隐患进行全面检查，圈定地质灾害易发区，提出防灾避灾措施，为当地政府制定地质灾害防治方案提供了科学依据。

在永嘉县鹤盛乡霞岭根村，一位白发苍苍的老人对记者说："上级领导对我们受灾的群众这么关心、这么重视，采取的措施这么有力，真是出乎我们的意料。"

的确，我省各级党委、政府对灾后重建工作的重视是前所未有的。市、县、乡镇三级都建立了以党委或政府主要领导为组长的相应机构。各地各部门结合实际制订和出台了灾后重建工作的指导意见，明确目标要求，规范程序，制定优惠政策，以保证重建工作有序、规范、高效进行。

临海市根据本市农村经济发展水平较高，城镇化发展速度较快，而目前村庄住宅布局凌乱、基础设施落后、土地资源浪费、房屋抗灾能力低等实际，确立灾后倒房重建工作思路，受到了国家民政部领导的充分肯定，认为临海市灾后重建工作的思路、做法很好，值得各地借鉴。

路桥区建立了责任联系、分类指导、台账登记、跟踪督查等4项制度。在路桥区调研时，区民政局局长拿了3本厚厚的莲街镇因灾倒房重建进度登记表，里面有户主姓名、救灾款、重建进度、倒房的照片和新建房的照片等等，一目了然。他说："建立台账就是为了实打实地把重建工作做好，保质保量完成任务。"

温岭市在台风过后即组织专家到倒房现场进行踏勘，深入分析原因，并要求建设规划局在选址上严格把关，不允许在地质灾害频发、风口地段进行选址；尽量做到集中联建，不允许3间以下单独建设，情况特殊的单间建设只能建一层，两间建设只能建两层；及时将《农民建房通用图集》发放到各镇乡、街道，以便受灾村民在重建时挑选。

乐清市把应急避险移民工程作为重要的民心工程，实施"无障碍施工"。一是审批手续无障碍，任何部门和单位接到报批手续时不能过夜；二是施工无障碍，全力以赴确保工程及时通电、通水、通路。民政、土地、规划、房管、财政、供电等部门都采取了相应的措施，做到了特事特办。

"春节前，那些房屋被毁的灾民，绝大多数能住进新房"

临海市杜桥镇推船沟村，是受14号强台风毁损严重的一个村。12月25日，记者来到该村采访。村支书陈永沛、村委会主任吴学东带我们来到正在建设中的"温馨家园"。陈永沛介绍说，在各级党委、政府的关心和帮助下，推船沟村党支部启动了"温馨家园"住宅工程建设，该工程用地40亩，按照"小区化、公寓化"的要求，建房88户159间，其中42户是房屋倒塌户，还有两个自然村的迁建户。小区建设根据小康型住宅标准，实行统一规划、统一设计，建设达到了"抗震防台、设施配套、环境优化、管理到位"4个要求。首期建设的40幢房子，于10月15日开工，现在大多已建到3层、2层。吴学东接过话说："建至3层的有22幢，建至2层的有14幢，建了1层的有3幢。洪秀金、洪秀全兄弟俩的房子已经建到第3层，虽然都还没有结顶，但11月中旬就搬进来住了。"据临海市市场办事处工作人员介绍，把两个处在风口上的自然村迁移到"温馨家园"后，可平整出耕地120亩，新增耕地80亩。

在路桥区，记者去看望了桐屿街道梁溪村的陈思殿家，他家刚在前几天搬入新房，门口还挂着大红灯笼，洋溢着一种喜庆气氛。区民政局局长陈国谊介绍说："在台风中路桥倒塌1288间民房，其中无房可住、需要重建的367户416间。目前倒房重建工作进展良好，已竣工305户343间，已动工62户73间，在春节前能保证灾毁无房户有房可住。"

温岭市箬横镇浦岙村，是温岭市人口最多的村，受14号强台风的袭击，这个村11间民房倒塌，32间房屋被毁，导致15个家庭23人无家可归。灾后村两委提出无房户安置要同"村庄整治"工作相结合，同村拆迁户安置工作以及老年公寓建设相衔接的重建思路，确定由村集体统一投资、建设15间基础牢、配套设施齐、可重复使用的安置房。村党支部书记周国洪介绍说："这些安置房在台风灾后的第11天，也就是8月23日就建好，让13户人家搬了进来。"箬横镇西江头村刚刚有4户人家喜迁新居。在温岭市民政局副局长的陪同下，记者参观了他们的新房，虽然只是一排房子，4间平房，但里面洗手间、厨房、卧室等功能设施齐全。东一间户主郭妹青说："住在这里比住原来的房子舒服多了。"

12月26日上午，记者来到温州乐清市大荆镇下干村的应急避险移民小区，看到这一工程A区8幢236套公寓式住宅现已全部结顶，进入内粉刷和附属设施建设阶段。B区于12月5日已进场施工。乐清市民政局局长詹必华说，乐清市3个重灾乡镇应重建房屋186户255间，已完成重建88户126间，搬入新居86户208人，因台风造成人员死亡或房屋全部倒塌的农户以及受地质灾害严重影响的农户，可望在春节前搬入新居。

在永嘉县，县委办副主任介绍："全县倒塌房屋共295户427间，其中急需重建的有208户304间，现已建好的有129户177间，在建的有62户103间，占总数的92%；未建的有17户24间，主要是户主长期在外或老人居住在子女家中。"记者走访了离永嘉县城80多公里，位于永嘉东北角的岭头乡富源村。这个村倒塌6户10间房子，4户需要重建的目前已全部建好。灾民潘良象告诉我们："家里困难，自己没力气，又没钱，全是乡村的干部们为我们造的。"

省民政厅救灾救济处的一位负责人告诉记者，截至12月29日，全省需要恢复重建的房屋29555间，已竣工26550间，占需重建总数的89.83%。台州已建成15684间，完成89.6%；温州已建成3481间，完成78.7%；宁波市、衢州市已全部完成。他说："春节前，那些房屋被毁的灾民，绝大多数能住进新房。"

"台风无情人有情，党的恩情比海深"

8月13日，省委书记习近平在台州慰问灾民，考察指导救灾工作时就指出：要切实把安排灾民生活放在当前一切工作的首要位置。首先，一定要确保让每一个灾民有饭吃、有衣穿、有地方住、有伤有病能得到及时治疗。对这些最基本的需求，不管有多大困难，都必须切实解决，使受灾群众真正感受到党和政府的关怀，感受到社会主义大家庭的温暖。各地各部门按照这一要求和省委办公厅、省政府办公厅《关于切实做好当前救灾工作的紧急通知》精神，把妥善安置灾民，确保灾民基本生活所需放在突出位置。

记者从省民政厅了解到，台风过后，各级政府就下拨救灾资金2.4亿元，安排水泥、砖瓦、衣被、粮食、食用油等物资折价1939万元，调拨衣被10万余件、大米218吨、消杀药品48.2吨。全省广大干部群众发扬中华民族扶贫济困的传统美德，在省委领导的带动下，省级机关干部、企事业单位纷纷向灾区捐款捐物。全省各级共落实5400多万元冬令救助资金，省下拨用于倒房重建的社会捐赠款2750万元，灾区各级筹集捐赠款4720万元，救助受灾群众34.8万余人次。全省每个受灾村都有一名领导干部挂钩，每个倒房恢复重建户都有一名乡镇干部联系，每户重灾家庭都有一名党员干部帮扶，每家受灾企业都有一个相关部门支持。

永嘉县针对农作物受灾严重的实际，注重做好对受灾规模种养大户的扶持，县里专门制定扶持政策，共落实补助资金503万元，其中粮食67万元，畜禽135万元，蔬菜40万元，特产78万元，农业龙头企业133万元，农业专业合作社50万元。目前，该县的畜禽存栏已恢复到灾前水平，其中家禽存栏量超过灾前，大棚蔬菜种植也已基本恢复到灾前生产能力。

推船沟村村民黄成容的房屋被台风摧毁，现全家安置在村委会办公室的一个妇联办公室里，她一提起村里对她的照顾，就感动得热泪盈眶。黄成容说："我们现在的住房是政府安排的，吃的和用的也是政府送来的。如果没有党和政府这么好的政策，我们就得流浪街头要饭了。"推船沟村有位83岁的项玉香老人，她的两个女儿都嫁在村里，房屋倒塌后就住到了大女儿的家。记者特地去看望她时，她正巧带着女儿、女婿去看望100多岁的老父亲，不在家里。她的邻居告诉我们："她现在生活得很好，不用政府多操心。"

在乐清市龙西乡上山村，记者特地去看望了因泥石流而失去9位亲人的章林峰。这位19岁小伙子，在乡政府的帮助下，已到一家大企业做工。他和叔叔章近何一起暂时安置在原来乡校的一间办公室里。记者看到他简陋的房间里，堆放着十几包红十字会赠送的大米，还有彩电、电冰箱、VCD播放机等。他告诉记者："家里的所有东西都是政府送的。如果没有党和政府对我这样关心，我简直不敢相信自己还能活下去。"

在温岭市箬横镇西江头村,刚刚搬进新居的灾民家门口挂着的几副对联,表达了他们的心声。一副是"台风无情人有情,党的恩情比海深",另一副是"喜洋洋迁入新居,乐呵呵感谢政府",还有一副是"云娜怒吼毁民房,政府关怀建新房"。

(《今日浙江》2005年第1期)

影响浙江的10个关键词

——回眸2004年专题报道之十

当握别2004年的时候,我们回望这一年走过的历程,盘点这一年重要的工作,收获这一年丰硕的果实,深深感到在这一年当中,有10个关键词,对促进浙江经济社会发展,甚至对转变干部群众的思想观念,都产生了积极而重要的影响。

1. 科学发展观

党的十六届三中全会第一次明确提出"科学发展观",并根据推进全面建设小康社会的迫切要求,对这一发展观做出了精辟的表述。省委、省政府及各级党委政府认真贯彻中央关于树立和落实科学发展观的要求,把科学发展观落实和体现在推进浙江现代化建设的具体工作中。2004年7月底,省委召开"树立和落实科学发展观"专题学习会,对全省树立和落实科学发展观进行研究部署。省委书记习近平提出,树立和落实科学发展观,最重要的是付诸实践,见诸行动,取得实效。他还指出,浙江作为沿海发达省份,有责任、有条件在落实科学发展观方面走在全国前列。我们要实现的发展,不但要在速度上快于全国,而且要在质量和水平上高于全国,在统筹协调上领先于全国。这次专题学习会,对全省各级领导干部深化对树立和落实科学发展观的理解和把握,进一步统一思想,明确目标方向,增强工作信心,产生了重要影响。2004年,我省各级各部门坚持以科学发展观为指导,认真落实中央宏观调控政策,努力克服资源要素制约,勇敢地面对各种困难和挑战,促进了全省经济社会持续快速健康发展。

2. 执政能力建设

2004年,"执政能力"一词成为人们口中的一个流行词。

自党的十六大提出"加强党的执政能力建设,提高党的领导水平和执政水平"以来,省委就把加强党的执政能力建设摆到了更加突出的地位。省委在部署2004年工作时,就明确提出"党建抓根本"的要求,把提高党的执政能力建设作为一项根本建设,确定为年度的重点工作。一年来,省委坚持总揽全局、协调各方原则,充分发挥地方党委的领导核心作用,全面推进党的思想、组织、作风和制度建设,使党建各项工作取得了新的进展。省委理论学习中心组共组织了5次集体学习。进一步加强人大、政府、政协、各人民团体,以及宗教、侨务、对台等工作,相继召开全省工会共青团妇联工作会议和全省人大工作会议、全省政协工作会议,分别制定加强这方面工作的意见。高度重视各级领导班子建设和基层组织工作,建立了农村工作指导员制度,选派38860名机关干部进驻每个行政村,指导和帮助基层开展工作。认真学习贯彻《中国共产党党内监督条例(试行)》和《中国共产党纪律处分条例》,省委公开作出廉政承诺,进一步推进党风廉政建设。针对我省实际,从执政意识、执政理念、执政主题、执政宗旨、执政基础、执政方式以及领导干部的执政能力和素质等方面,深入调研加强党的执政能力建设问题。省委书记习近平就加强地方党委执政能力问题,深入基层,调查研究,亲自参加了分3片召开的全省11个市党建工作座谈会。十六届四中全会之后,我省各级党组织认真贯彻中央精神,分层次抓好传达学习,开展宣讲活动,在系统学习、深刻理解和贯彻落实上狠下功夫。省委十一届七次全会讨论通过了《中共浙江省委关于认真贯彻党的十六届四中全会精神,切实加强党的执政能力建设的意见》。我省注重把提高执政能力体现在深入实施"八八战略"、全面建设"平安浙江"的决策部署中,落实到造福人民的具体行动上,在抗台救灾、帮扶困难群众、健全社保体系、实施"千村示范、万村整治"工程等各项工作中得到了充分的体现。

3. 宏观调控

2004年，我省从浙江实际出发，与深入实施"八八战略"有机结合，坚持有保有压、区别对待的原则，认真贯彻落实中央加强宏观调控的政策，充分发挥宏观调控的"倒逼"机制作用，注意从源头上控制，把紧信贷投放和土地供给"两道闸门"，抑制经济运行中不稳定、不健康因素，切实加强经济社会发展中的薄弱环节，缓解资源要素的制约，着力推进经济增长方式的转变。时至年终，从各方面数据看，一年来落实宏观调控政策取得明显成效，经济持续快速增长，全省生产总值首次突破万亿元大关，速度、质量、效益都是多年来最好的一个时期。居民消费价格指数逐渐趋稳，固定资产投资增幅回落，出口和消费增长较快，粮食生产出现转机，面积、产量、效益实现"三增"，城乡居民收入持续增长。一年来的实践证明，这一轮宏观调控不仅没有影响经济持续较快发展，而且对保持经济平稳较快增长发挥了重要作用。

虽然当前宏观调控已经取得阶段性成果，不过面对这份"成绩单"，并不意味着就可以松一口气。最近召开的全省经济工作会议强调："各级领导干部必须牢固树立大局意识，进一步统一对宏观调控重要性、艰巨性和长期性的认识，更加自觉、坚定、主动地贯彻中央宏观调控政策，继续保持我省经济发展的好形势。"

4. "八八战略"

在浙江，"八八战略"这个词出现的频率很高，人们已耳熟能详。

自从省委十一届四次全会明确提出进一步发挥"八个优势"、推进"八项举措"的"八八战略"以来，这一重大战略决策很快得到了广大干部群众的一致拥护，大家认为"八八战略"是中央精神与浙江实际紧密结合、在总体思路和具体工作上的体现，抓住了事关浙江当前和长远发展的"牛鼻子"。"八八战略"提出后，省委又不断地进行深化、细化、具体化。省委在部署2004年工作时，又明确提出要突出深化改革这个主调，把握全面、协调、可持续发展这一主题，围绕充分发挥"八个优势"、深入实施"八项举措"这条主线，抓住机遇，乘势而上。2003年以来，特别是去年以来，我省严格土地管理，控制信贷规模，清理在建、拟建投资项目，高度重视粮食生产，努力缓解要素制约，积极推进结构调整，全省经济继续保持平稳健康较快增长，经济增长的速度、质量、效益进一步统一，协调性进一步增强。一年多来的实践充分证明，省委提出的"八八战略"，不仅有力推动了浙江经济社会发展继续保持良好的势头，而且为浙江今后一个时期的发展理清了思路，明确了方向。

5. 平安浙江

2004年年初，在省委理论学习中心组学习会上，省委书记习近平提出了建设"平安浙江"的意见。会后，省委有关领导即带领相关部门开展专题调研工作。省委十一届六次全会审议通过了《关于建设"平安浙江" 促进社会和谐稳定的决定》，对"平安浙江"建设作出全面部署，首次在全国提出了"大平安"的概念。为保证"平安浙江"建设各项工作落到实处，省委成立了建设"平安浙江"领导小组，着手制订创建平安市县的考核办法，力争通过若干年努力，使全省绝大多数市县达到平安市县创建标准。省委建设"平安浙江"的决策部署，在省内外引起强烈反响，全省干部群众好评如潮，中央主要领导作出重要指示，给予充分肯定和鼓励。目前，"平安浙江"建设各项工作扎扎实实地向前推进，并初见成效。

6. "七艺节"

2004年金秋，历时17天的第七届中国艺术节在浙江举办。这次艺术节围绕"发展先进文化，振奋民族精神"的主题，全面展示了新世纪初我国舞台艺术欣欣向荣的喜人景象，集中检阅了文艺事业蓬勃发展的丰硕成果，这是一次具有鲜明特色的艺术盛会，是一个欢乐祥和的人民节日。中央领导同志给"七艺节"发来贺信，对文艺工作和文艺工作者提出殷切的希望，给予很大鼓舞。艺术节期间，来自国内外的著名艺术家，在我省的杭州、宁波、温州、绍兴和嘉兴5个主、分会场各展风采。数以百万计的浙江观众欣赏、参与了艺术节的有关活动。省委书记习近平在"七艺节"闭幕时的致辞中说，在艺术节上展演的许多优秀文艺作品，激励人心、感召社会，促进了广大人民群众思想道德和科学文化素质的提高，对增强构成浙江经济社会发展综合竞争力的软实力，必将产生重要的影响和积极的作用。

7. 抗台救灾

2004年，我省遭遇了多次台风袭击，特别是8月中旬的第14号"云娜"强台风，是1956年以来登陆我国大陆强度最大的台风。面对强台风的正面袭击，全省各地以中央领导的重要批示和重要指示精神为指导，在省委、省政府的果断决策和具体部署下，在受灾各地党委、政府和各级领导干部的靠前指挥和积极带领下，全省上下紧急行动起来，万众一心，众志成城，全力以赴，抗台救灾。各级、各部门思想高度重视，组织严密细致，工作扎实有力，切实做到了警觉得早、部署得快、落实得好，取得了很好的成效，把台风造成的直接损失降到了最低限度。台风过后，我省又认真总结经验教训，统筹灾后重建，灾区迅速恢复正常生产生活秩序，生产自救和重建家园的各项工作有条不紊地展开。至今绝大多数受灾群众已入住新房。

8. 效能建设

省委十一届五次全会对2004年我省机关效能建设作了部署。省委明确指出，机关效能建设，要围绕立党为公、执政为民的本质要求，以"勤政廉政、提高效率、优化环境、促进发展"为主要内容，突出思想教育，加强建章立制，严格考核奖惩，努力在履行职责和改革创新上有新的突破，在服务质量和办事效率上有新的改进，在人民群众对机关工作的满意度上有新的提高，真正形成行为规范、运转协调、公正透明、廉洁高效的运行机制。去年全省共有6053个省、市、县机关部门，以及1497个乡镇和2353个具有行政管理职能的单位开展了机关效能建设。各地按照省委、省政府的总体部署和要求，出实招、动真格，机关效能建设取得了阶段性的成效。主要表现在：一是机关效率有所提高。抽样调查显示，60%的项目提前办结，在联办项目上，办理时间比原来缩短了近1/3。解决"事难办"问题取得初步成效。二是行政行为得到逐步规范。结合行政许可法的实施，清理地方性法规和政策文件，省级取消了省政府规章设定的95项行政许可项目，进一步深化行政审批制度改革，有的地方还开展了第四轮改革。三是加强了会议文件、简报的清理，会议时间、规模有所压缩，对简报、统计过滥的情况进行了初步治理。四是机关作风有了新的改进，出台了"四条禁令"，进一步完善了一些规章制度。从2004年2月以来，全省已有2390名机关干部因办事拖拉、工作推诿和纪律涣散等问题受到告诫、警告和记过等处理，还有一部分聘用人员被清理和辞退。五是群众关注的"看病难、上学难、行车难"及环境污染等问题在机关效能建设中得到进一步重视，有的已经得到解决。据省效能办对近2000名干部群众参与的问卷调查显示，对机关效能建设总体评价好和较好的达到了83.1%。

9. 惩防体系

省委立足省情，审时度势，以创新的理念、系统的方法、前瞻的眼光谋划反腐倡廉工作，2003年7月就制定出台了《浙江省反腐倡廉防范体系实施意见（试行）》，率先在全国着力构建具有浙江特色的惩治和预防腐败体系。一年多来，我省各级纪检监察机关认真贯彻落实省委这一重大决策，把构建惩防体系作为深入推进反腐倡廉工作的重大战略目标、贯穿反腐倡廉各项工作的主线来抓，坚持标本兼治、惩防并举、注重预防，以最大限度降低腐败发生率为目标，以建立健全思想教育、权力制约、监督管理、法纪约束、廉政激励和测评预警机制为抓手，不断增强惩治和预防的整体效能，不断提高反腐倡廉的制度化、规范化和法制化水平。目前，构建惩防体系工作已初见成效，初步形成了重点突出、整体推进、上下联动、狠抓落实的良好局面，显现出了构建工作的整体推动、纵深推进和影响长远等多方面的作用，并在全国引起了较好的反响。

10. 生态省建设

"生态兴则文明兴，生态衰则文明衰"。建设生态省、打造"绿色浙江"是我省落实科学发展观，推进人与自然和谐发展的重要举措。省委将其列为实施"八八战略"和建设"平安浙江"的重要组成部分；省人大常委会依法作出了《关于建设生态省的决定》，并在去年夏季组织了全省生态省建设和环保执法大检查；省政府制定并全面组织实施了《浙江生态省建设规划纲要》，分解落实了本届政府任期内生态省建设的各项任务；省政协围绕生态省建设深入调查研究，积极建言献策；各地、各部门制定规划，狠抓落实。全省生态省建设正扎扎实实地向前推进。目前，11个设区市和大部分县市完成了生态规划的编制；组织实施了一批生态建设的重大项目，全年完成"万里清水河道"建设2200公里。启动实施"811"环境污染整治行动，对全省八大水系及运河、平原河网和11个设区市的11个省级环境保护重点监管区，开展了环境污染集中整治。值得一提的是去年10月省政府与国家环保总局共同主办了"2004中国·浙江生态省建设论坛"。参加论坛的与会代表共同发表宣言。这次论坛取得圆满成功，浙江的生态省建设得到更广泛的关注。

（《今日浙江》2005年第1期）

人才是第一资源

——解读浙江"人才新政"

"国以人兴，政以才治。"如何充分发挥人才这个"第一资源"的作用，这是事关一个国家、一个地区综合竞争力的重大问题。最近，省委、省政府推出了《实行浙江省特级专家制度暂行规定》等10个涉及人才工作的文件。这是省委、省政府继去年年初作出《关于大力实施人才强省战略的决定》以来，推进浙江人才工作、建设人才强省的又一重要决策。

特级专家：浙江省设立的最高学术称号

建立浙江省特级专家制度，这一加强拔尖人才队伍建设的做法，在全国属于首创。特级专家每三年评选一次，总人数控制在100名以内，首次评选不超过30名，以后每次增选人数视情而定。

在我省工作两年以上，具有研究员、教授、教授级高级工程师或同等专业技术职务任职资格的专家、学者，可被推荐为浙江省特级专家候选人。被推荐的专家、学者，必须热爱祖国，拥护社会主义，遵守宪法和法律，具有优良科学道德，学风正派，事业心强，年龄一般不超过65周岁，身体健康，并具备下列条件之一：（一）在自然科学基础研究领域取得系统的、创造性研究成果，具有重大科学价值和应用前景，学术、技术水平处于国内领先。（二）在工程科学技术领域有重大发明创造和取得重要研究成果，并有显著应用成效；或在重大工程设计、研制、建造、运行、管理及工程技术应用中，创造性地解决关键科学技术问题有重大贡献，学术、技术水平处于国内领先。（三）在人文社会科学领域取得创造性研究成果，并具有显著的社会效益，为省委、省政府决策服务并取得重大成果，学术、技术水平处于国内领先。在浙两院院士不参加浙江省特级专家评选。

选拔配置高层次企业管理经营人才，将充分发挥市场机制的基础性作用

高层次企业管理经营人才应该如何选拔？《关于加强高层次企业经营管理人才队伍建设的若干意见》指出：坚持政府宏观调控与市场机制配置相结合，充分发挥市场机制在高层次企业经营管理人才选拔配置中的基础性作用，发挥企业的主体作用，扩大选人用人的视野和途径。完善省、市组织人事部门所属的企业经营管理人才机构的功能，鼓励其他社会力量建立企业经营管理人才中介机构，通过3—5年的努力，形成全省统一的分级管理、功能齐全、政策配套、资源共享的企业经营管理人才市场网络体系，加快推进高层次企业经营管理人才配置的市场化。

高级专业技术人员，2010年要达到25万人

今后一个时期，我省加强高层次专业技术人才队伍建设的工作目标是：到2010年，全省具有高级专业技术职务任职资格的专业技术人员达到25万人。围绕这一目标，要加快高层次专业技术人员的载体建设。到2010年，集中力量建成、建好100个以上博士后科研工作站、100个以上省部级重点实验室、100个以上省级重点高新企业研发中心、100个以上省市重点科研机构，重点做好20个省属高校科技创新基地、10个省级社会科学重点研究基地建设和200个省级重点学科建设，力争在优势产业建成一批具有世界先进水平的研发机构，办好高新技术园区，加快培养造就一批在全省有影响力、比较优势明显的学科带头人和创新团队。

高技能人才数量，力争以年均15%的幅度增长

高技能人才是促进现代科技成果向现实生产力转化的骨干力量。我省将紧紧抓住培养、引进和使用3个环节，加快推进高技能人才队伍建设。今后一个时期，我省加快高技能人才队伍建设的目标任务是：通过3—5年的努力，力争全省高技能人才数量以年均15%以上的幅度增长，到2010年达到150万人左右，实现全省高技能人才队伍总量大幅度增加，结构明显优化，总体素质显著提高，基本形成一支适应我省加快经济发展、促进产业结构调整和先进制造业基地建设需要的高技能人才队伍。

对非公有制经济组织人才要一视同仁

非公有制经济是促进我省经济社会发展的重要力量，非公有制经济组织人才是我省人才队伍的一部分。我省把非公有制经济组织人才纳入了整个人才发展规划，加强领导，全面落实社会保障政策，努力提高他们的政治和社会地位。《关于加强非公有制经济组织人才队伍建设的若干意见》要求各级党委、政府要关心非公有制经济组织人才在政治上的进步，积极培养和发展非公有制经济组织中符合入党条件的优秀分子入党，培养和选拔德才兼备、综合素质较好的优秀人才到党政机关担任领导职务。意见还规定：评选浙江省突出贡献人才奖、评选浙江省特级专家、推选享受国务院特殊津贴专家人选、选拔"新世纪151人才工程"人选，以及其他各类政府奖励表彰、先进评选等，对非公有制经济组织人才要一视同仁。各级党政领导干部要联系一批优秀民营企业家和非公有制经济组织的高层次专业技术人才，各级党委组织部门要重点掌握一批民营企业家和非公有制经济组织高层次人才名单，为他们创业和成长提供服务。

鼓励各类人才到欠发达地区工作或服务

今后一个时期，我省将进一步加强欠发达地区人才队伍建设，鼓励各类人才到欠发达地区工作或服务。实施人才、智力支持和人才培养行动计划，有计划、有组织、有重点地开展省直单位和发达地区与欠发达地区之间的人才交流，为欠发达地区提供人才支持，帮助欠发达地区培养人才。

实施"大学生志愿服务欠发达地区行动计划"，鼓励高等院校应届毕业生到欠发达地区服务和创业。对参加志愿服务的大学生，给予一定的生活补助。服务期满一年经考核合格，报考本省高校研究生的，考试部分可加10分；报考公务员的，同等条件下优先录用。对使用国家助学贷款的省级以上优秀毕业生，志愿到欠发达地区工作3年以上的，省财政支持减免助学贷款本息。志愿服务期间，学生的档案可由省人事行政部门下属中介机构免费代理。志愿服务期满一年后，如学生愿意留在当地工作，可按有关规定办理相关手续。每年有计划地从录用到省级机关、事业单位的应届优秀毕业生中选拔一部分到欠发达地区基层工作，时间两年左右。工作期间，实行跟踪管理。期满后统一组织考核，考核结果作为今后使用的重要依据。

鼓励和推行人才柔性流动

人才柔性流动，是指按照社会主义市场经济发展要求，打破国籍、地域、户籍、身份等对人才流动的制约，形成与人才资源开发配置市场化、社会化、全球化趋势相适应的，政府引导、市场调节、智力流动、来去自由的人才流动方式。我省单位在不侵害原单位知识产权和合法权益、不危害国家安全、不影响国家重大科研和重点建设项目的前提下，可以用岗位聘用、项目聘用、任务聘用和人才租赁等灵活方式引进人才。柔性流动人才可以以专利、技术管理、资金等要素参与分配。在我省牵头完成的科研项目，获得国家和省级相应奖项的，可按本省有关规定予以奖励。在评审、办理社会保险、公务员招考、购买商品住房、子女入托入学、商务出国等方面，享受我省当地居民同等待遇。其中，来我省的海外留学人才，可根据本人的学习和专业技术工作经历、学识水平，以及在海外所取得的学术和技术业绩、称号、资格，按照我省相关规定，直接认定相应的专业技术资格。从省外来浙江工作的专业技术人员，其已聚积的专业技术资格，效用不变。

实行引进人才居住证制度

符合我省经济社会发展需要，具备所承担工作所需的学识、技术和能力，在本省居住的非本省当地户籍的境内人员，可以按照有关规定申领"引进人才居住证"。申领条件由各市政府相关部门根据当地实际确定。持有居住证表明持有人在浙江择业就业、投资创办企业、科技成果转化、办理社会保险、职称评审、子女入托入学、购买商品房、购车入户、出入境管理以及其他商务活动等方面与本省居民享有同等待遇，持有人可持证办理上述各项相关事务。

破除人才"部门所有、单位所有"的观念

实行人事代理制度，有利于实现人才由"单位人"向"社会人"的转变，促进人才资源的整体性开发和优化配置。《关于积极推行人事代理制度的若干意见》强调要加快建立公共人才人事服务体系，创新用人机制，推行人事代理制。改制的国有企事业单位，可以实行全员人事代理，也可以采取"新人新办法，老人老办法"，先对新进人员实行人事代理，逐步创造条件，向全员人事代理过渡。要认真负责地为大中专毕业生做好人事和组织关系接转、人事档案管理、户籍挂靠等人事代理工作，并为未就业的大中专毕业生提供求职登记、就业咨询、职业介绍等人事代理服务。

专业技术资格评价与职务聘任有新规定

专业技术评价采取评审、考试、考核认定、考评结合等方式进行，不受单位专业技术职务结构比例和岗位限制。符合相应专业技术资格评审条件的人员，可由本人或委托单位逐级申报评审相应专业技术资格，并提供经所在单位及有关部门核实的或经公证机关进行公证的，能反映本人水平、能力、业绩、职业道德以及接受继续教育和待业特殊要求等方面的相关材料和证明。专业技术资格不与工资福利等待遇挂钩。

专业技术职务聘任要坚持双向选择原则，由用人单位与专业技术人员在平等自愿、协商一致的基础上签订岗位聘约，明确双方的权利和义务。用人可以根据单位特点、职务层次、任职条件，采取内部竞争上岗、社会公开招聘等多种形式，面向具有真才实学的专业技术人员，择优聘任专业技术职务。

(《今日浙江》2005年第2期)

◇ 党的十六大以来，浙江省委、省政府始终坚持权为民用，情为民系，利为民谋，按照求真务实要求，大兴调查研究之风，把深入基层、深入群众调查研究，作为集中人民群众智慧、密切与人民群众联系、增进与人民群众感情的重要途径，确保了浙江经济和社会各项事业始终充满生机活力，全面、协调、可持续地向前发展。

从人民群众中汲取智慧和力量

——十六大以来省委、省政府大兴调查研究之风述评

"发展要有新思路，改革要有新突破，开放要有新局面，各项工作要有新举措。"

党的十六大提出的4个"新"的要求，给浙江的决策者们出了一份沉甸甸的试卷：在新世纪新阶段，浙江如何按照4个"新"的要求，实现在高起点上的更大发展，提前基本实现现代化？

回望十六大以来的两年多时间，浙江尽管遭受干旱、台风等多次严重的自然灾害，尽管面临土地、电力等要素资源严重短缺的制约，但披荆斩棘，克难攻坚，仍然好戏连台，亮点纷呈，一路高歌猛进，去年全省生产总值突破了万亿元大关，预计比上年增长14.3%，经济社会各项事业获得了长足发展。

去年8月底，温家宝总理在浙江考察时对浙江工作作了如此评价："近年来，省委、省政府认真贯彻党的十六大和十六届三中全会精神，从浙江实际出发，坚持继承和创新的统一，作出了深入实施'八八战略'、建设'平安浙江'等重要决策，并积极落实中央加强宏观调控的

部署，有力地推进了全省各项工作，取得了新的明显的成效。"

那么，与"新的明显的成效"密切相关的实施"八八战略"、建设"平安浙江"等重要决策又从哪里来？显然，来自省委、省政府决策者们深入的调查研究，来自全省广大干部群众的生动实践。

"调查研究是获得真知灼见的源头活水，是领导工作的重要方法，是正确决策的必要途径。"省委书记习近平道出了其中的奥秘。

每位省委、省政府领导下基层调研时间都在2个月以上

调查研究是领导干部做好工作的基本方法，也是弘扬求真务实精神的重要途径。

浙江省党政领导干部历来有调查研究的传统。党中央作出《关于加强和改进党的作风建设的决定》之后，浙江省委组织全省各级党政领导干部深入开展了"转变作风年"和"调查研究年"的活动，仅2002年一年，全省各级领导亲自组织实施的重大调研活动就达1.5万次，70%的领导干部亲自参加调研活动平均在5次以上，50%以上的领导干部开展调研活动平均在2个月左右。一些市、县（区）还开展了"机关干部下基层月""调查研究月"和"为企业服务月"等多种形式的调研活动。

省委办公厅的一位负责人告诉记者："近两年，省委、省政府进一步建立健全调查研究工作制度，在全省各级领导机关和领导干部中大兴调查研究之风，大兴求真务实之风。"

2003年2月11日，省委召开的新年第一次中心组理论学习会，就是以加强调查研究为主要内容。与会者学习了中央有关重要文献、三代领导人有关重要论述和胡锦涛同志在西柏坡的重要讲话。省委主要领导就调查研究工作谈体会、提建议。联系浙江加快全面建设小康社会、提前基本实现现代化的奋斗目标和工作任务，大家认为，加强调查研究，是贯彻十六大精神的必然要求，是坚持密切联系群众的重要途径，是新形势下提高领导工作水平的客观需要。就在这次学习会上，浙江省委制订了《关于推进调查研究工作规范化制度化的意见》。《意见》对加强调研工作做出了硬性规定："县以上党委、政府的重大决策，必须事先充分

开展调查研究。没有经过充分调研并形成调研报告的，一般不列入党委和政府会议的议题；省级和市县领导班子成员，每年分别要有2个月和3个月时间下基层调研，主要领导干部要自己动手写1—2篇高质量的调研报告；领导干部要在基层建立联系点，省级领导干部每年至少到联系点两次，市县领导干部要与基层点保持经常联系。"等等。

去年4月，结合贯彻中央领导在中纪委第三次全体会议上关于"大兴求真务实之风"的讲话精神和我省机关效能建设活动的开展，省委、省政府又制定了《关于进一步转变领导作风的意见》，《意见》明确指出："省委常委、副省长要努力摆脱'文山会海'，减少不必要的应酬，花更多的精力和时间，加强对事关全省经济社会发展全局的重大问题的调查研究。省委、省政府在召开重要会议、作出重要决策、出台重大政策，领导作重要讲话之前，省委、省政府领导要带头深入调查研究，努力把中央的方针政策与我省的实际紧密结合起来，形成正确思路，提出有效措施，进行科学决策。"

省委书记习近平在不同场合多次说过：当县委书记一定要跑遍所有的村；当市委书记一定要跑遍所有的乡镇；当省委书记应该跑遍所有的县市区。

浙江小城嘉善地处长三角的核心区块，紧邻上海。去年2月5日，习近平到嘉善调研接轨上海、扩大开放的问题，这是他2004年春节后下基层调研的第一站，也是他到浙江工作一年多来，跑遍全省11个地级市和90个县（市、区）的最后一站，其中有些市县他已去了多次。他勉励嘉善要充分发挥区位优势，主动接轨上海，努力建设成为我省开放型经济的前沿阵地。

省委、省政府重大决策都是在深入调查研究、广泛集中民智的基础上形成的

无论是制定决策、还是实施决策，都离不开调查研究。只有通过调查研究，才能了解实际情况，总结基层经验，为作出正确决策创造条件，为检查决策的偏差和实施过程中的问题提供第一手材料。

十六大以来，按照"发展要有新思路"的要求，省委、省政府作出了一系列重要决策。省委十一届四中全会提出的以进一步发挥"八个优势"、推进"八项举措"为主要内容的"八八战略"，就是省委、省政府在深入学习"三个代表"重要思想，广泛开展调查研究，进一步认清世情、国情和省情，科学总结浙江人民群众实践经验的前提下提出来的。2003年初，省委确定了21个重大调研课题，对第十一次党代会和十一届二次全会提出的一系列重大任务、分工进行了深入调研，对接轨上海融入长三角、建设先进制造业基地、创建生态省、发展海洋经济、启动"五大百亿"工程等重大工作，逐步理清了思路，明确了目标。省委书记习近平自己带头承担调研任务，每位省委、省政府领导都是1—2个重点课题的牵头人。在调研了浙江大部分市县后，他越来越感到浙江的优势非常明显，既有现实的优势，又有潜在的优势，同时一些所谓的劣势也还可以转化为优势。"八八战略"的提出，正是这些调研思路的总结、提炼和升华，是省委、省政府的班子成员深入调查研究、充分吸收民意、广泛集中民智的结果。

同样，去年省委十一届六次全会作出的全面建设"平安浙江"、促进社会和谐稳定的重大决策，也是通过广泛深入的调查研究而结出的硕果。

省委、省政府规定，凡事关改革、发展、稳定的全局性问题，事关人民群众切身利益的重大问题，以及影响较大的热点、难点问题，不经过周密的调查研究不决策；凡提交党委、政府的重大决策方案，必须在调查研究的基础上进行充分论证，并把调查情况作为会议议题审定的重要依据。

最近召开的一次省委常委会，对2004年省委、省政府领导重点调研课题的完成情况进行了总结。去年通过省委常委会研究确定的省委、省政府领导重点调研课题有23个，根据省委政策研究室的跟踪了解，这些课题大都已经完成，许多调研成果被省委、省政府的决策吸收或已转化成政策性文件。"坚持总揽全局、协调各方原则，充分发挥地方党委领导核心作用"，是去年省委书记习近平牵头负责的一个重点课题，为此他倾注了许多心血，花费了许多精力，带领有关部门多次到市县调查研究，分别在台州、绍兴、金华等地召开了党建工作座谈会，广泛听取地方党委负责同志的意见，在此基础上形成的《关于认真贯彻党的十六届

四中全会精神　切实加强党的执政能力建设的意见》，已在省委十一届七次全会上审议通过，成为我省今后一个时期加强执政能力建设的一个重要的指导性文件。

今年1月4日，是新年伊始的第一个工作日，习近平就到杭州新迪国际有限公司和森禾种业丁桥基地、余杭小古城村调研"三农"工作，为省委紧接着召开的新年第一个全省性的会议——农村工作会议有关决策问计于民。最近，省委、省政府又确定了2005年23个省领导重点调研课题，涉及经济、政治、文化、军事等各个方面，目前省委常委会将这些课题全部落实到每位省委常委和政府的每位副省长，并且规定了完成的时间，提出了明确的工作要求。

把调查研究的过程，真正作为深入群众、联系群众、为民办事的过程

调查研究是映照领导干部作风的一面镜子。是否重视调查研究，怎样进行调查研究，都体现着一个领导干部的思想作风、工作作风和生活作风。

沉下去调查研究，就是调查研究要有好作风。领导干部要身入心入，不要蜻蜓点水，被表面现象所迷惑；要全面分析情况，见一斑而窥全豹，不要盲人摸象；要轻车简从，不要虚张声势，造成扰民现象。通过深入基层、深入实际、深入群众，了解群众在想什么、盼什么、最需要我们党委、政府干什么。

"民以食为天，食以粮为本"。浙江人多地少，劳动力成本高，种粮效益相对较低，如何落实扶持政策，运用经济杠杆，有效调动农民种粮积极性，从种粮中真正得到实惠，确保粮食安全，这是省委一班人十分关心的问题。去年4月9日，省委书记习近平来到富阳调研粮食问题，检查春耕生产。他走访种粮大户、科研人员，与农民拉家常，详细了解情况，宣传中央和省委1号文件对"三农"的扶持政策，鼓励农民多种粮、种好粮。在与种粮大户座谈时，他还帮助种粮大户一笔一笔地仔细算种粮账：今年起我省对粮农免征农业税，实际上可以少支出多少元；

今年订单早稻收购价提升后，每亩可以增收多少元；省政府提高了粮食价外补贴标准，又可以增收多少元。种粮大户听了他算的这笔账，心里更踏实了，种粮的积极性也更高了。

省委、省政府还把领导干部到基层面对面接访群众，作为推进调查研究工作的一条有效途径。领导下访，既可以面对面听取群众的意见、愿望和呼声，又可以更加深入地考察了解各地党委、政府的工作，指导基层实事求是地解决群众反映强烈的突出问题，可谓一举多得。2003年9月18日，习近平带领省委、省人大、省政协领导及15个省级部门负责人来到素有"好诉讼"之称，近年来群众来信来访比较多的浦江县下访，共接待群众436批667人次，当场解决群众反映事项91件，由此拉开了浙江各级领导干部下访的序幕。如今我省省、市、县三级领导干部到基层下访蔚然成风，"零距离"倾听民声，面对面宣传政策，实打实化解民忧，进一步密切了与群众的关系，增进了与群众的感情。据省信访局统计，2004年群众来省上访总人数增幅明显回落，其中来省集体访人数下降10%。

省委、省政府及其领导不仅自己带头下基层调查研究，同时也十分重视和支持各级各部门开展调查研究，省委主要领导经常给部门、市县上报的调研报告作出批示。2004年底，省委办公厅《今日浙江》杂志社的同志在台州、温州采访灾后重建工作情况，回来后撰写了情况反映，对重建工作提出了意见建议。省委书记习近平阅后即作出批示，对所提建议予以肯定，强调重建家园工作要加大力度，善始善终，善作善成。要实事求是，时间服从质量，尊重灾民意见。注重做好地冻天寒送温暖，新年春节解忧难的工作。这一批示，充分体现了省委对灾民的关心关爱，推进了重建工作扎实开展。

十六大以来，浙江经济和社会各项事业蓬勃发展的现实充分证明，调查研究确实是"谋事之基、成事之道"。调查研究之风兴，改革发展之业进。在新的一年里，浙江省委、省政府的调查研究工作，必将取得更加丰硕的成果。

（《今日浙江》2005年第3期）

创造惠及城乡最广大人民的幸福生活

——浙江统筹城乡发展工作综述

领全国市场化取向改革之先的浙江，自改革开放以来，总是那么引人注目。近来，浙江在统筹城乡发展，推进城乡一体化方面所采取的措施、所取得的成就，又成为各界人士关注、全国媒体聚焦的一大亮点。

来自权威部门的统计数字表明，2004年，浙江农民人均纯收入实际增长7.4%，达到了6096元，这是连续第19年稳坐国内省区头把交椅；浙江城镇居民人均可支配收入和农村居民人均纯收入之比从2003年的2.43∶1缩小到2004年的2.39∶1，这是从1997年起8年以来浙江城乡居民收入差距的首次缩小。

前不久发布的国家统计局农调队的测评结果显示，按照农村小康社会的评价指标体系，我国2003年农村全面小康程度为16.9%，我省农村全面实现小康程度则为51.2%，过半农民过上小康生活，比全国农村全面小康实现程度快34.3个百分点，居各省区之首，列全国第4位。

"浙江农业农村发展的许多方面都给我留下深刻印象。经济越发展，越重视农业农村工作——浙江这方面的经验很值得总结。浙江在统筹城乡发展方面是走在全国前列的。"中央财经领导小组办公室副主任、全国农村问题专家陈锡文在考察了浙江农村后作如此评价。

一家在全国颇有影响的媒体评论说："浙江是我国城乡发展协调性比较强的省份，在统筹城乡发展、推进城乡一体化方面作了大量有益的探索。"今年全国"两会"期间，中央人民广播电台《今日论坛》栏目还专门介绍了我省以城乡统筹的方略解决"三农"问题的做法。

近几年，对于我省农村发生的深刻变化，置身其中的农民感受最深。记者在磐安县深泽乡源头村采访时，一位70多岁的老党员兴奋地说："党和政府关心咱们农民，现在农业税免了，生病住院费像城里人那样可以报销了，水泥路做到家门口了，农民的日子越来越红火了。"

加快全面建设小康社会　迫切要求统筹城乡发展

全面建设小康社会，是党的十六大提出的本世纪头20年的奋斗目标。

没有农村的小康，就没有全面的小康。

经过20多年来的改革开放，浙江实现了由陆域资源小省向经济大省、农业社会向工业社会、基本温饱向总体小康的三大跨越，人均生产总值接近3000美元。但是，在城市化、工业化、市场化快速推进过程中，浙江的"三农"问题还没有得到根本解决。工农之间、城乡之间、地区之间的差距尚未得到根本扭转。近几年浙江遇到的"成长的烦恼"，也大多与"三农"问题相关。

省委常委会在研究如何贯彻落实十六大精神，加快浙江全面建设小康社会、提前基本实现现代化问题时，常委们一致认为浙江既有条件、也有必要在统筹城乡发展、推进城乡一体化方面率先迈出步伐，取得积极的成效。

省委书记习近平认为，农村的发展必须跳出"就农村论农村"，必须走以城带乡、以乡促城、城乡一体化发展的路子。统筹城乡经济社会发展，建设现代农业，发展农村经济，增加农民收入，是全面建设小康社会的重大任务。

在深入调查研究的基础上，2003年7月召开的省委十一届四次全会作出了事关浙江长远发展的重要战略部署，即进一步发挥"八个方面的优势"、推进"八个方面的举措"的"八八战略"。在"八八战略"中，省委把进一步发挥浙江的城乡协调发展优势，加快推进城乡一体化列入其中，作为重要内容。

党的十六届三中全会提出要按照"五大统筹"的要求全面建设小康

社会。在"五大统筹"中,将统筹城乡发展放在第一位。这进一步增强了浙江决策者推进城乡统筹发展的决心和信心。

近几年,围绕统筹城乡发展、推进城乡一体化,浙江采取了一系列有力的政策举措,做了大量卓有成效的工作。

省委办公厅的一位负责人告诉记者,省委、省政府对解决"三农"问题非常重视,把统筹城乡发展列为重点调研课题,主要领导带头深入农村开展调查研究。今年的第一个工作日,省委书记习近平就是到农村调研,省委召开的第一个全省性的重要会议就是农村工作会议。去年和今年省委发的第1号文件都是有关"三农"问题的政策性文件。记者还了解到,省人大多次组织代表视察农业和农村工作,积极为统筹城乡发展建言献策。省政协去年将统筹城乡发展、解决"三农"问题列为"1号提案"进行研究。各部门都积极围绕实施"统筹"战略,调整工作思路,延伸服务内容,把自身工作有机地融入到决策中去。

眼下,统筹城乡发展,推进城乡一体化,已经在全省上下形成"大合唱"。

立足于促进全体人的现代化　全方位统筹城乡发展

统筹城乡发展,推进城乡一体化,说到底是使农民能够和城市居民一样共享公平、共同拥有平等权利义务和平等发展机会,从而使城乡所有人才能在平等互利的基础上共同实现全面自由的发展,推进全体人的现代化。人的现代化是经济、政治、文化、教育、科技、生活方式、价值观念等各方面全面发展的过程。这样的发展,必然要求统筹城乡发展,是全方位、宽领域的,是全面、协调、可持续的。统筹城乡发展、推进城乡一体化,要把城市与农村作为一个有机整体,统筹城乡的产业发展、劳动就业、社会保障、规划建设,促进城乡经济、政治、文化、社会的协调发展。

农业是安天下、稳民心的战略产业。在统筹城乡产业发展方面,我省在努力推进工业、第三产业发展的同时,始终抓住农业不放松。省委书记习近平对此有"三个不能"的要求:对解决好"三农"问题作为重中之重工作的认识不能模糊，对农业在国民经济中的基础地位不能动摇，对扶持"三农"的各项工作力度不能减弱。杭州市萧山区以加快发展都市农业为目标，坚持用先进的工业理念谋划农业，大力发展农产品加工业。去年全区农村经济总收入、农业总产值、农产品加工销售额和农产品出口交货值分别比上年增长22%、8.3%、25%和33%；农民人均纯收入8600元，比上年增长8%。2004年，尽管是个多灾之年，但全省农林牧渔业仍然取得了较好的收成。全年实现农业增加值830亿元，同比增长3.5%，其中粮食生产实现了面积、总量和效益"三增"。农产品全年出口额达48亿美元以上，同比增长20%。

如何统筹城乡公共设施建设，加快改善农民生产生活条件，省委、省政府对此一直高度重视。自2003年开始，浙江启动实施了"千村示范、万村整治"工程，并专门建立领导小组，具体指导这项工程实施。各地各部门以强烈的责任感和紧迫感，把实施"千村示范、万村整治"工程，作为新形势下统筹城乡经济社会发展、解决"三农"问题的重要抓手。余杭区半山村在整治中注重发挥得天独厚的生态和人文资源优势，始终围绕"生态立村、毛竹名村、文化树村、文明建村、旅游兴村、经济强村"主题，把创建全面小康示范村与开发旅游有机结合，开展村庄环境整治，使村容村貌焕然一新，由此还引来了1.1亿元的旅游景点开发资金。平湖市把集中收集处理农村垃圾作为整治工作的一个切入点，在全省率先建立起农村垃圾集中收集处理三级系统。到去年底，"千村示范、万村整治"工程已启动实施1000个示范村和6700个整治村，有2000多个村基本完成了环境整治，216个村通过"全面小康示范村"验收。省委领导对这项工作的实施效果给予了充分肯定，认为这是跳出"三农"抓"三农"的创新之举，是统筹城乡经济社会发展的务实之举，是维护和发展农民权益的谋利之举。

建设新农村，规划要先行。统筹城乡建设规划是统筹城乡发展、推进城乡一体化的又一个重点。省委领导要求各地借鉴城市社区建设和管理的经验，从调研优化村庄布局入手，科学编制区域村庄布局规划。省有关部门高度重视规划的编制工作，省农办会同省建设厅、省民政厅于2003年5月联合发出通知，对规划编制工作进行全面部署。省建设厅委托浙江工业大学研究制定了村庄规划编制导则，并以正式文件印发。目前，全省绝大多数县（市）完成了县域村庄布局规划。各地从实际出发，按照"大、中、小规划配套"和"体现特色、超前建设"的要求，加强村镇规划，同时重视产业园区的规划，根据区域经济布局、发展水平以及今后发展趋势，合理布局路、水、电等基础设施网络，特别是注重城乡的衔接和配套。如衢州市柯城区石室乡利用靠近市区烂柯山风景区的区位优势，将石一、石二、石三、桃坎头4个村合并，同时将石室乡域内其他行政村进行相应的撤并、整合，拓展"西安古街"集镇建设，使全乡境内成为建设标准高、示范作用强和"村美、民富、班子强"的农村新社区。

就业是民生之本。农民实现充分就业是解决"三农"问题的一个重要方面。为提高农民素质，拓展农民就业门路，浙江大力实施"农村千万劳动力素质培训"工程。宁波市北仑区将农村劳动力培训列为政府当年的十大实事之一，建立了区、街道（乡镇）、社区（村）三级培训网络和19个培训网点，开展了4大类34种实用技能培训，明确规定对农民参加各类技能培训的费用实行减免。对培训获得职业资格证书的人员，还给予600元的生活补助费。2004年，全省培训各类农村劳动力139.9万人，新增转移就业30万人。在全省35个县市开展了以统一城乡就业政策、失业登记、劳动力市场、就业服务和劳动用工管理的"五统一"就业试点，加快了农村劳动力转移。同时，为农民进城务工经商创造良好政策环境，切实保障农民工合法权益。目前，全省农村劳动力非农化水平已达60%以上，农村居民人均纯收入80%以上来自非农产业。社会保障上的差距是当前我国城乡差距的一个重要方面。建立和完善覆盖城乡全体公民的社会保障体系，是实践"三个代表"重要思想的内在要求，是社会主义优越性的重要体现，也是建设"平安浙江"、构建和谐社会的迫切任务。根据十六大提出的"有条件的地方，探索建立农村养老、医疗保险和最低生活保障制度"，浙江各级党委、政府着力构筑城乡共享的社会保障和社会事业发展新体制。目前，浙江在全国率先建立城乡全覆盖的最低生活保障制度，全省已有各类农村低保对象60多万人；建立孤寡老人集中供养制度，农村集中供养率达到81%以上；建立被征地农民最低生活保障制度，11个设区市和所有县（市、区）均已出台被征地农民基本生活保障政策，已有139万名被征地农民被纳入社会保障范围；积极推广农村新型合作医疗保险，参保农民达到1800多万人；建立包括农民工在内的企业职工基本养老保险制度，有20多个县实现了各种类型企业普遍参保。

加快推进社会事业向农村延伸，使城乡居民共享现代文明，是科学发展观的题中之义，也是统筹城乡发展的重要内容。近几年，浙江全方位增加农村社会事业投入，充分发挥城市文化事业发达和公共服务较好的优势，鼓励和引导城市社会事业和公共服务向农村延伸。比如，在教育方面，注重统筹安排城乡教育规划、教育资源和教育投资。省财政（包括中央支持部分）每年就要拿出2.5亿元用于农村教育。

统筹城乡生态环境建设，是浙江统筹城乡发展，推进人与自然和谐发展的一项重要工作。为此，浙江作出了建设生态省、打造绿色浙江的战略部署，进一步加大了生态建设和环境保护的力度。各地各部门着力推进循环经济、生态经济发展，注重能源、原材料、水、土地等资源的节约和利用，积极创建资源节约型社会。今年我省启动建设"百万农户生活污水净化沼气工程"和"规模化畜禽养殖场沼气工程"，努力解决农村面源污染问题。加强生态公益林建设和管理，进一步完善生态公益林补偿机制，省政府今年决定下拨1亿元补偿资金，用于3000万亩重点生态公益林建设。

浙江"七山一水二分田"，有平原，也有山区。受自然环境和历史文化等因素影响，浙江与全国一样，有发达地区，也有欠发达地区，一部分乡镇农民人均纯收入甚至低于全国平均水平。因此，省委、省政府将统筹区域发展纳入了城乡一体化进程之中，着力实施"欠发达乡镇奔小康""百亿帮扶致富""山海协作"三大工程，以此来促进发达地区的产业向欠发达地区转移、欠发达地区的劳动力向发达地区转移，推动欠发达地区加快成为全省经济的新增长点。把下山移民作为扶贫攻坚的一个关键措施来抓，几年来共扩建、新建下山脱贫小区400多个，下山移民点1200多个，迁移山区农民40多万人。实施科技特派员制度，去年，省级大专院校和科研单位下派科技特派员101名，为欠发达地区引进新品种、新技术160多项。浙江的扶贫开发经验在去年5月召开的全球扶贫大会上被介绍，获得与会代表的一致好评。

正是上述这些方面的统筹，有效促进了城市基础设施向农村延伸，城市公共服务向农村覆盖，城市现代文明向农村辐射。

按"两个趋向"重要论断　深入推进统筹城乡发展

当前，浙江农业农村形势很好，突出表现在粮食生产出现重要转机，农民收入增速提升。但要清醒地看到，浙江农村改革和发展正处于攻坚阶段，影响就业结构、社会结构优化和农业劳动生产率提高的因素尚未从根本上被突破，统筹城乡发展任务艰巨。

中央财经领导小组办公室副主任陈锡文指出："浙江要真正做到统筹城乡发展，还有很长的路要走，但浙江基础好、起步早，要争取给全国带一个好头。"

对统筹城乡发展，推进城乡一体化，浙江省委、省政府领导有着清醒的认识。省委领导在今年全省农村工作会议上指出："目前，我国人均生产总值已超过1000美元，我省已接近3000美元，工业化、城市化呈进一步加速的趋势。这既是一个有利于'三农'问题根本解决的战略机遇期，也是一个容易忽视'三农'利益、导致各种矛盾凸显的社会敏感期。在这一特殊时期，是否高度重视'三农'问题，能否有效解决'三农'问题，显得尤为重要。如果不能解决好'三农'问题，城乡差距扩大的趋势得不到遏制，大量的农民不能转为安居乐业的市民，全面建设小康社会的目标就无法实现，甚至会陷入经济停滞、社会动荡，有增长、无发展的现代化'陷阱'。"

党的十六届四中全会作出了"两个趋向"的重要论断。从实际情况看，浙江已全面进入了"以工促农、以城带乡"的新阶段，比全国其他地方更有条件实行"工业反哺农业、城市支持农村，实现工业与农业、城市与农村的协调发展"。"两个趋向"的重要论断，对浙江正确把握经济社会发展规律，更好地解决"三农"问题，进一步推进城乡统筹发展指明了方向。

去年年底，省委、省政府为认真贯彻落实科学发展观，按深入实施"八八战略"、全面建设"平安浙江"的要求，在广泛深入调查研究的基础上，在全国率先制定出台了《浙江省统筹城乡发展推进城乡一体化纲要》，明确提出了统筹城乡发展的总体要求、主要任务、战略举措。《纲要》提出，到2010年，城乡差别扩大的趋势得到遏制，农村发展水平进一步提高，基本形成城乡统筹发展的体制，为进一步消除城乡二元结构、实现城乡一体化打下坚实的基础。纲举目张，浙江自此有了一个统筹城乡发展、推进城乡一体化的行动纲领。

省委、省政府要求各地各部门高度重视，加强领导，大力弘扬求真务实作风，坚持从实际条件和现实基础出发，认真贯彻落实《纲要》，坚持不懈，真抓实干，注重实效。今年的全省农村工作会议强调：各级党委、政府都要从全局和战略的高度出发，深刻认识"三农"工作的长期性、复杂性和艰巨性，任何时候都不得放松这项工作。在今年省委、省政府重点工作任务中，其中一项重点工作就是：加强城乡统筹规划，全面实施统筹城乡发展、推进城乡一体化纲要，分解落实《浙江省统筹城乡发展推进城乡一体化纲要》各项任务；编制市县域的城乡一体化规划体系。

记者了解到，我省各地贯彻落实《纲要》的有关工作正在全面展开、有序推进。嘉兴市不仅制定了城乡一体化发展规划纲要，还在国内率先建立起以现代化实现程度、区域差异程度，以及城乡差异程度为主要考核内容的"城乡一体化评价体系"。义乌市为实施城乡教育统筹，统一城市、农村教师工资标准，还对农村教师实行额外补贴。长兴县通过实施"农业510、小城镇建设、村庄示范整治、乡村康庄、乡镇创卫、农村劳动力转移、农村社保和农村园丁"等"八大工程"，全面推进城乡一体化进程。

一花独放不是春，万紫千红春满园。放眼浙江大地，勤劳智慧的浙江人民犹如八仙过海，各显神通，正在全力推进城乡统筹发展，共同创造惠及城乡最广大人民的幸福生活。

（《今日浙江》2005年第8期）

贵在落实　贵在坚持
——写在省委作出建设"平安浙江"决策部署一周年之际

去年5月,省委召开十一届六次全会,对我省建设"平安浙江"、促进社会和谐稳定工作进行全面部署。

会上,省委书记习近平对"平安浙江"的丰富内涵作了深刻阐述:"平安浙江"中的"平安",不是治安好、犯罪少的狭义"平安",而是涵盖经济、政治、文化和社会各方面的宽领域、大范围的广义"平安"。他还郑重提出了建设"平安浙江"的总体目标:经济更加发展、政治更加稳定、文化更加繁荣、社会更加和谐、人民生活更加安康。

这是十六大以来,省委在出台"八八战略"之后作出的又一项事关浙江发展全局的重大决策部署。

又是一年红5月,又是一个鲜花盛开的时节。

值此省委作出建设"平安浙江"、促进社会和谐稳定重要决策部署一周年之际,我们回顾一年来走过的历程,付出的艰辛和取得的成就,由衷地感受到建设"平安浙江",是我省落实科学发展观的具体实践,是我省构建和谐社会的重要载体,是一项顺民心、合民意、保民安、促民富、造民福的重大民心工程。

中央领导同志的重要批示,给我省建设"平安浙江"极大的鼓舞

建设"平安浙江"的决策部署,充分体现了党的十六大精神与浙江实际的结合,充分体现了全面建设小康社会的目标要求与浙江人民的共同愿望，不仅得到了全省广大干部群众的一致赞同，在全国引起较大反响，而且还受到了中央领导的关心和重视。

去年5月15日至21日，多位中央领导同志作出重要批示，对我省建设"平安浙江"、促进社会和谐稳定的决策部署给予充分肯定，并提出了希望和要求，给我省广大干部群众极大的鼓舞和有力的鞭策。

在接到中央领导同志的重要批示后，省委高度重视，立即召开省委常委会进行传达学习，研究贯彻意见。大家一致认为，中央领导同志的批示，对于我省建设"平安浙江"、促进社会和谐稳定具有十分重要的指导意义。一定要认真学习、深刻领会、坚决贯彻批示精神，努力把浙江的各项工作做得更好，为全国大局作出积极的贡献，以实际行动回报党中央、国务院和中央领导同志对浙江工作的重视、关心和支持。

省委书记习近平说，中央领导同志明确要求，建设"平安浙江"、促进社会和谐稳定，贵在落实、贵在坚持。我们一定要按照中央领导同志的要求，在求真务实、狠抓落实上下功夫，把建设"平安浙江"的各项工作抓得紧而又紧、做得实而又实，确保"平安浙江"建设取得实实在在的成效。省委领导与省直有关部门负责同志一起，多次就如何充分发挥政法机关在建设"平安浙江"中的主力军作用，深入基层调查研究，加强对各地落实建设"平安浙江"有关工作的检查和指导。

按照省委的部署，各市、县（市、区）党委迅速采取召开书记办公会、常委会、常委扩大会等形式进行传达学习，认真领会中央领导同志重要批示精神和省委全会精神，统一思想，研究贯彻落实意见。各市县都成立以党委"一把手"为组长的平安建设领导小组，下设办公室，加强对平安创建工作的指导、协调和督促。各地及时调配力量，增加人员和经费，确保平安创建工作正常启动和运作。

省级各部门也都采取召开党委（党组）会、办公会、理论中心组学习会、干部大会以及系统会议等形式传达学习省委全会精神，结合部门职能，认真研究和部署具体贯彻落实的意见。省纪委、省军区、省委组织部、省委宣传部、省委政法委和省政法各部门、省经贸委、省人事厅等部门专门下发了文件，提出了参与"平安浙江"建设的目标任务、工作载体和措施要求。

各地各部门按照省委提出的"五个更加"的总体目标和"六个确保"的具体目标，因地制宜，认真制定平安创建工作规划。杭州市提出创建"平安杭州"，打造首善之区，到2005年底全市70%的县（市、区）和乡镇（街道）达标，到2006年达标率达90%，提前一年实现省委确定的目标。宁波市不断深化建设"平安宁波"的各项措施，力争2007年全部达到平安县（市、区）创建标准，在全省率先实现"平安市"目标。温州市以"百业千企"创安活动为载体，积极推进平安企业、单位、场所、社区、村庄等多种形式的基层安全创建活动，并通过开展"万名干部下基层"活动，充分发挥机关干部的政策理论、法律知识等优势，走村串户，在一线化解矛盾。绍兴市委下发《创新"枫桥经验"、创建平安绍兴五年规划》，通过创新发展"枫桥经验"，使全市95%的乡镇（街道）达到"枫桥式平安乡镇（街道）"。

省级各部门积极发挥各自职能作用，从"平安浙江"的各个领域、各个环节出发，突出重点、分解细化和切实落实建设"平安浙江"的各项任务，并密切配合，协同作战，形成整体合力。省军区动员各系统和广大官兵、民兵和预备役人员，积极响应省委的决策部署，深入开展拥政爱民、军地治安防范活动，并加强对抢险救灾等任务的应急演练，确保在社会公共安全中发挥突击队作用。省政法各部门结合各自职能，明确目标，拟定方案，突出重点，强化保障，推动工作；坚持"严打"不动摇，依法严厉打击各类严重刑事犯罪和经济犯罪活动；创新发展"枫桥经验"，加强司法调解、行政调解、人民调解，及时化解矛盾纠纷。省经贸委认真贯彻中央和省委关于加强宏观调控的决策，正确把握调控力度和重点，加强分析预测，确保经济稳健运行。省国土资源厅认真做好涉及土地的群众信访工作，成立18个工作组，利用半年时间，对群众信访逐件进行调查处理。省建设厅全力做好关系社会和谐稳定的城乡规划、安全生产、房屋拆迁、市政公用行业、清理拖欠工程款等工作。省海洋与渔业局全面推进"平安渔场"建设，维护海上治安稳定。

建设"平安浙江"取得了新进展，积累了一定经验

经过一年的努力，我省"平安浙江"建设取得了阶段性成效，为构建和谐社会积累了初步经验。

在实现"经济更加发展"方面，我省坚决贯彻中央有保有压的宏观调控政策，对"八八战略"的各项工作作出具体部署，努力克服生产要素制约和自然灾害带来的困难和问题，继续保持了经济稳定增长的势头，生产总值突破万亿元大关，改革开放不断推进，发展的协调性进一步增强。

在保持"政治更加稳定"方面，我省认真贯彻党的十六大和十六届三中、四中全会精神，以加强党的执政能力建设为重点，用改革的精神全面推进党的建设，积极探索新时期党建工作新路子，从源头上预防和治理腐败，不断提高领导水平、执政水平和拒腐防变、抵御风险的能力。当前，正在我省扎实开展的保持共产党员先进性教育活动初见成效。市县领导班子换届和农村基层换届选举工作顺利进行。

在推动"文化更加繁荣"方面，我省以举办"七艺节"和被列为全国文化体制改革综合试点省份为契机，大力推进文化体制改革，加强文化场馆建设，大力发展群众文化，不断推出文化精品，出台了一系列政策举措，促进哲学和社会科学繁荣发展。今年我省将围绕建设文化大省的目标，进一步加大工作力度，并全面推进科技强省、教育强省、人才强省、卫生强省和体育强省建设。

在促进"社会更加和谐"方面，我省切实加强社会治安综合治理，制定和完善突发公共事件应急预案，加强行政应急机制建设，积极防范和处置影响社会和谐稳定的群体性事件，积极推进领导干部下访，大力推广新时期的"枫桥经验"，努力把矛盾和纠纷化解在基层，消除在萌芽状态，一大批矛盾纠纷在基层得到有效疏导和化解。出台了《浙江省平安市、县（市、区）考核办法（试行）》，平安创建工作延伸到农村、社区、学校和企业。去年，遏制了多年来我省各类事故上升的势头，实现了安全生产各类事故总量、死亡人数和直接经济损失零增长的目标，

保持了安全生产形势的总体平稳。

在实现"人民生活更加改善"方面，我省努力解决关系群众切身利益的突出问题，切实加大了就业、社会保险和社会救助的工作力度，积极探索和构建覆盖城乡不同层次人群、实行不同保障形式和水平的社会保障体系。对困难家庭学生教育资助的范围扩大，经济适用房、廉租房制度进一步完善。加强对土地征用和城镇房屋拆迁工作的规范管理，出台了提高企业最低工资标准的政策，加大了对建设领域拖欠工程款和农民工工资的清欠力度，研究制定根据市场价格变化情况对低收入群众进行生活补贴的政策。去年14号强台风过后，灾区很快恢复了生产，重建家园各项工作有序展开，灾区群众切身感受到了党和政府的关怀和温暖。

另据了解，我省各地各部门在推进平安建设方面，坚持求真务实、真抓实干，非常注重把省委的部署与本地实际相结合，都有一些创新的举措，也都取得了明显成效。湖州市根据省委建设"大平安"的决策要求，开展了创平安建设"六个不发生"、实现"七个全省较低水平"和"八个位居全省前列"目标活动。嘉兴市秀洲区针对农村区域占大部分，平安建设重点在农村的实际，选准"十个平安示范村""百名平安联络员""千名信息员"三个载体，全面开展"创平安打基础系列活动"。衢州市常山县通过实施整合社会、政法部门内部和情报信息"三项资源"，构筑居民道德法制、社情监控、矛盾纠纷疏导缓冲"三道屏障"，做好中心城区、内部单位和库区移民安置区"三面防控"，全力推进平安建设。

杭州市把贯彻省委建设"平安浙江"的部署落实到破解与人民群众生产生活密切相关的行路难、看病难、上学难、住房难、办事难等"七个难题"上。在解决困难群众生产生活难方面，杭州市区建立了四级救助圈，县市初步建立了三级救助圈。去年，杭州市提高了市区城镇低保标准，全市所有区、县（市）的城乡低保标准均达到或超过了全省平均水平。

宁波市有230多万名外来务工人员，给外来人员融入城市创造有利条件是构建和谐社会的基础性工作。北仑区从今年起，将流动人口子女纳入区域教育发展规划，区财政每年安排150万元，保障流动人员子女入学，目前全区流动人口子女入学率已达99%以上。江东区在社区换届选举中规定，外来人员在本社区居住一年以上的，经本人申请，可以参加居住地社区选举。据绍兴、嘉兴、丽水等地的民意调查显示，广大群众对建设"平安浙江"十分拥护，对当前社会治安状况都亮出了高分。去年底，金华市组织对"平安浙江"建设民意调查显示，群众安全感满意率达到95.4%。据国家统计局抽样调查表明，2004年全省受访群众认为有安全感的占92.33%，高于全国平均水平1.49个百分点。

构建和谐社会，必须深入推进"平安浙江"建设

成绩属于过去。越是取得好的成绩，越要谦虚谨慎、戒骄戒躁，始终保持清醒头脑。省委书记习近平告诫我省各级领导干部，要充分认识到目前取得的成效、积累的经验还是初步的。

他在全省建设"平安浙江"电视电话会议上坦率地指出了存在的问题和不足，包括有些方面的工作还不够稳固、不够到位，少数干部对"平安浙江"的理解仍然停留在"小平安"的层面，统筹发展的意识还有待进一步提高；对解决一些影响社会和谐稳定的突出问题研究不深、办法不多，探索创新的意识还有待进一步增强；安全生产形势仍不容乐观；社会矛盾和社会治安问题仍然突出等。要解决这些存在的问题，迫切需要各地各部门再接再厉，一鼓作气，深入推进"平安浙江"建设。

平安是和谐的前提，和谐是平安的深化。没有平安社会，也就没有和谐社会。构建社会主义和谐社会，是党的十六届四中全会提出的重大任务；构建社会主义和谐社会的能力又是党的执政能力的重要组成部分。建设"平安浙江"与构建和谐社会的目标是一致的，说到底都是为了让人民群众过上更加幸福美好的生活。党中央希望浙江努力在全面建设小康社会、加快推进社会主义现代化的进程中继续走在前列，并明确要求我省在树立和落实科学发展观、构建社会主义和谐社会、加强党的先进性建设方面走在前列。要落实三个"走在前列"的要求，不辜负党中央对浙江的殷切期望，更需要我们从政治的高度、全局的高度，深入

推进"平安浙江"建设。

贵在落实、贵在坚持,是中央领导同志对我省建设"平安浙江"的重要指示,也是一年来我省建设"平安浙江"实践的一条主要经验。深入推进"平安浙江"建设必须牢固树立贵在落实、贵在坚持的思想,持之以恒,常抓不懈,扎扎实实地做好各项工作。

如何着眼于构建社会主义和谐社会,进一步深化建设"平安浙江"各项工作?省委、省政府对此作出具体部署,总体要求是"认识再深化,工作再推动,措施再落实"。省委要求各地各部门按照构建社会主义和谐社会的要求,坚持和完善社会主义制度,注重维护和实现社会公平正义,全力确保社会安定有序,加强社会建设和管理,切实把建设"平安浙江"贯穿经济社会发展的各个方面,不断取得新的成效。

根据省委、省政府的部署,各地各部门结合实际,认真研究,深化认识,拓展思路,完善举措,狠抓落实。台州市把道路交通和海洋渔业安全作为专项整治的重点,准备在今年集中人力、物力、精力予以突破,消除安全隐患。舟山市深入开展创建"平安渔场"活动,继续重点加强基层民主政治建设和基层政权建设、综合治理基层基础建设、防范和处置群体性事件机制建设、突发性安全事件防范体系建设、隐蔽战线信息网络建设和社会治安、管理服务长效机制建设等6项工作。丽水市注重推广"枫桥经验",努力发挥基层组织在维护稳定中的"第一道防线"作用,积极构筑基层社会治安的防范网络。他们针对基层治安防范力量薄弱的实际,有效整合资源优势,建立了联调、联防、联勤、联治的工作体系。省公安厅积极探索建立以警务信息化、打防控一体化、执法执勤规范化、经费装备标准化、队伍建设正规化等"五化"为目标的现代警务机制,全力维护我省社会和谐稳定,在推进"平安浙江"建设中切实发挥了特殊作用。省民政厅决定今年按期保质实现农村"五保"和城市"三无"对象集中供养工作目标,完善全省救灾应急预案系统及其应急响应程序,全面统筹社会救助工作,基本形成政府部门负责、社会各方参与、乡镇(街道)具体实施的社会救助工作网络体系。省粮食局、省安全生产管理局等许多部门都从各自实际出发,积极采取措施,加大工作力度,努力发挥深入推进"平安浙江"建设的职能作用。

平安是金，平安是福。"平安浙江"是全省人民的一致追求和共同心愿。随着"平安浙江"建设的不断推进，一个和谐的浙江、繁荣的浙江、全面小康的浙江将与我们越来越近。

（《今日浙江》2005年第9期）

◇ 从东海之滨来到西北边陲,从西子湖畔来到天山脚下,他们就像戈壁滩上的红柳、大漠深处的胡杨,战风沙,斗严寒,耐酷暑,把根深深地扎在那片广袤的土地上。他们最终融入开发建设新疆的洪流,成为天山的子民,光荣的西部拓荒者。

天山南北浙江人

——写在浙江赴新工作大队援疆50周年之际

20世纪五六十年代,"到边疆去,到最艰苦的地方去,到祖国最需要的地方去",是有志青年最响亮的口号,最豪迈的行动。1955年8月,新疆维吾尔自治区成立前夕,508位风华正茂的浙江知识青年,响应祖国的号召,满怀豪情壮志,毅然决然地告别故乡和亲人,背上简单的行囊,踏上了西去的列车……

弹指一挥间,50年过去了,当年激情燃烧、意气风发的姑娘小伙,如今已成为历经沧桑、满头华发的离退休老人。2005年8月20日,这批从西子湖畔一起奔赴新疆的老"战友",相聚在乌鲁木齐市委党校,举办援疆50周年纪念活动。他们有的是从几千里外的南疆、北疆各地赶来,有的是从深圳、上海赶来,有的甚至是带着儿子、孙子一起来。许多同志相逢已不敢相识,有的是仔细端详好一阵子,才依稀辨认出对方,于是大喊一声他的名字或绰号,便紧紧地握手或拥抱。大家谈起悠悠往事,有时感慨万端,有时眼含泪花,有时爽朗大笑。

这一天,让他们感到分外激动和喜悦的不仅仅是老朋友的相聚,还有与浙江省委、省政府派来的浙江慰问团的相聚。这个慰问团是专门来新疆慰问看望他们的。

记者有幸作为慰问团成员之一，与"浙江赴新工作大队"这个可敬可爱的群体，与这些深深打上边疆烙印的浙江籍老乡作了亲密接触……

"我们没有给浙江人丢脸"

年轻人喜欢畅想未来，老年人喜欢回忆往事，而那些激情燃烧年代、艰难困苦岁月中的往事是更令人难忘的。

在慰问团召开的援疆人员代表座谈会上，记者听到了一个又一个感人至深的故事。他们在谈到长期在边远艰苦地区，穿越戈壁沙漠，跋涉高山峻岭，住地窝子，喝涝坝水时，显得那么从容淡然，在谈到奋力拼搏，知难而进，为新疆建设竭尽全力，作出了贡献时，却那么喜形于色，眉飞色舞。

来自千岛湖的邵柏恒，进新疆不久就应征入伍，成了新疆和平解放后第一批浙江籍的军人。他参加了两次新疆的剿匪战斗，受过两次伤，至今一条腿走路还不太方便。两次剿匪，邵柏恒分别立了三等功。这之后，他还参加了中印边界自卫反击战。转业后，他从事经济工作，最后从自治区经协办副厅级调研员岗位退下来，如今还为新疆浙江企业家联合会当顾问。

蔡仁山，来自衢州江山，曾经是乌鲁木齐经济界的风云人物。他49岁时接任友好商场董事长，其时商场几乎接近倒闭，流动资金一分也没有，还欠着银行许多贷款。蔡仁山上任后，走了三大步，使友好商场发生了天翻地覆的变化。第一步，他用4年半的时间，连本带息还清了欠银行的4700万元巨款。第二步，组建友好股份公司，并推动上市，由此，出现了新疆商业第一股。他扩建了友好商场第二期工程，建起了友好大酒店，兼并了友谊公司，办起了友好平价商场。友谊公司原来亏损几百万元，他用200万元收购下来，经营3年，盈利达1000万元。第三步，与天山百货大楼强强联合，组建了友好集团。在乌鲁木齐，蔡仁山至今仍是个知名度比较高的人物。郑金安，绍兴诸暨人，曾经当过富蕴县县委书记、新疆农大副校长，是一位具有经营头脑的行政领导。富蕴县是一个以牧业为主的县，阿勒泰大尾羊占各类牲畜的80%。郑金安积极引进良种，进行品种改良，对牲畜全面实行结构性调整，将大尾羊由原来的肥肉型改良为瘦肉型，将原来的粗杂毛改变为毛绒并存的工业加工优质原料……1988年，该县的畜牧商品率进入全疆牧业县的首位，被自治区党委和人民政府评为全疆3个模范县之一。

据邵柏恒介绍，他们这批援疆干部，在新疆赢得了十多个"第一"，如新疆第一批经过正规教育的白衣天使是杭州、绍兴、金华、温州卫校毕业的优秀学生，新疆第一批随着兰新铁路西进，肩负商品物资转运任务的是浙江人，第一个倡导新疆与中亚国家开展购物旅游的是浙江人等。

在自治区百货公司总经理助理兼办公室主任位子上退休的绍兴人谢钟绍说："浙江人是好样的。什么是浙江人？勤奋＋智慧＝浙江人。浙江人是千里马，不用扬鞭自奋蹄；浙江人是螺丝钉，拧到哪里都能拧紧，发挥作用。"今年69岁的金月珍是一位真正的"杭州姑娘"，她鬓发斑白，优雅、娴淑的脸庞上写满了岁月的风霜。她说："我们这批人都是好样的，有的甚至是出类拔萃，我们都没有给浙江人丢脸。"

在纪念大会上，新疆维吾尔自治区领导充分肯定浙江赴新工作大队援疆人员把人生最美好、最壮丽的青春献给了新疆这片热土，献给了新疆各族人民，为新疆的开发建设和改革发展付出了巨大的努力，做出了很大的贡献。

"我们爱浙江，也爱新疆"

我们新疆好地方，天山南北好牧场，戈壁沙滩变良田，积雪融化灌农庄，

葡萄瓜果甜又甜，煤铁金银遍地藏，

我们美丽的田园，我们可爱的家乡。

……

这是一曲欢快悠扬的新疆民歌。当年，援疆工作大队的年轻人，就

是高唱着这首歌踏上西去的列车的。如今，这首歌还是他们最爱唱的一首歌。在召开援疆50周年纪念大会的这天，这些已经满头华发的老同志情不自禁地又合唱了这首歌，似乎又回到了年轻的时光。

来自温州平阳，今年68岁，曾任哈密市工商局局长的周涛说："这首歌描绘了新疆的美丽富饶，也表达了我们的心声。我们爱唱这首歌是因为我们爱新疆。"

是的，他们爱新疆，这是一种发自内心的爱，是倾注了浓浓真情的爱。这不仅是因为新疆的美丽富饶，更是因为这是他们挥洒青春热血，奉献一生汗水的热土。

黄祥荣，金华东阳人，他一进新疆，就有了扎根新疆一辈子的打算。凭着在家乡养成的勤奋好学精神，他在繁忙的工作之余，一有空就向当地的维吾尔族兄弟学习维文，后来竟然成了维吾尔语言研究专家，还出版过两部研究专著，退休前担任了自治区民族文字委员会党组副书记、副主任。

陈关富，绍兴人，长期在阿克苏工作，退休前是阿克苏地区物价局处长。他面容清秀，戴着黑边眼镜，看上去比实际年龄要小一些。在援疆代表座谈会上，他发言的第一句话就是："新疆是个好地方，阿克苏是个好地方。"他如数家珍地介绍了阿克苏经济社会发展状况，介绍了阿克苏的石油、液化气、煤等资源如何丰富，介绍了在阿克苏做边贸生意如何条件有利。最后，他说阿克苏形势很好，发展前景很好，希望更多的浙江人到阿克苏去投资创业。老陈对阿克苏的情之深、爱之切溢于言表，以至于同伴说他是在为阿克苏"做广告"了。

何秉贤是兰溪人，他自1955年从郑州大学医疗系毕业后，自愿来到新疆工作，是新疆医科大学发展的参与者和见证人。他现在是有名的心血管专家，在群众中有很高的威望，曾多次当选为全国人大代表、新疆维吾尔自治区人大常委会委员，还享受国务院特殊津贴。现在，他还有卫生部心血管专家咨询委员会委员、新疆医学会副会长、心血管分会会长、老年医学分会会长、新疆医科大学一附院心血管医院和新疆心血管病研究所教授委员会主任等许多的头衔。70多岁的人了，他仍然忙得不可开交，乐此不疲。1988年，何教授获英国皇家学会王宽诚奖学金，赴英国留学一年。次年，英国朋友劝他留英工作，并给他爱人发去邀请函。然而何教授却坚决地说："我的祖国、我工作的新疆更需要我，我不能留下。"他断然回绝，还提前回到了新疆。

热爱新疆，使浙江人自觉地与新疆各族人民和睦相处，融为一体，并在那里生根、开花、结果。他们的第二代、第三代也成了地地道道的新疆人。和田地区工商局原办公室主任徐邦盛说："我的4个儿子都在新疆工作，其中有一个在和田，女婿是民丰县县委书记，4个孙子中有一个已走上工作岗位，可以无愧地说，我已献了青春、献了子孙，一家三代深深扎根在第二故乡——新疆。"

"我们为家乡快速发展感到自豪"

有一种情，叫乡情，无论走到哪里都割舍不断。这些远在新疆的浙江籍老同志始终牵挂着家乡，关注着家乡的发展变化。

曾经担任过哈密地区政法委副书记、公安处处长的朱孝铭说："每当从报纸上、电视上看到浙江的消息，我就看得特别仔细。"邵柏恒说他们单位订有《今日浙江》杂志，他每期都要从头到尾认真看一遍。

在与这些援疆老同志的接触中，记者发现浙江的许多情况他们都相当了解。比如我省正在大力实施的"八八战略"，正在全面建设的"平安浙江"，还有"跳出浙江发展浙江"战略、"千村示范、万村整治"工程、海洋经济大省和生态省建设等，他们都能说出一个所以然来。还有几位对我省去年的几个主要发展指标，以及在全国的位次了如指掌，竟然能够脱口而出。

乌鲁木齐市物价局原局长、原党组书记陈士名，自治区粮食局原副局长毛云祥，原库尔勒市商业局党委副书记钱春云说，每次回家乡都看到家乡发生日新月异的变化，特别是近几年，农村、城市都越来越漂亮，群众生活水平越来越高，浙江在全国的影响力越来越大，浙江人在外地也越来越被人们尊重。我们为家乡这些年快速的发展变化感到骄傲、感到自豪。

据新疆浙江企业家联合会的负责人介绍，新疆对浙江企业十分重视，浙江企业在新疆发展很快。据不完全统计，目前浙江直接参与新疆开发人数达18万人，在新疆年经营额百万元以上的企业近千家，在新疆创办的各类市场和大型销售中心已达80多个，实现年交易额80多亿元，其份额大大超过其他西部省份。

这些援疆的老同志对省委、省政府派出慰问团专程赴新疆慰问，和他们一起参加赴新工作大队援疆50周年纪念大会，都感到十分高兴。新疆维吾尔自治区区委党校原副校长董三根说："省委、省政府和家乡人民始终没有忘记我们，始终牵挂着、关心着远在边疆的浙江儿女。我们非常感动，也感到无怨无悔、心满意足了。"他们还请慰问团传达对省委、省政府领导以及浙江父老乡亲的感谢之情。

(《今日浙江》2005年第17期)

推进交流合作　共谋繁荣发展
——浙江党政代表团促进国内合作工作综述

共谋发展之旅：立足全党全国大局，努力促进科学发展

进入新世纪后，中央进一步明确了推进西部大开发，振兴东北老工业基地，促进中部崛起，鼓励东部地区加快发展，统筹区域协调发展的战略部署。中央明确要求，东部地区要认真做好对口帮扶和对口支援工作，加强同中西部地区的合作，支持中西部地区的发展。

省委、省政府领导始终认为，浙江是东部较为发达的地区，无论是参与中西部开发，还是推动东北等老工业基地振兴，都是中央作出的全局性决策和部署，也是交给东部地区一项义不容辞的政治任务。

省委书记习近平多次强调，全省各级党委、政府必须始终站在全局和战略高度，不折不扣地完成对口帮扶和对口支援任务，主动参与服务西部大开发和东北等老工业基地振兴，积极推动长江三角洲地区和长江经济带联动发展，努力为全国大局作出新的贡献。

按照中央和省委的部署，十六大以来，浙江在谋求自身加快发展的同时，在参与西部大开发、推动东北老工业基地振兴和中部崛起等方面，做了许多卓有成效的工作，取得了新的成就。2003年，浙江两次组织党政代表团外出学习考察，一次是到新疆、青海，一次是到山西、内蒙古、黑龙江；2004年，浙江党政代表团是到四川、重庆、湖北；今年，浙江党政代表团已赴安徽学习考察，并打算在近期赴云南、贵州考察。从浙江党政代表团学习考察路线可以看出，浙江正积极为西部大开发、东北老工业基地振兴和中部崛起寻求对策，努力发挥应有的作用。

据不完全统计，自1999年中央提出西部大开发战略以来，直接参与西部12个省市区开发建设的浙江人有110多万人，投资总额累计达1100亿元。2000年来，浙江党政代表团每一次出访，都给当地带来了合作商机。2000年8月在新疆、甘肃，浙江企业在163个项目中投资了63亿元；2001年6月在四川、云南，浙江企业在224个项目中，投资了77个亿；2002年8月在浙江的近邻江西、安徽，浙江企业在287个项目中投资了247个亿；2003年8月，浙江企业又在青海的100个项目中投资了20多亿元；2004年6月，浙江企业在重庆的103个合作项目中投资了134亿元，在湖北的176个项目中投资了374亿元。

四川省委书记张学忠说："无论是对口帮扶，还是经贸合作，浙江不仅给四川带来了项目和资金，带来了先进的技术和管理，也带来了开放的思想、创新的观念和开拓的思路，为我省的改革发展注入了生机和活力。"

企业家是跳出浙江发展浙江的生力军。浙江党政代表团每到一地学习考察，都要召开浙江企业家代表座谈会，了解企业家在当地创业的情况，希望他们增强造福社会的责任感，不断开拓进取，坚持守法诚信，多办实事好事，同时把外地的好经验带回浙江，把信息反馈回浙江，一如既往地关心支持家乡的建设和发展。

目前，300多万浙商大军在市场经济驱动下，在全国各地经商办厂。无论是在西部、东北、中部，还是在长三角、珠三角，都可以看到浙江人匆匆的脚步，忙碌的身影。他们创造了良好的经济效益和社会效益，既发展了当地经济，又为浙江经济延伸了产业链，拓展了更大的发展空间。

他们用实际行动诠释了什么叫浙江人经济，什么是真正的对外开放，什么是跳出浙江发展浙江。

推进合作之旅：搭建交流合作平台，建立完善服务机制

市场经济是竞争经济，更是合作经济。没有合作，生产要素就难以顺畅流动，各种资源就难以优化配置。浙江是经济大省，但又是一个资源小省，随着经济的不断发展，土地、水、能源等短缺问题日益突出。要缓解要素制约和环境压力，在高起点上实现更大发展，更加需要跳出浙江加强合作，开辟新的发展途径，拓展新的发展空间，充分利用国际国内两个市场、两种资源。

毫无疑问，浙江党政代表团的出访，既是一个学习取经的过程，又是一个推进相互间交流合作的过程。

习近平在全省对口支援和国内合作交流工作会议上指出，必须正视浙江目前所处的发展阶段，遵循经济发展的客观规律，积极主动开展对口支援和国内合作交流，"立足全局发展浙江，跳出浙江发展浙江"。

2003年8月20日，以省委书记习近平为团长的浙江党政代表团来到天山南北和青藏高原，对新疆、青海两省区进行学习考察。此行的一项重要内容就是"更好地推动浙江与两省区加强经济合作与交流"。学习考察期间，浙江党政代表团分别与新疆、青海两省区举行了经济社会发展情况交流会，与两省区党政领导同志进行交谈和沟通，实地考察了两省区的投资环境和一些具有代表性的企业。在青海，还签订了浙江、青海两省合作关系纪要，举行了浙江、青海两省经济技术合作项目签约仪式。这次共签约100个项目，合同总金额36亿元，总投资额23.2亿元，其中浙江方投资20.3亿元，项目涉及工业、农业、房地产、基础设施、旅游、工程承包和贸易等多个领域。

山西、内蒙古、黑龙江两省一区土地辽阔，资源丰富。2003年初冬，浙江省政府代表团到两省一区进行了为期10天的学习考察。考察期间，代表团与当地党政领导共商进一步拓宽合作领域，提高合作层次，完善合作机制，加强经济技术合作与交流大计，举行了交流会。两省一区的领导都认为各省区特色优势明显，经济互补性强，合作空间很大。他们都表示，愿本着"互惠互利，共同发展"的原则，进一步加大与浙江的合作力度。当地的政府和企业借此机会，纷纷向浙江的企业抛出"绣球"，迫切希望从浙江引进资金、项目、技术及先进的经营和管理理念。

党委、政府达成共识，积极引导，优化服务，推动企业走向前台唱主角。2003年11月11日，浙江富兴电力燃料有限公司与山西大同煤矿集团有限责任公司签订煤炭中长期买卖合同。双方约定，在2003年度合同量基础上，到2010年年供应煤炭数量达到1000万吨；11月12日，浙江省能源集团公司在山西平朔与中煤能源集团公司签订了中长期煤炭买卖合同，到2010年年供应煤炭数量达到1750万吨；11月13日，浙江富兴电力燃料有限公司在内蒙古与神华煤炭运销公司签署协议，到2010年年供应煤炭数量达到1300万吨；11月16日，浙江、黑龙江两省签署粮食购销合作协议，在同等条件下，浙江省在丰收年份优先提供市场，黑龙江省在歉收年份优先提供粮源。今后3—5年，每年从黑龙江向浙江运销粮食250万吨，一是采取买断粮权等方式，每年从黑龙江采购粮食50万吨；二是通过多元主体运作，每年从黑龙江向浙江运销粮食200万吨。这几份沉甸甸的大合同，不仅有力地保障了浙江的能源安全、粮食安全，有效地解决了事关浙江战略性发展的重大问题，也为资源跨区域配置探索出了一条新路。

2004年5月，浙江党政代表团赴川、渝、鄂学习考察。这次考察与以往一样，紧随其后的还有一个浙江经贸考察团，这个经贸考察团的组成人员多是浙江有一定影响的企业家。他们多是冲着寻找投资合作的机会来的。在重庆，浙江的企业家们签订了103个合作项目，合同总金额143亿元，其中浙江方投资134亿元。在湖北，双方又签约176个合作项目，合同总金额403亿元。

浙江党政代表团的出访，就这样为企业间的交流与合作，搭就了广阔的平台，带来了许多的商机。

虚心学习之旅：取他人之长，补自己之短

浙江党政代表团的出访，是向兄弟省市区虚心学习，取他人之长，补自己之短的一种有效的活动载体。2003年初，履新不久的省委书记习近平就曾轻车简从，赴上海调查研究。就是通过这次调研，他提出了主动接轨上海，积极参与长江三角洲地区合作与发展的总体思路"虚心学习、主动接轨、真诚合作、互利共赢"。虚心学习，就是要充分认识上海在长江三角洲地区的龙头地位和长江三角洲地区经济一体化的发展趋势，虚心向沪苏皖学习，借鉴沪苏皖的成功经验。

2003年3月，全国"两会"刚结束，习近平就率领浙江党政代表团一行60多人，赴上海、江苏两省市学习考察。重点学习考察他们推动外向型经济和高新技术产业发展、加快工业园区建设和城市建设、发展科技教育文化事业等方面的经验和做法。在为期6天的学习考察中，大家抱着虚心学习、认真求教的态度，着力于学沪苏之长，找自身不足。

大家说：学沪苏之长，首先要学他们在谋求发展中的全球眼光、战略思维和高标准定位，还要学他们强烈的机遇意识和与时俱进、"敢为天下先"的创新精神；学他们海纳百川、兼收并蓄的博大胸怀；学他们"降低门槛"、"拆除围墙"、营造良好发展环境的现代理念和服务意识。通过这次学习考察，大家看到了差距，进一步认识到"接轨上海，融入长三角"的重要性，进一步增强了抢抓机遇，加快发展的紧迫感。在学习考察中，许多市的同志和厅局的领导同志纷纷表示，一定要虚心学习、认真借鉴沪苏两省市创造的成功经验和好的做法，回去以后马上研究对接、融合、追赶的具体政策措施，组织学习考察小组到沪苏两省市的有关部门和企业学习取经，把各项工作一件一件落到实处，谋求"长三角"相合互融联动发展的新路子。

今年5月底，习近平率团赴安徽考察，一个重要的方面，也是为了学习安徽省在改革开放和社会主义现代化建设中创造的好经验、好做法。5月28日上午，浙江省党政代表团一行在芜湖考察奇瑞汽车有限公司。习近平在奇瑞公司结束考察时说："奇瑞注重自主知识产权产品的开发，不断提高企业创新能力，对浙江经济发展非常有借鉴意义。浙江的加工制造业虽然比较发达，但拥有像奇瑞这样自主创新能力的企业不多。下一步浙江加快制造业产业升级，重点是要提高自主创新能力，不断提高企业的综合竞争力特别是国际竞争力。"

（《今日浙江》2005年第19期）

致力于走在前列　提高了执政能力

——十六届四中全会以来省委加强执政能力建设情况综述

执政能力建设是党执政后的一项根本性建设。

自党的十六届四中全会召开以来，省委紧紧围绕《中共中央关于加强党的执政能力建设的决定》（以下简称《决定》）提出的目标任务，坚持从浙江实际出发，立足现实、着眼长远，抓住重点、整体推进，不断研究新情况、解决新问题、创建新机制、增长新本领。去年10月，省委十一届七次全会专题研究并通过了《关于认真贯彻党的十六届四中全会精神　切实加强党的执政能力建设的意见》，提出了"巩固八个基础，增强八种本领"的目标任务。今年全国"两会"召开期间，中央对浙江工作提出"努力在全面建设小康社会、加快推进社会主义现代化进程中继续走在前列"的新要求，省委把加强党的执政能力建设与贯彻落实中央的系列部署要求结合起来，与开展保持共产党员先进性教育活动结合起来，与推动和促进当前各项工作任务的完成结合起来，将能不能"干在实处，走在前列"，作为检验我省各级党组织和领导干部能力水平和衡量先进性教育成效的重要标准。全省各级党组织按照省委的部署，把加强执政能力建设贯穿于"干在实处，走在前列"的各项工作中，体现到执政为民、造福人民的具体实践中，取得了明显成效，开创了我省改革开放和现代化建设的新局面。

在深入实施"八八战略"的实践中，着力提高领导发展的能力

推动发展是党执政兴国的第一要务。提高党的执政能力，首先要提高党领导发展的能力。

我省市场取向改革比较早，凭借领先一步的体制和机制优势，经济得以快速发展，成为经济大省，成就令人瞩目。跨入新世纪，我省进入了全面建设小康社会、提前基本实现现代化的新阶段，延续了经济社会发展的良好势头，保持了全国领先的位置。但在经济快速发展的同时，遇到了"先天的不足"和"成长的烦恼"，出现了资源要素紧张、环境污染加剧、收入差距扩大、社会不稳定因素增多等突出矛盾和问题。

"八八战略"不仅是加快浙江发展的新思路、新途径、新举措，而且是科学发展观在浙江工作总体思路上的体现，在具体部署上的贯彻，在工作推进中的落实，是具有浙江特色的科学发展观。省委认为，解决发展中的矛盾和问题，保持我省经济社会各项事业持续协调发展，就必须更新发展观念，切实树立科学发展观，走以人为本，坚持全面、协调、可持续发展的新路，就必须坚持不懈地实施省委在十一届四次全会提出的"八八战略"。

省委书记习近平就"八八战略"的深入实施提出了四条指导原则，即坚持全面规划、分步实施；坚持突出重点、抓住关键；坚持统筹兼顾、互促共进；坚持积极探索、不断创新。一年来，省委常委会多次就制定浙江省国民经济和社会发展第十一个五年规划，解决经济社会发展中的重大问题，听取意见，专题研究，作出部署。针对今年一季度我省经济运行中出现的生产、投资、效益过快回落等问题，省委、省政府积极应对，三季度在上半年已经采取的措施基础上，进一步加大力度抓保障、抓调整、抓统筹，经济运行出现了积极的变化，相对一季度和上半年，呈现生产、投资、效益"三回升"，资金、土地、基础设施保障水平"三提高"，社会保障、统筹协调、居民生活改善工作"三加强"的局面。

推进经济结构调整和增长方式转变，是我省确保落实科学发展观走在前列的必然选择，是当前和今后一个时期一项重要而紧迫的任务。我省各级党委、政府抓住宏观调控的有利时机，利用"倒逼机制"，在努力改善要素制约的同时，实施"腾笼换鸟"，推进产业优化升级，加快经济增长方式转变。实行"两保两压"，即抓好粮食生产和供应，保农业稳定发展；加强重点领域投资，保基础设施和社会事业建设；治理整顿开发区和土地市场，压抛荒闲置土地和低效率使用土地；清理整顿固定资产投资项目，压过热行业和低水平重复建设。切实把提高自主创新能力作为经济结构调整的中心环节，作为建设"科技强省"的核心内容。引导企业成为科技创新的主体，支持和鼓励企业建立研发机构和技术服务机构，大力开发具有自主创新知识产权的关键技术。大力支持一批重点传统产品提升，组织实施100个国家和省级高技术产业化示范工程项目。同时还采取了一系列措施，发展循环经济，建设资源节约型、环境友好型社会，努力走新型工业化的路子；加快发展海洋经济，推进宁波、舟山港口一体化发展；加快服务业发展，努力提高服务业在国民经济中的贡献率。

推进城乡一体化建设，缩小城乡差距和区域之间的差距，是谋求科学发展的一个重点。省委、省政府正确把握"两个趋向"，跳出"三农"抓"三农"，统筹城乡兴"三农"，先后出台了《关于统筹城乡发展促进农民增收的若干意见》和《浙江省统筹城乡发展推进城乡一体化纲要》，扎实推进"千村示范、万村整治""千万农村劳动力素质培训""万里清水河道""千万农民饮用水"和"康庄工程"建设。同时，继续大力实施"百亿帮扶致富""欠发达乡镇奔小康""山海协作"等扶持欠发达地区发展的"三大工程"。启动农村教育"四项工程"，改变农村教育面貌，实施农民健康工程，推动农村卫生改革和发展。目前，我省依据国家制定的评价标准测算的农村全面小康实现程度达51.2%，位居全国第4位、各省区之首。去年全省城乡居民收入之比从上年的2.43∶1缩小到2.39∶1，这是8年来差距首次缩小；农村基尼系数也从0.3635缩小到0.3587。今年前三季度，我省城镇居民人均可支配收入和农村居民人均现金收入实际分别增长11.9%和9.2%。

科学发展必须是可持续的发展，也必须是经济、社会协调发展。围绕实施《浙江生态省建设规划纲要》，我省部署开展资源节约和环境整治活动，全面启动"811"环境污染整治行动，对8大水系和11个重点监管区开展为期三年的集中整治，取得了一定的成效。研究制定了《浙江省发展循环经济实施意见》，部署和实施"911"工程，全面推动循环经济发展，进一步加大生态省建设力度。广泛开展节能、节水、节地、节材活动，推进资源的节约和综合利用。省委还作出推进教育强省、科技强省、卫生强省、体育强省建设的战略决策，积极推进教育、科技、文化、卫生、体育等社会事业发展。目前，我省社会发展水平综合评价指数已列上海、北京之后，居全国第3位、省区第1位，并成为全国省区中第一个基本普及15年教育的省份。

走出浙江，才能更好地发展浙江。我省坚持"引进来，走出去"战略，引导和鼓励企业充分利用国际国内两个市场、两种资源，努力实现更高水平的对外开放。从促进民族团结、政治稳定和国家安全的高度，以强烈的政治责任感，积极做好对口帮扶和对口支援工作，按照互惠互利的原则，积极参与西部大开发和东北老工业基地振兴，更加主动地接轨上海，推动长三角地区和长江经济带的联动发展，努力为全国大局作出积极贡献。

在全面建设"平安浙江"的实践中，着力提高构建社会主义和谐社会的能力

维护社会和谐稳定的能力，是执政党执政能力的重要组成部分。省委一直强调"富裕与安定是人民群众的根本利益，致富与治安是领导干部的政治责任。推进经济发展是政绩，维护社会稳定同样是政绩"。

浙江人均国内生产总值已接近3000美元，这既是加快发展的黄金时期，也是各种社会矛盾的凸显期。穷则思变，富则思安。随着经济的发展和生活水平的提高，全省人民迫切要求拥有一个更加和谐稳定的生产生活环境。

按照《中共浙江省委关于建设"平安浙江" 促进社会和谐稳定的

决定》要求，省委把全面建设"平安浙江"，作为我省落实构建和谐社会方面走在前列的一个重要载体。省委书记习近平指出，我们要以建设"平安浙江"为载体，坚持"五个更加""六个确保"的目标，按照"发展保和谐、民主催和谐、公正求和谐、管理谋和谐、稳定保和谐、文化为和谐"的思路，积极构建具有中国特色、时代特征、浙江特点的和谐社会。

全省认真开展了平安市、县的建设。各地按照省委的部署，因地制宜，认真制定并实施平安创建工作规划。省直各部门积极发挥各自职能作用，从"平安浙江"的各个领域、各个环节出发，突出重点、分解细化和切实落实建设"平安浙江"的各项任务，并密切配合，协同作战，形成整体合力。据国家统计局抽样调查表明，去年我省受访群众认为有安全感的占92.33%，高于全国平均水平1.49个百分点。我省还被中央综治委评为2004年度全国综治考核优秀省。

领导干部下访，是我省做好新时期群众工作的一项制度创新，是化解基层矛盾纠纷，真正为群众排忧解难的一条有效途径，是"平安浙江"建设的一项基础性工作。我省自2003年实施这一制度以来，从省到市、县、乡（镇）各级领导干部纷纷下访接待群众，解决了一大批群众反映强烈的问题，有力推动了全省信访工作责任制的落实，进一步加强和改进了信访工作，并且为全国提供了可资借鉴的经验。

"枫桥经验"，是我省广大干部群众创造的根据不同时期的社会特点，就地解决矛盾纠纷，最大限度地把问题解决在基层，化解在萌芽状态，维护社会治安、维护社会稳定的经验。新时期的"枫桥经验"，作为全国社会治安综合治理先进典型在全国推广后，坚持与时俱进，开拓创新，不断在实践中丰富和发展。一年前，余杭区乔司镇创办了全国首家集综治办、信访办、司法所、巡防队、流动人口管理办公室等7个部门于一体的社会治安综合治理中心，其宗旨是"让群众只跑一个地方，就能满足他们投诉、解决纠纷的要求"。如今，这样的"中心"已在全省各地遍地开花，成为新时期我省维护社会稳定工作的一个新亮点，得到了中央领导同志的充分肯定。

我省多种所有制经济发达，是外来务工人员最多的省份之一。重视对农民工的管理，完善有关农民工政策，是构建和谐社会必须解决的一个重要问题。省委高度重视农民工、关爱农民工。省委书记习近平指出，解决农民工问题，不仅是一个经济问题、社会问题，更是一个巩固党的阶级基础和扩大党的群众基础的严肃政治问题。他还在李学生的先进事迹材料上批示，呼吁全社会关心和重视农民工的生产和生活，切实维护广大农民工的合法权益，给广大农民工以真切的人文关怀。我省还在全国率先提出"高度关注进城务工就业农民子女入学，为实现义务教育公平化而努力"的目标。目前，全省的进城务工就业农民子女入学人数达56万人，入学率达96%。今年7月1日，我省正式实施了《浙江省劳动保障监察条例》，为劳动者维护自身合法权益提供了法律保障。义乌市针对经济社会生活中出现的一些新情况新问题，大胆创新维权机制，建立了以依法维权为基本手段，以职工法律维权中心为基本载体，以包括外来职工在内的低收入职工群体为对象，以协商、调解、参与仲裁、提供法律援助为基本内容的维权新机制，有效地强化和延伸了工会维权职能，而且在替职工解难，为党政分忧的同时，扩大了工会工作的影响，提高了工会组织的社会地位，增强了工会组织的凝聚力和吸引力。全国总工会于今年9月在义乌召开工会维权工作经验交流现场会，在全国推行义乌的这一做法。

在建设"法治浙江"的实践中，着力提高发展社会主义民主政治的能力

现代政治文明发展的一个重要成果就是法治。不断提高发展社会主义民主政治的能力，是党的执政能力建设的重要内容，也是构建社会主义和谐社会的基本保障。

党的十六届四中全会以来，省委认真贯彻依法治国基本方略，适时提出要建设"法治浙江"，全面推进依法治省各项工作，从法律和制度上保证人民当家作主，以广泛调动社会各方面的积极因素。

按照总揽全局、协调各方的原则，省委常委会注重改革和完善自身的领导方式，发挥党委对同级人大、政府、政协等各种组织的领导核心

作用，强化各级地方党委全委会的职能，积极稳妥地推进党代会常任制试点。省委相继召开全省政协工作会议、全省人大工作会议，对进一步加强人大、政协的工作进行了专门研究，分别就加强人大工作、政协工作出台了意见。通过建章立制，不断完善人民代表大会制度，支持人民代表大会及其常委会依法履行职能。支持人民政协围绕团结和民主两大主题，履行政治协商、民主监督、参政议政的职能。加强和改进对工会、共青团、妇联等人民团体及各类群众团体的领导，支持他们依照法律和章程独立自主地开展工作，充分发挥他们联系群众的桥梁和纽带作用。

扩大基层民主，是"法治浙江"建设的重要内容。我省各级党委大力推进政务公开、村务公开等办事公开制度，保证基层群众依法享有选举权、知情权、参与权、监督权等民主权利。今年是我省村级组织换届之年。去年年底，省委就对这项工作作出具体部署，并开展了试点工作。至6月底，村组换届选举工作基本完成。通过这次换届选举，深化了农村民主决策、民主管理、民主监督制度，健全和完善了村党组织领导下的村民组织的运行机制，推进了我省农村基层民主朝着正确、健康的方向发展。

重大决策是否民主、科学，是衡量地方党委是否坚持科学执政、民主执政、依法执政的一个重要方面。省委致力于改革和完善决策机制，重视完善重大决策的规则和程序，通过多种渠道和形式广泛集中民智、充分反映民意，使决策真正建立在科学、民主的基础上。在省委召开以部署加快建设文化大省为内容的十一届七次全会前夕，省委书记习近平率领有关人员进京，与中国社会科学院联合举办"加快浙江文化大省建设"恳谈会，这实质上是个征求意见会、专家咨询会。会上，来自中央部委的领导和专家学者各抒己见、出谋划策，对省委加快文化大省建设的有关文件稿及政策举措提出了许多宝贵的意见和建议。编制《浙江省国民经济和社会发展第十一个五年（2006—2010年）规划纲要》是今年省委、省政府的一项重点工作。为将政府部门了解实情的优势与高校院所长于理论研究的优势整合起来，推动"十一五"时期若干问题研究的深化，省政府建立了重大委托课题管理办法，其中有7个专项课题委托给浙江大学承担。前一段时间，省委就"十一五"规划建议先后召开各种类型的座谈会，广泛征求老干部、各民主党派和专家学者的意见建议。

"法治浙江"，必须是"信用浙江"。浙江作为市场经济相对发达的省份，在信用建设上也必然要求敢为人先，走在全国前列。去年以来，我省围绕政府、企业、个人"三个主体"和法规、道德、监管"三大体系"，开展"信用浙江"建设，取得了初步成效，政府信用形象和行政公信力得到改善，企业信用信息管理体系初步建立，企业信用建设取得重要进展，社会公众诚信教育广泛开展，个人信用意识和信用素质得到较大提高。

在加快建设文化大省的实践中，着力提高建设社会主义先进文化的能力

提高建设社会主义先进文化的能力，是提高党的执政能力的一个重要任务。能不能始终高扬先进文化的旗帜，把人民群众凝聚在旗帜下，是党的执政能力强不强的一个重要标志。党委领导意识形态工作的水平，从一个重要的方面体现着党的执政水平。省委始终把深化理论武装，巩固马克思主义的指导地位作为加强意识形态工作的一项重要内容。按照"学在深处、谋在新处、干在实处"和"真学、真懂、真信、真用"的要求，不断推进"三个代表"重要思想在浙江的实践，努力把理论创新的成果转化为发展思路、落实到实际行动、体现为工作实效。坚持党管意识形态，牢牢掌握新闻出版、广播影视、文化艺术和哲学社会科学等方面的领导权。为加强意识形态工作，促进繁荣发展哲学社会科学，省委开展了广泛深入的调查研究，召开了多个座谈会，制定出台了《关于加强对意识形态工作领导的意见》和《关于进一步繁荣发展我省哲学社会科学事业的意见》。

精神文明建设是先进文化建设的重要组成部分。加强城乡基层精神文明建设，必须有一个好的载体。结合党的十六届四中全会精神的宣传贯彻，我省开展了以"加强思想道德建设、加强文化阵地建设，整治文

化市场、整治社会风气"为主要内容的"双建设、双整治"活动。各地根据不同层次群众精神文化需求，加强思想道德建设，开展文化体育活动，形成了各具特色、丰富多彩的思想文化建设新格局。绍兴市以"礼仪绍兴"为主题，开展"百场演出进广场、千场戏曲进社区、万场电影进农村"的"百千万工程"，提高了文化活动的覆盖率，扩大了群众文化的受益面。湖州市注重培育民间艺术、挖掘民间艺术精华，形成了深受广大群众欢迎的文化艺术品牌。舟山市以海洋文化为重点，组织文艺工作者深入基层，深入群众，就地取材，发掘提炼，精心编排了一批具有浓郁海岛气息和渔民文化的文艺节目，深受渔民欢迎。各级政府对文化阵地建设的投入也大幅度增加。杭州市投资1000多万元，扶持社区文化阵地及文化信息资源共享工程。衢州市积极实施建设50个东海明珠、100个文化特色村和300个文化艺术之家的"531工程"，努力推进基层文化阵地建设。围绕纪念中国人民抗日战争暨世界反法西斯战争胜利60周年和长征70周年，我省各地开展了丰富多彩的爱国主义教育活动。

浙江精神是中华民族伟大精神的重要组成部分，千百年来始终流淌在浙江人民的血脉里，体现在浙江人民的行为中，并成为代代相传的"文化基因"。省委引导和鼓励全省人民坚持和发展"自强不息、坚韧不拔、勇于创新、讲求实效"的浙江精神，又与时俱进地倡导和弘扬"求真务实、诚信和谐、开放图强"的精神，以此激励全省人民"干在实处，走在前列"。

大学生是民族的希望，祖国的未来。加强和改进大学生思想政治教育工作，是事关国家前途和命运的战略工程，是事关提高党的执政能力的基础工程。省委高度重视大学生思想政治工作，省委主要领导多次到高校作形势报告，与学生面对面沟通交流。今年2月，省委常委会专题传达学习中央16号文件和中央领导同志的讲话精神，研究贯彻意见。省高等学校思想政治工作领导小组进行了深入调查研究。在此基础上，省委制定了关于进一步加强和改进大学生思想政治教育的实施意见，并专门召开了全省加强和改进大学生思想政治工作会议，对这项工作进行认真研究和部署。

深化文化体制改革，解放和发展文化生产力，是先进文化发展的必然要求。浙江是全国文化体制改革的综合试点省份。我省以此为契机，认真做好试点工作，制定出台相关配套政策，创新文化发展机制，积极推进国有文化单位改革，鼓励民间资本投资参与兴办文化事业和文化产业，按照"转出一批、改出一批、放出一批、扶出一批"的思路，着力培育多元化的文化发展主体，初步形成多种社会力量办文化的格局。同时，文化管理机制和文化产品生产经营机制的改革，也跨出了新的步伐。今年7月底，省委召开了十一届八次全会。全会的主题就是研究部署加快文化大省建设工作，审议通过《关于加快建设文化大省的决定》。《决定》绘就了我省建设文化大省的蓝图，到2010年，我省要初步形成与浙江经济社会发展相适应的文化发展格局，培育具有时代特征、中国特色、浙江特点的人文精神，构筑与人民群众日益增长的文化需求相适应的公共文化服务体系，建立资源优化配置、运行健康有序的文化市场体系，营造有利于出精品、出人才、出效益的文化发展环境，使我省的教育、科技、文化、卫生、体育主要指标绝大多数处于全国前列。到2020年，我省争取成为全民素质优良，社会文明进步，文化事业繁荣，文化产业发达，教育、科技、文化、体育、卫生事业主要指标全国领先的文化大省。

在应对各种挑战和风险的实践中，着力提高处理复杂问题的能力

加强党的执政能力建设，要在实践中特别是要在关键时刻和应对突发事件的实践中来推进。

比起全国其他许多的省份，我省的改革要先一步，发展要快一点，同样，一些其他地区尚未遇到的困难和问题在我省都率先暴露。而解决这些困难和问题没有先例可循，没有经验可鉴，只好靠我们自己去探索。这在一定程度上，也增加了工作的难度。面对复杂多变的环境，各级党委和领导干部，努力提高解决复杂问题的能力，在突发事件和各种不测事件到来时，能够做到清醒判断、从容应对、趋利避害，保持一个和谐稳定的社会局面。

预防和处置突发公共事件和群体性事件,是建设"平安浙江"、构建和谐社会的一项重要工作。省委对此高度重视,多次进行专门研究。去年11月还召开了全省预防和处置群体性事件工作电视电话会议。省委要求各地各部门以"发现得早,化解得了,控制得住,处置得好"为目标,正确处理新形势下的人民内部矛盾,正确把握依法维护社会公共秩序和维护人民群众合法权益的关系,明确职责分工,健全工作机制,加强协调配合,切实把问题化解在基层,解决在萌芽状态,努力维护改革发展稳定的大局。省委研究制定了预防和处置群体性事件工作的实施意见,对加强基层基础工作,健全组织体系和工作机制,做好宣传教育以及责任追究等方面都作了明确规定。今年5月,又制定了浙江省突发公共事件总体应急预案,并加强演练,以提高应对突发事件和公共危机的能力。

"谋划大计,应识大势"。应对复杂局面,处理疑难问题,首先要具有科学判断形势的能力。今年上半年,我省经济形势比较平稳,全省GDP增幅为12%,比一季度回落0.2个百分点。这一走势与全国基本一致。但与往年相比,表现出来的问题也比较明显,主要是投资增速回落比较大,工业经济效益增幅下滑比较深,利用外资数量下降。这是近几年来所少见的。对这样的形势应该怎么判断,关系到干部群众的信心,关系到党委政府的政策举措,也关系到全年经济工作目标任务的完成。在今年8月中旬召开的全省经济工作电视电话会议上,习近平书记对面临的经济形式,从宏观背景、发展阶段、发展趋势等各方面进行了深入分析,作出了科学判断,提出了对策措施,消除了人们心中的疑虑,使人们克服了畏难情绪,对做好全年经济工作增强了信心。

浙江地处我国东南沿海,是台风灾害多发地区。防台抗灾既是一项应急工作,也可以说是一项常态工作。去年"云娜"台风袭击我省,今年7月至10月,又连续遭受"海棠""麦莎""泰利""卡努""龙王"等强台风袭击和影响。面对强台风,省委、省政府和各级党委政府,统一部署,科学指挥,各级领导干部和广大人民群众,与驻浙部队官兵、公安干警一起,筑起了一道坚不可摧的钢铁长城,最大限度地减少了人民群众生命财产的损失。温州、台州等沿海地区坚持"防、避、抢"工作方针，各级领导思想重视，重点突出，工作到位，责任落实。广大党员和干部特别是基层干部冲锋在前，连续作战，关键时刻站得出，危难之际豁得出。在一次次抗台救灾的战斗中，我们党"执政为民"的本质要求和"以人为本"的执政理念得到了生动体现，我省各级党委的执政能力和执政水平得到了充分的彰显，开展共产党员先进性教育的成果得到了进一步的检验。

在开展保持共产党员先进性教育活动中，着力推进党的先进性建设

加强党的先进性建设，始终是我们党生存、发展、壮大的根本性建设。党中央统一部署开展的保持共产党员先进性教育活动，就是加强党的先进性建设的一项重要举措。

省委要求，先进性教育必须紧扣"群众满意""走在前列"和"确有实效"的要求来展开，要把"走在前列"的要求贯彻到先进性教育活动的全过程，做到谋划工作有"走在前列"的意识，学习动员有"走在前列"的内容，分析评议有"走在前列"的标准，整改提高有"走在前列"的要求。

省委高度重视先进性教育活动，专门制定了省委常委参加先进性活动的"八个一"活动方案，明确提出省委常委要把"四个带头、率先垂范"的要求贯穿于先进性教育活动的始终。先进性教育活动开展以来，省委常委按照中央的部署和要求，带头参加所在支部的学习，带头查摆问题，带头开展批评与自我批评，带头制定和落实整改措施，并以普通党员的身份参加新时期保持共产党员先进性专题报告会，多次深入各自的联系点指导和调研先进性教育活动，有力地推动了全省先进性教育活动的深入开展。

开好民主生活会，是先进性教育活动的一个重要环节。省委认为，省委常委会的民主生活会，对各级党组织具有示范和带动作用，一定要开好，作出表率。为开好专题民主生活会，14名常委事先分别主持召开了14个座谈会，面对面听取不同层次、不同类别的110多名领导干部和党员代表对省委常委会及常委个人的意见和建议，并到各自联系点参加县市区委的先进性教育活动专题民主生活会，广泛听取基层干部和群众对省委工作的意见和建议。省委常委会还向11个市、90个县市区和省直各单位专门发放书面征求表，广泛听取基层党员群众和下级党组织的意见和建议。与此同时，省委常委之间，省委常委与省人大常委会、省政府、省政协领导之间，与所分管的省直部门单位负责人之间，与县市区联系点的党政正职之间，都广泛开展了谈心活动，直接听取意见和建议。在民主生活会上，各位常委认真开展批评与自我批评，认真研究和讨论整改工作，进一步明确了今后工作思路和努力方向。

针对党员群众提出的意见和查摆出来的问题，省委常委会研究确定了三个层面16项具体整改措施。其中在推进工作方面，确定了14项重点进行整改。

整改需要好作风，抓各项工作，树干部形象，都需要求真务实的好作风。在整改阶段，省委常委会带头制定并落实进一步改进作风的具体措施，对省级领导干部下基层调研、精简会议文件、建立完善各类联系点、加强与省级各民主党派和省工商联的联系、定期到各高校作形势报告等，都作了具体明确的规定。

基础不牢，地动山摇。在党的基层组织建设方面，省委着重就加强基层干部队伍建设，解决村级组织办公场所问题，加强机关党的基层组织建设方面，提出了整改提高的具体措施和工作要求。在深入调查研究的基础上，省委制定出台了《关于认真落实"三真"要求　切实加强基层干部队伍建设的意见》《关于加强机关党的基层组织建设，进一步发挥机关党支部作用的意见》和《关于认真解决集体经济薄弱村村级组织办公场所问题的意见》。这三个政策性文件的出台，对进一步夯实基层基础，提高基层党组织的凝聚力、号召力、战斗力发挥了重要作用。

党风廉政建设始终是党的先进性建设的一项重要内容。省委高度重视惩防体系构建工作。早在2003年7月，我省就在全国率先出台了《浙江省反腐倡廉防范体系实施意见（试行）》，进行了积极探索，取得了初步经验。今年初，中央颁布了《建立健全教育、制度、监督并重的惩治和预防腐败体系实施纲要》。省委就落实中央《实施纲要》，修订起草《浙江省反腐倡廉防范体系实施意见》提出要求，还把这项工作列入2005年的工作重点，作为先进性教育整改阶段的一项重要措施。5月，省委常委会审议通过了《浙江省惩治和预防腐败体系实施意见》和《2005—2007年工作要点》，并分别以省委和"两办"名义下发。《实施意见》总结了近几年来我省反腐倡廉工作特别是构建惩防体系的实践经验，反映了我省对反腐倡廉工作规律认识的深化，体现了惩治与预防、自律与他律、制度反腐倡廉与文化反腐倡廉的有机统一，是当前和今后一个时期我省深入开展反腐倡廉工作的指导性文件。今年6月，省委常委会又讨论通过了《浙江省党内监督十项制度实施办法（试行）》，这对于进一步推进我省党内监督工作的规范化、制度化，探索构建适应社会主义市场经济要求、符合浙江实际的党内监督体系具有重要意义。

　　我省各级党组织和广大党员干部在"干在实处、走在前列"的工作实践中，谱写了执政能力建设的新篇章，为增强全党的执政能力以及加强党的先进性建设，发挥了应有的作用。

（《今日浙江》2005年第21期）

> ◇ 加快推进改革和创新体制机制，是"十一五"时期的一项重要任务。富阳市公安派出所勤务机制改革的实践再次告诉我们，无论是经济领域还是社会领域，仍有不少我们习以为常的传统思维、做法、模式，已不适应时代发展的要求，需要我们创新思路，深化改革。改革每推进一步，前面就会呈现一片新的天地。

案件高发势头为何能得到有效遏制

——富阳市公安局派出所勤务机制改革见成效

"今年1—11月，全市发案比去年同期下降了7.27%，命案同比下降13.33%，八类严重暴力案件下降28.93%，'两抢'案件下降8.11%，盗窃案件下降6.82%，其中入室盗窃案件下降14.21%，盗窃摩托车、电动自行车案件下降13.92%，扒窃案件下降40.08%。"

记者日前赴富阳市公安局采访，该局副局长钟满华谈起"平安建设"情况，随口就报出来一连串数据。

位居全国百强县之内，经济相对发达，外来人口较多的富阳，为什么会出现这么多"下降"？

"这是勤务机制改革结出的硕果。"钟满华一语道破。

勤务机制改革顺应了平安建设的要求

公安局派出所是建设"平安浙江"，维护地方社会稳定，保证人民群众安居乐业的重要力量。长期以来，派出所的领导和民警总是感到工作多、任务重、压力大，特别是日益增多的治安纠纷、治安案件和接处警活动，使派出所疲于面上应付，很难把握工作主动权。

有什么办法改变这一现状？2004年初，富阳市公安局对派出所原有的运行机制进行了调查研究，找到了问题症结。大家认为，制约派出所工作的因素主要有三个方面：一是警力配置不合理。比如城东、城西和新登三个城区派出所，发案占全市75%左右，而警力只占全局派出所警力的37.5%，派出所干警只能勉强应付值班和面上管理，无暇顾及其他工作。二是警力运作的模式滞后。长期以来，派出所的警力运作沿袭计划经济条件下形成的模式，重白天轻夜间，对夜间社会面的防控能力明显不强，而违法犯罪活动却多在夜间，形成了"猫鼠不同步"的现象。三是值班机制不适应。派出所原有值班机制偏重于被动接警。以往采用的是"坐堂"式值班，坐等群众上门报案，值班民警感到压力很大，工作被动，还经常因不及时查处案件被群众投诉。

如何突破警力配置布局不平衡的瓶颈，解决派出所警力不足问题；如何实行适度的弹性工作制，解决警务时间安排不合理问题；如何屯警街面，加大现场监管和现场解决的力度，从源头上遏制发案，解决勤务机制不科学问题，成为派出所勤务机制改革的主要目标。

富阳市公安局党委通过多次认真分析研究，决定以情报信息为主导，以现场管控为侧重，以主动型勤务为抓手，创新勤务模式，改革勤务机制，有效提升科学用警、精确用警的能力。富阳市委、市政府对此高度重视，市委书记佟桂莉、市长戚哮虎等领导多次深入基层派出所调查研究。2004年4月，富阳市公安局出台了以建立主动型勤务机制为核心的勤务模式改革举措，着力构建全方位的打防控一体化现代勤务体系。

全市警力配置向治安复杂的基层派出所倾斜

富阳市公安局按照"有利于实战、符合于实际"的原则，将有限的警力向一线实战部门特别是治安复杂的派出所倾斜。根据各派出所辖区的治安实际，他们将原有13个派出所调整为12个派出所；将原有86

个责任区调整为53个责任区，从中"腾出"33名警力，去年和今年到岗的97名新警全部投入一线实战部门。目前，派出所民警占全局警力的45.85%；城东、城西两个城关派出所现有民警占全局派出所警力的37.93%；城东、城西、新登三个重点派出所现有警力占全局派出所警力的52.59%。其余农村派出所也全部按照12人以上的标准配备。

在保证重点派出所警力数量的同时，富阳市公安局还通过在全局范围的"双聘"，将一批勤奋肯干、业务精通、经验丰富的民警提拔到派出所的中层领导岗位，将一批综合素质较高的民警调整到治安复杂地区派出所。考虑派出所值班接处警工作的特殊运转需要，他们压缩机关科队室的领导职数，将其调整补充到派出所，在城东、城西、新登三个所配备了6名所领导，其余派出所也全部按4个领导职数配备，从而保证了派出所有足够的力量做好工作。

派出所警力配置向案件高发部位和高发时段倾斜

富阳市公安局对近年来该市的案件发案时段、发案地域、发案部位进行了系统的分析研究，找到了一些规律特点。

钟满华告诉记者，晚上19时至23时是寻衅滋事、聚众斗殴等妨害社会管理秩序违法犯罪活动的高发期，而夜间24时以后是盗窃等侵财型违法犯罪活动的高发期。如果派出所仍然实行传统的"朝八晚五"8小时勤务工作模式，那么，与"精确防控"的要求，就存在着较大的差距。

为此，富阳市公安局结合各派出所辖区治安实际，坚持改革"因地制宜，不搞一刀切"。城东、城西、新登三个重点派出所警力白天以"四队一室"模式按各自职责运行，晚上则统一实行主副班制综合调度。主班负责全天24小时接处警，晚23时后，面上接处警任务相对减轻时，大部分警力到案件高发地域、高发部位开展巡逻守候，次日补休；副班每晚19时至23时正常上班，着装到迪吧、大排档、酒吧等重点场所、重点部位巡查，提高见警率，加强现场管控力度和处置力度，预防、震慑违法犯罪活动的发生，增强群众安全感，同时负责配合主班人员做好就近接处警工作。副班人员23时以后休息，次日正常上班。此外，副班人员的工作时间、工作场所、工作部位根据辖区治安状况随时进行调整，实行动态防控。其余农村派出所值班人员则做到有警接警、无警巡逻、就近处警。

民警们在实践中感到，这种把警力相对集中到案件高发时段，加强对案件高发区域、地段的巡逻、盘查，有利于把一些案件解决在初始阶段或萌芽状态，从源头上减少了违法犯罪的发生，从而减少了处警量，也减轻了民警的工作量和心理压力。

城东派出所除了把警力集中到案件高发时段外，社区民警也利用晚上时间错时上班，趁社区居民在家中时进行走访。这种根据实际确定的弹性工作制既解决了警力不足问题，又确保了民警的休息时间。城东派出所所长徐学平说："我们采取主动型的勤务方式，按照'白天按职运转，晚上综合调度'的原则，合理调配警力，做到警务最繁忙的时候也是警力最集中的时候，群众最需要的时候也是最能见到警察的时候。我们的做法群众和公安民警都说好。"

徐学平还告诉记者，不久前，省委常委、省公安厅厅长王辉忠到城东派出所考察，对他们的做法给予了充分肯定，并希望他们再接再厉，继续深化改革，不断探索平安建设的好经验。

建立健全有利于实施平安建设的各项配套措施

为给新的勤务机制提供打防控精确导向，富阳市公安局专门抽调14人成立局信息中心，在刑侦、治安、交警、户政部门建立了信息分中心，在所有派出所建立了信息室，构筑起三级信息研判体系。同时，在富阳市委、市政府的重视下，投资建设了城区智能监控系统，共安装了311个治安监控点、28套电子警察系统、24套交通信号控制系统、5套智能卡口系统，并在5个关键路段安装了LED诱导屏以及指挥中心集成系统。由此确立了以情报信息研判为导向、城区智能监控为依托、街面巡防力量为主干的信息警务工作体系。为扎实提高刑侦队伍专业化水平，该局还把原有的责任区刑侦中队过渡为专业刑侦中队，实行了全市刑事案件现场刑侦部门统勘制，由刑侦大队技术中队负责对全市刑事案件现场的勘察。同时在派出所设立隶属于派出所的刑侦中队，使派出所的打处能力显著提高，派出所破案比重占全部破案的70%以上。

富阳市公安局还推行社区民警"三三制"工作法。要求社区民警认真围绕"三个重点"（重点人：管理对象和依靠力量；重点事：情报信息工作和组织群防群治力量；重点场所物品：列管场所、物品和治安复杂场所）、"三封信"（警务通报信、归正人员劝诫信和防范警示信）定性定量开展工作，增强基层基础工作的针对性、可操作性，同时调整考核导向，促使社区民警工作由单纯的重结果向过程、结果并重转变。

记者还了解到，富阳市委、市政府高度重视综合治理和群防群治工作，由市财政按每人15000元的标准落实经费，在城区19个社区配备了150名社区保安，作为城区监控系统的配套力量，强化城区防控力度。由市综治委牵头，在全市25个乡镇（街道）组建了专职巡守队25支201人、护村护厂队721支2925人。同时，进一步规范了乡镇（街道）调处中心建设，积极推行矛盾纠纷调处中心驻所制，充分发挥乡镇（街道）综治调解作用。

富阳市委常委、公安局局长潘松萍说，我们在改革公安派出所勤务机制方面做了许多工作，取得了一些成效，但离省委全面建设"平安浙江"的目标要求还有不少差距。我们还要不断努力，继续将勤务机制改革向纵深推进，切实担负起维护社会和谐稳定的重任。

（《今日浙江》2005年第24期）

先进性教育推进了和谐农村建设

——画水镇开展第三批先进性教育活动试点工作纪实

东阳市画水镇是金华市开展第三批先进性教育活动的试点镇。11月29日，记者来到该镇采访，见到了年轻的镇党委书记蒋银生，一聊起先进性教育活动，他就兴致勃勃地说："百闻不如一见，请到画溪村看看吧。先进性教育活动的成效如何，村干部和群众最清楚。"

着眼于解决群众最关心的问题

画溪村由6个自然村组成，近8000人口，不仅是东阳，也是金华的第一大村。今年4月10日，这个村发生了因企业污染问题而引发的群体性事件，影响很大，也暴露出许多值得深刻反思的问题。画溪村的第五自然村是"画溪事件"的发生地，原来几家污染化工企业所在的竹溪工业功能区就坐落在该村。

在镇干部的陪同下，记者来到画溪第五自然村，沿途看到不少村民搬石挑担，挥镐挖泥，忙着修渠、筑路，干得热火朝天；村里所见则是另一种宁静祥和的景象：老人们三五成群地沐浴在冬日暖融融的阳光下，或下棋，或打牌，或看书，妇女们一边做着织毛衣等家务活，一边嘻嘻哈哈地聊天，孩子们在大人们中间蹦来跳去，不停地在玩游戏。

在村中，记者遇上一位扛着锄头正要去附近清理水沟的村民，当他知道记者的来意后，就饶有兴趣地向记者介绍，自先进性教育活动开展以来，村里的党员干部一刻也没有闲着，为百姓办实事、办好事，近段时间是与大伙一起实施路面硬化、路灯亮化、房前屋后绿化洁化、村容村貌美化等工程建设。他指了指路边已经浇铸好的路灯基座说，村里这次要安装38盏路灯，现在基座都浇好了，地下管线都埋好了。

村支部书记王国兆听说记者来采访，特地从工地赶回村。他对记者说，党员先进不先进，不是靠嘴皮子怎么说，而是要靠实打实地干，看干得是否让老百姓满意。自从第三批先进性教育试点工作开展后，村党总支和支部按照市委和镇委的部署，把努力解决群众最关心的问题作为教育活动的重要内容来抓，确定了许多村民们想办而长久没办的事，比如正在实施的全村6条主干道，2.3千米水泥路面浇筑已部分完成，全村修建了大小215个花坛，计划修整水沟1万多米，还有垃圾清理、消除"赤膊房"等，很受群众欢迎。

在王国兆的陪同下，记者还察看了竹溪工业功能区，这里的6家污染化工企业已全部搬迁，园区内显得很寂静，几乎看不到车辆行人。一家搬迁企业只留下一个门卫在看管。王国兆告诉记者，先进性教育促进了"画溪事件"后续工作的落实。广大党员干部深刻认识到，没有稳定，发展根本无从谈起。目前全村干部群众的注意力都转到了保稳定、求发展上，人心思安、人心思定的氛围已经形成，竹溪工业功能区内完成征地500余亩，较好地解决了土地方面的历史遗留问题，初步理顺了关系，为下一步招商引资、发展经济打下了基础。各村还以先进性教育为契机，主动加压，及时调整创业承诺事项。目前，调整后的各村创业承诺事项54件，已完成43件。

加强村级组织建设，夯实基层基础

基础不牢，地动山摇。"画溪事件"的发生，也暴露出基层组织建设中存在的问题。金华市委常委、东阳市委书记蒋永志告诉记者，"画溪事件"发生后，省委、省政府以及金华市委、市政府都高度重视，省市领导多次来东阳调查研究，指导工作，都要求对该事件进行深刻反思，举一反三，吸取教训，切实加强基层基础工作，并且明确要求要把"深刻反思"贯穿于先进性教育的全过程。

记者在调查中了解到，根据村级组织的实际情况，画水镇全镇5个行政村党总支和13个自然村党支部的32名班子成员进行了调整，其中调整了支部书记3名，优化了村级班子的整体功能。同时，针对行政村区域调整后的实际，各村建立完善了《重大事项议事规则》《村务公开》《财务公开》等民主管理制度，贯彻落实《浙江省村级组织工作规则（试行）》，进一步明确了村级组织的权责，理顺了关系，进一步激发了基层干部的工作热情，使基层党组织的创造力、凝聚力、战斗力进一步增强。

在教育活动中，大家进一步认识到，加强农村团、妇、民兵及老年协会组织的建设和管理，对农村社会稳定、经济发展也具有重要作用。结合第三批先进性教育试点，画水镇调整了1名妇女小组组长、30余名妇女代表；调整了1名团小组组长，在画溪6个村以及西山、黄山分别设立了5—10名团小组成员，加强团的组织建设。目前，全镇团、妇、民兵组织整顿工作已完成，镇老年协会筹备和各村老年小组建立将于近日完成。

致力于增强教育的针对性和实效性

第三批先进性教育的对象主要是农村党员。这是一个文化程度相对较低、流动性较大、集中组织比较难的群体。针对这一特点，东阳市先进性教育办公室和画水镇党委，深入调查研究，征求党员意见，从实际出发组织开展学习教育活动，力求增强教育活动的针对性、操作性和实效性。

让全体党员都能接受教育，这是教育活动的目标之一。为了做到党员教育面全覆盖，画水镇要求各村开展"三找"，即通过组织找党员、党员找组织、党员找党员，全面摸清党员干部队伍的现状，明确要求在省内的外出党员必须回村参加教育活动；对在外省的外出党员，由党支部定期邮寄学习资料，党员及时反馈学习体会；对卧病在床的党员，落实专门联系人，向其送资料或面对面进行讲解，力求做到党员受教育"一个不漏"。同时，镇党委还明确了学习纪律、规范请假、补课学习制度。

给农村党员安排什么样的学习内容，直接关系到学习教育的成效。东阳市委组织部的一位负责人说，画水镇给农村党员的学习材料是通俗易懂、简明实用的，党员喜欢。记者了解到，在党员学习中，画水镇以《中国共产党章程》，党的十六大精神，十六届四中、五中全会精神作为学习的重要内容，把学习党的基本知识与适当学习政策法规、市场经济知识、农村实用知识结合起来。镇党委在各支部组织学习时，统一安排了民主法制建设、基层组织建设、先进性建设、和谐发展等四个专题，针对每一个专题都精选了一些学习篇目。广大党员在学习"老三篇"和《反对自由主义》等毛泽东同志的经典著作后，反响特别强烈，触动很大。在每个专题学习后，各党组织结合当前自身和工作实际，进行讨论，交流心得，进一步强化了学习效果。

镇党委还在各村党员中部署开展以"党员联家户，党心联民心"为主要内容的"双联活动"，要求每名党员联系10户以上农户或分区片包干联系，并明确党员联系农户的具体职责。教育活动期间，全镇1725名农村党员共走访农户14500余户，征求群众意见256条，结对帮扶贫困户48户。同时，党组织与党员，党员与党员之间开展了广泛的谈心交心，每个党组织都召开民主生活会，做到书记带头，逐个发言，认真开展批评与自我批评，深刻剖析自身存在的问题和不足，明确整改措施和努力方向。对各支部评议出的不合格党员，镇党委逐个进行核实情况，并找其谈心谈话，按照规定程序进行了相应的处置。全镇对120名农村党员进行了诫勉谈话，共评议出不合格党员10名，其中限期整改8人，党内除名2人，党纪立案8人。

先进性教育活动的开展，让群众切实体会到党员的形象正在逐步改善，党员不愧是建设新农村的领头雁、主心骨，党组织不愧是带领农民朋友全面建设小康社会的战斗堡垒。一位70多岁的画溪村大伯说，党员主动上门到农户家中问寒问暖，解决实际困难，为大家办了一件又一件的好事，真正是全心全意为人民服务，这才是他们心目中的共产党员。

（《今日浙江》2005年第24期）

◇ 党的农村基层组织是党在农村工作和战斗力的基础。村级组织办公场所,既是村干部办公和党员学习教育的场所,也是直接为农民群众服务的"窗口"。加强村级组织的办公场所建设,是农村基层组织建设的重要组成部分,是建设社会主义新农村的必然要求。浙江省委常委会在先进性教育活动中,把解决村级办公场所问题作为重要的整改内容,取得了明显成效。

固本强基　惠民利民
——浙江村级组织办公场所建设巡礼

"我们今天给您写信,向您报告一个好消息:我们村的办公场所已经造好了。第三批保持共产党员先进性教育活动即将开始,我们可以在宽敞明亮的办公场所里进行了……这次村里办公场所建设,圆了我们56年的梦,群众非常满意,干部个个高兴……"这是武义县九龙山村党支部书记田华平于2005年11月8日,在村办公场所建成后,写给省委书记习近平信中的部分内容,他还在信里附了村办公场所的照片。这封语言平白朴实的来信,由衷地表达了全村干部群众满心的喜悦以及对党和政府的感激之情,真实地反映了全省许多村级办公场所建成后,农村党员干部和广大群众的心声。

在浙江,像武义县九龙山村这样"圆梦"的村还有不少。自保持共产党员先进性教育活动开展以来,省委把解决部分村级组织无办公场所问题作为先进性教育活动中整改的重要内容,采取有力措施狠抓落实,取得了显著成效。截至2005年12月底,在省委确定分两年解决的

3599个村办公场所中,有2462个村完成建设任务,比原计划的1800个村增加600多个。其余1100多个村的办公场所将按计划在今年年内全部建成。中央领导同志对我省的这项工作多次作出重要批示,给予充分肯定,认为这既是开展好先进性教育活动的基础和条件,又是先进性教育活动的成果,也是建立长效机制的重要内容,并要求各地在先进性教育活动及其后建立长效机制中学习借鉴。

列为省委常委会先进性教育活动一项重要的整改内容

长期以来,一些村党支部没有一个固定的办公场所,以至于"公章随身带,会议轮流开",即使像浙江这样经济比较发达的省份,也同样存在这一问题。

省委组织部在2004年底的先进性教育活动前期调查中发现,全省仍有3599个行政村无固定办公场所,占总村数的10%。2005年初,这份调查报告摆上了省委书记习近平的案头。他阅后当即批示:调查中反映出的较集中的意见应作为整改努力的重要方面和内容。先进性教育活动中应着手研究和解决一些实际问题,如部分农村基层的基础设施薄弱,工作条件差的问题。

此后不久,解决村级组织无办公场所问题被列为省委常委会的一个重要议题。常委们一致认为,提高党的执政能力,巩固党的执政地位,需要不断提升农村基层组织建设整体水平。省委副书记、省长吕祖善说,开展先进性教育活动必须着眼于解决实际问题,落实中央领导同志关于关爱基层,"真正重视、真情关怀、真心爱护"要求,必须有实实在在的行动。不下决心切实解决村级组织办公场所问题,势必影响农村基层组织开展工作,也势必影响党组织在农村的凝聚力、战斗力和号召力。省委常委会郑重决定把解决集体经济薄弱村村级组织无办公场所问题,列为省委常委会先进性教育活动一项重要的整改内容。

2005年6月9日,在深入调查研究的基础上,省委办公厅、省政府办公厅联合下发了《关于认真解决集体经济薄弱村村级组织办公场所问题的意见》,明确提出从2005年开始,用两年时间,每年帮助1800个左右集体经济薄弱村解决好村级组织办公场所问题。该《意见》成为指导浙江解决部分村级组织无办公场所问题的一个重要文件。

2005年6月17日，省委在宁波召开落实省委有关加强基层组织建设三项重要整改措施座谈会，省委副书记乔传秀对两年内解决全省3599个无办公场所建设工作作了动员部署，提出了具体要求。

自此，浙江各地乘先进性教育活动的东风，迅速掀起了推进村级办公场所建设的热潮。

所需建设资金，不向农民筹资摊派，不能增加农民负担

解决村级组织办公场所问题，关键是资金筹措和落实。乔传秀在落实省委有关加强基层组织建设三项重要整改措施座谈会上指出，要坚持多方筹措，确保建设资金的落实。她还特别强调"各地绝不能向农民筹资摊派，绝不能增加农民负担"。

资金从哪里来？浙江采取了"五个一点"的办法，即省里补一点，市里拿一点，县里出一点，结对部门帮一点，乡镇筹一点。省有关部门先后下发了《关于抓紧做好解决集体经济薄弱村村级组织办公场所问题有关工作的通知》和《关于下达2005年村级组织办公场所建设省财政专项补助资金的通知》，对省财政专项资金的补助标准、各级配套资金的安排落实、村级办公场所的检查验收和组织领导等提出明确要求。省财政2005年和2006年共要统筹安排资金7300万元用于补助村级办公场所建设。经济欠发达的县（市、区）和海岛县的2226个村，每村补助2.5万元，少数特别困难的县适当增加补助标准，其他县（市、区）每村补助1万元。其余还有240万资金作为省里以奖代补资金，激励全省各地认真抓好这项工作。

各市县都把落实资金作为重点任务来抓，坚持以财政安排为重点，多方筹措，解决好办公场所资金问题。杭州市、温州市级财政分别拨出900万元、600万元用于村级补助建设，丽水市在市级财政困难的情况下，挤出363万元补助资金。据统计，全省市、县、乡三级2005年分别计划安排补助经费1990万元、3571.96万元、6444.75万元，共计1.2亿元。除财政支持以外，各地通过各种途径和办法筹措建设资金。杭州市把解决村级办公场所问题列入"49100"工程帮扶内容，从"49100"工程财政专项资金中安排了224万元，同时组织市级帮扶单位筹资361.6万元，用于村级办公场所建设。台州市在遭受台风灾害的情况下，克服困难，采取"多条腿走路"的办法，全力推进村级办公场所建设。目前，台州除了市、县（市、区）财政专项配套资金174万元和510万元已全部划拨到位，还另外筹集到位资金969.5万元。兰溪市深化以"部门联村、村企联姻、富村联贫"为主题的"三联"活动，要求有关联系部门、企业和富裕村切实为无办公场所的行政村办一件实事、扶助一点资金、解决一个难题。据不完全统计，通过多方努力，目前全省共已筹集20465.8万元建设资金，为全省村级办公场所建设提供了重要保障。

省直各单位按照省委、省政府的部署，积极做好对口帮扶乡镇的村级组织办公场所建设工作。省纪委、省委办公厅、省政府办公厅、省委组织部、省委宣传部、省委统战部等部门及时召开党委（党组）会议，专题研究部署帮扶乡镇的村级办公场所建设工作，对分管领导、责任处室、经费渠道等有关问题作了具体安排。省委政策研究室、省农办、团省委、省发改委、省监狱管理局、浙江检验检疫局、省国土资源厅、省林业厅、省农科院、省轻纺集团公司、省东联集团公司、省二轻集团公司、省旅游集团公司、杭州电子科技大学、浙江理工大学等部门和单位的主要负责人纷纷深入到帮扶联系村现场实地考察调研，与当地干部群众一起研究落实建设方案，并充分发挥各自的优势，有钱捐钱，有物献物。截至2005年11月底，132家省直帮扶单位中，共结对帮扶340个村做好办公场所建设，落实帮扶资金1455万元，并提供总价为200万元左右的物资。

为保证村级办公场所的建设真正成为"民心工程""优质工程"和"廉政工程"，省委、省政府要求各级财政补助款和其他渠道筹集的资金纳入专户统一管理。同时，省、市、县三级都设立举报电话，接受群众监督，以确保工程质量和专款专用。

坚持因地制宜、统筹规划、量力而行、节俭实用的建设原则

由于农村情况千差万别，各地的经济社会发展水平也层次不一，因此解决村级组织办公场所问题，不能搞一刀切。省委副书记乔传秀在村级办公场所建设动员会上就强调，要坚持多措并举，务实管用，因地制宜。省委组织部的领导每到一地检查村级组织办公场所建设，都要求各地一定要求真务实，不能贪大求洋，不搞盲目攀比，不搞举债建设，合理确定办公场所解决的方式、建设的规模、投入的金额和功能的布局。从目前各地村级办公场所建设的情况看，都能坚持从实际情况出发，有的是属于新建的，有的是通过购买、改建、修改等方式来解决，有的是充分利用村集体的闲置房屋、学校调整的闲置校室、乡镇及有关站所等单位的弃用公房等途径解决。

宁海县从各村实际出发，确定35个村选择符合该村长远发展规划的村集体闲置土地，新建村综合办公楼；21个村采取翻修、扩建等方法解决危房问题，扩大可使用面积；17个村利用村集体的闲置房屋、学校闲置校舍、乡镇（街道）及有关所等单位的弃用公房，作为村级组织办公用房；2个村出资购买适合村级组织办公的房产。

诸暨市解决村级组织办公场所问题起步早，到目前为止，1209个行政村新建改建了村办公场所，基本实现了"有址议事"的目标。该市分类分批规定村级组织办公场所建筑面积。要求集体经济年收入8万元以上的行政村建造村级示范办公场所，建筑面积为150平方米以上；集体经济年收入3万至8万元的行政村建造村级规范办公场所，建筑面积为90—150平方米；集体经济年收入3万元及以下的行政村建造简易办公场所，面积为50—90平方米。

淳安县有192个村的办公场所建设任务，占杭州市总任务数的1/3，在全省也是数量较多的县之一。从第二批先进性教育活动开始，该县就先后组织乡镇对无办公场所村的人口、村类型、解决方式、建筑面积、结构、所需资金、完成时限等情况逐村逐个进行了三次调查摸底，确保了底子清、情况明。在解决方式上，结合淳安实际，采取先资源整合，

再购买,最后新建的办法。首先,充分利用村学校、大会堂、村集体闲置房屋,修建、改建成村办公场所;对没有闲置房屋可利用的村,通过购买公房或向农户购买私房来解决;对确实无资源可整合,又无办公场所的村,采取新建的方式解决。在192个无办公场所的村中,修建、改建的有37个村,采取购买的有6个村,采取新建的有149个村。至2005年10月底,淳安县所有无办公场所的村基本建成办公场所,11月底,经县里组织验收后已全部投入使用。

在解决集体经济薄弱村办公场所问题的同时,我省许多市县还开展了"村级办公场所规范化建设年"活动。对已有办公场所的村,着力进行内部教育设备的添置、阵地环境的美化、活动制度的规范等工作,使原有村级办公场所的面貌也焕然一新。

在拓展功能上下功夫,力求"一所多用""一室多用"

各地在建设过程中,高度重视发挥村级办公场所的各项功能和作用,特别是重视发挥服务群众的功能和作用。既坚持"一所多用",即把村级办公场所建设与发展壮大集体经济、推进产业化、丰富群众文化生活结合起来,又坚持"一室多用",把村级办公场所建设成为集便民办事、党员活动、村民议事、党务村务公开、科普教育、文化娱乐、信息传播等多功能于一体的农村基层坚实阵地,成为村干部之家、党员之家、村民之家。

杭州市按照全省村级组织办公场所建设工作现场会的要求,在总结各区、县(市)经验的基础上,一般要求各村级办公场所要建有"五室三站一栏一场所","五室"即办公室、会议室、党(团)员活动室、综治调解室、老年活动室;"三站"即便民服务站、卫生(计生)服务站、妇女儿童维权站;配备村务公开栏和文体活动场所。

台州市一般要求村级办公场所内部设置具备"三室三栏一中心"的功能。"三室"即村两委办公室、综合服务室(包括全程办事代理室、计生服务室等)和远程教育室;"三栏"即村务公开栏、政策宣传栏和科普教育栏;"一中心"即村民(老年)活动中心(包括会议室、民事纠纷调解室、老年活动室、文化娱乐室等)。

淳安县一开始就注重克服村办公场所仅仅用于村两委办公、开会的思想，立足解决当前农村群众活动场所少、精神文明建设缺乏载体和村级发展经济难等问题，坚持办公场所建设要惠民便民，把村两委办公、便民服务、丰富村民文化生活、发展特色经济等综合考虑，实现了"一所多用""一室多用"的目标，做到了功能的实用性与多样性相统一。全县192个村级办公场所除设有杭州市要求的"五室三站一栏一场所"外，还有许多村设有图书阅览室、来料加工点、村主导产业加工服务点等。该县的文昌镇浓坑坞村的村级办公场所是由村茶厂改建而成的，总共有162平方米。整个办公场所由两部分组成，一部分是村办公用房，另一部分是来料加工点。现在，来料加工点开展套笔加工的固定人员有30多人，加工费一天可达到500—600元。

为保证村级办公场所的"人气旺"和使用的正常化、规范化，各地改建、新建办公场所的选址在符合村庄规划和土地利用规划的前提下，一般都选在村里的中心位置，以方便干部群众前来参加会议和其他活动。各地还把村级办公场所建设作为建立健全村两委工作职责及议事制度、"三会一课"制度、村民会议和村民代表会议制度、村级财务管理制度等工作和管理制度的一个有利时机。经过修订的制度都张贴上墙，向村民公开，以便于村民监督。淳安县委组织部组织科长叶柏富说，在淳安，办公场所一建好，制度就上墙，并认真执行。每个办公场所指定专人负责，每日定期开放，实行村干部值班，以便及时处理日常事务。

目前，第三批保持党员先进性教育活动已经在浙江农村全面展开。省委书记习近平在第三批先进性教育活动动员大会上强调，要继续采取有力措施，扎实抓好村级办公场所建设，努力把这件好事办实、实事办好。在新的一年，浙江的村级办公场所建设一定能继续顺利推进，取得更大成效，创造更多经验，走在全国前列。

(《今日浙江》2006年第1期)

◇ 为改建一条公路，当初村民代表曾联名向省委书记上访。后来这些村民代表又联名致信省委书记表示感谢，感谢党委、政府重视农村、关爱农民，为他们建设社会主义新农村，过上更加宽裕的小康生活，开辟了康庄大道。

村民们走上了康庄大道

——20省道马岭至浦阳段公路改建纪事

新年伊始，省委书记习近平收到一封署名"20省道浦江沿线村民"的来信。与往常的人民来信不同的是，这封信是用红色信笺纸写的，洋溢着喜气。信上说："我们是浦江县20省道沿线的村民，今天，怀着无比感激的心情，致信感谢习书记，感谢省委、省政府帮助我们修建了致富路、幸福路……几多艰辛，两历寒暑，崎岖蜿蜒的山路变成了平坦宽敞的大道，打通隧道架起桥，天堑变通途，山里山外拉近了距离，我们出门行路、走亲访友、进城办事再也不用翻山越岭。咱们老百姓都说，修了这条路，山区农村离城市更近了，致富奔小康的路更平了……"

这是一条什么样的路？这条路修建成了，又为何让沿线的老百姓如此感动，竟然联名致信省委书记，以此表达内心的感激之情？

省委书记下访促进20省道动工改建

打开浙江交通图，就可以清楚地发现，20省道是我省中部南北向的一条重要交通干线，起于桐庐县蒋家埠，途经建德梓洲、浦江浦阳镇、黄宅至义乌的后宅，全长97.7公里。省交通规划设计院的专家说："从全省大区路网分布看，20省道是桐庐至义乌的重要通道，填补了浙江中部地区南北交通的空白。桐庐往北可达安徽的宁国、宣城，往南可通舟山、台州等沿海城市，同时它还起着连接杭金衢和杭新景两条高速公路的作用。"

20省道浦江县境段长46.9公里，贯穿浦江县5个乡镇，沿线人口近30万，是浦江交通的主动脉。浦江西北部的公路交通，基本上以20省道为轴成树枝状分布。而浦江地域基本呈正方形，但主要交通基础设施都集中在县域南部。该路段始建于20世纪50年代，技术标准低，路况差，坡陡弯急，道路狭窄，交通拥挤，事故频发。特别是一遇上雨雪冰冻天气，杭口岭、马岭两处路面就不能行驶，严重制约浦江西北部山区经济发展。

要致富、先修路。浦江西北部的群众要求改建20省道的呼声非常强烈，历届县人大代表、政协委员为此提交了不少提案、议案。

杭坪镇寺坪村村民、华泰工艺有限公司董事长蒋星剑告诉记者，他小时候从家里到浦江县城读书，在来回的路上，每当翻山越岭，走得气喘吁吁时，心里就想，要是这山底下打个山洞那该多好。长大了，成家了，他办了个企业。由于路况不好，当他的产品被颠簸得破损严重，时常遇到打折或退货时，他那改建公路的愿望就更为强烈。他说："我从1990年当上县政协委员，后来又当选为县、市人大代表，每年开'两会'，我都要为20省道改建一事，提交议案或提案。"

2003年9月初的一天，蒋星剑到县城办事，看到街上贴着公告，说省委书记习近平9月18日将带省直有关部门的负责人来浦江面对面接受群众来访，群众有什么想法可以向他们倾诉，有什么难题可以请他们帮助解决。蒋星剑当时就想，20省道改建这事，是浦江西北部山区人民多年盼望解决，但一直来没解决的事，不知为这事能不能去上访。原来与他有同样想法的远不止他一人。到了省委书记习近平来浦江下访的这天，蒋星剑等3名代表，抱着试试看的心态，作为第一批来访者去见以前只能在电视上才能见到的习书记，反映了20省道浦江段问题和群众要求改造道路的呼声。习近平一边听，一边摊开地图，仔细查看线路，还请坐在一旁的省交通厅厅长提出解决方案。听完意见，他当场拍板：这是一条山区群众的"小康小路"，不仅要建，而且要建好。

蒋星剑等3位上访者，听了习近平一番话，激动得热泪盈眶，不知说什么才好。他们真切地感到，省领导来基层下访，不是来走走过场，而是实打实地为群众解决难题。

在省市县各级领导的直接关心下，20省道浦江段改建工程各项前期工作，从此就紧锣密鼓地展开了。

想不到该工程的进展这么顺利　工程质量又那么好

2003年12月29日，20省道马岭至浦阳段改造工程正式开工。来自沿线的山区群众像过节一样，涌向开工仪式现场，见证这个他们期盼已久的时刻。

该改建工程是浦江历史上单项投资规模最大的基础设施建设项目。工程全长19.855公里，按二级公路技术标准设计，隧道3座，总投资2.2亿元。

浦江县交通局局长陈加志告诉记者，这个工程的可行性报告、初步设计会审、水保方案审查、环保设计审查、工程施工（监理）招投标等材料不到100天的时间就完成，前期准备工作就基本就绪，保证了2003年底前开工。

既然是民心工程、德政工程，就一定要成为群众满意工程和放心工程。开工伊始，浦江县委、县政府就明确规定20省道改建工程不允许转包、分包，否则一律取消施工资格，没收履约保证金，中途分包、转包的一律清场。20省道指挥部出台《工程建设管理办法》《工程监理奖罚办法》《工程施工奖罚规定》，完善"企业自检、社会监理、政府监督"三级质保体系，充分发挥监理、业主代表的作用，加强对重点部位、隐蔽工程的监管，严格施工规范，每天对工程质量进行巡查，发现问题，及时纠正；对有质量缺陷、达不到设计要求的坚决返工，对产生质量事故的单位或当事人坚决处理，决不手软。陈加志，这位当年在部队参与过6个机场、2条高速公路建设项目管理的交通局局长，不仅管理经验丰富,而且管理特别认真、细致和严格。一天早上,他去巡查时,发现一个标段进展特别快,他就有些怀疑,仔细一检查,结果发现该标段的确违反了施工规范,大粒径填方。他立即召集各项目经理、技术负责人、监理以及业主进行现场办公,当场给予该项目部罚款5万元,给监理罚款1万元的处理,还对业主代表进行了处理。

"20省道改建工程,不仅要建成一个优质工程,而且一定要建成一个廉洁工程。在浦江,绝不能出现建一个工程,倒一批干部的现象。"县委主要领导在各种场合多次这样强调。在工程建设中,指挥部与施工企业签订施工、廉政双合同,出台了工程廉政有关规章制度,经常开展廉政教育,提高员工的廉政意识,规范工作行为。浦江县纪委派驻了2名纪检监察员,常驻20省道工程指挥部,监督执行廉政建设情况,参与工程管理。

20省道改建工程牵动着沿线干部群众的心,也得到了他们的倾力支持。工程一启动,沿线村民就纷纷行动起来,配合指挥部做好征用土地、拆迁房屋等工作。杭坪镇乌浆口村村民张世肯有4间房子,因道路改建需拆除2间,他们没有一句怨言,全家齐动手,在全线第一个主动把房子拆了。虞宅乡马岭脚村57岁的村民张财有,20世纪70年代修路时曾拆掉过2间房子,这次他家的新房和老房又有4间半需要拆迁。他说,家门口能通上大马路,这是村里的大好事、大喜事,为了大家的好事,自己家里损失一点,这是应该的。当时负责杭坪镇土地征用、房屋拆迁政策处理的镇党委副书记赵仕党告诉记者:"当初接下这一任务时,感到压力很大,但实际操作比原来自己想象的要容易得多,进度要快得多,因为老百姓对这一工程都非常支持。这么大的一个工程,实现了'零上访''零纠纷',以前从未有过。"

至2005年11月底,20省道改建工程全面完成,质量达到设计要求。尽管施工期间多次遇上狂风暴雨,但因为应对及时,措施有力,没有发生一起安全责任事故。

交通安全方便了　村民们致富的门路更宽了

浦江县20省道沿线村民在给省委书记的信中最后写道："20省道改建好了，运输安全方便了，山里的农产品好销了，农民的收入增加了，这为我们推进新农村建设，加快致富奔小康创造了条件。"

寺坪村村民葛就达，是习近平来浦江下访时，为20省道改建一事参与上访的杭坪镇3个代表之中的一个。在杭坪镇政府办公楼里，记者见到了他。他如今也是位杭坪镇的"名人"和"忙人"，经常是一整天在镇里和各个村里跑。他告诉记者，20省道改建开工后不久，他就负责创办了销售和加工高山蔬菜的农业龙头企业，因为他看到，交通方便后、气候适宜的浦江西北部，发展高山蔬菜的前景非常好。他喜滋滋地说："自从20省道改建后，我们运菜到上海只需4个小时了，我们这一带还带着露水的蔬菜最受上海市民的欢迎，现在每亩蔬菜的收益至少在5000元以上。目前的寺坪村家家户户都种起了高山蔬菜。修通康庄大道让我们全村人走上了致富路。"

杭坪镇年轻的镇委书记接过他的话题补充说："葛就达的企业虽然创办时间不长，但确实已成为带动一方农民致富的农业龙头企业。这家企业与县农业合作社联合，把菜农有效地组织了起来，农民负责种，他们负责推销，还负责深加工。他们的干菜加工产品，赴省、市农展会参展，都获得了金奖，现在销路非常好，供不应求。"

在虞宅乡采访时，记者碰到了下湾村村委会主任叶和根。这位从事水晶制品加工的农民告诉记者，虞宅乡是浦江水晶生产的发源地，最初就是请了几个上海师傅在虞宅开始生产的，后来慢慢发展成为浦江的一大支柱产业。以前因为交通状况差，虞宅运出去的水晶经过路上颠簸，损坏不少，因此加工户们纷纷转移到交通方便的地方去生产加工。现在路好了，许多企业都迁了回来，村里现在热闹多了。虞宅乡新来的乡长徐利民说，交通方便了，企业回迁了，目前虞宅乡的外来人口大量增加，仅在虞宅村就有5000多，超过了本地人口。这也是交通条件改善后的一大变化。虞宅村支部书记虞宣说："20省道改建成功，给我们村里的经济发展插上了翅膀。我们现在在搞新农村建设，再过几年，我想不会比城市里的生活差多少。"浦江县委书记蔡健说，路通了，山区群众对外交流增多了，发展经济的思路也拓宽了，致富奔小康的信心也更足了。浦江毗邻义乌，20省道又是直通义乌的。今后可以更好地利用义乌的市场为浦江的发展服务。蔡健还说，这条路改建成功，给了他们很多的启示，最重要的一条启示，就是在新的历史条件下，要实现科学发展、建设和谐社会，一定要更多地关注农村、关爱农民，让广大农民共享发展成果，这样党的执政根基就会更加巩固。

（《今日浙江》2006年第2期）

郑九万精神催人奋进

——浙江大地涌动学习郑九万热潮

新时期农村党员干部的优秀代表郑九万的先进事迹通过新闻媒体广为传播后,在浙江广大干部群众中引起强烈反响,产生了巨大的震撼力和感召力。大家普遍认为,郑九万的事迹虽然是点点滴滴、平平凡凡,但生动地诠释了共产党员的先进性,体现了一名普通共产党员对党的无比忠诚和亲民、爱民、敬民的高尚情怀,充分印证了"老百姓在干部心中的分量有多重,干部在老百姓心中的分量就有多重"的深刻内涵。近几个月来,特别是省委作出《关于开展向郑九万同志学习活动的决定》后,浙江各地结合开展第三批先进性教育活动,积极组织党员干部认真学习郑九万先进事迹,联系实际找差距,学习先进见行动,兴起了一股学习郑九万精神的热潮。

郑九万事迹成为开展先进性教育活动的鲜活教材

郑九万,一个偏远山区农村的党支部书记,日复一日,年复一年,坚持十几年,默默无闻地为了山村脱贫,为了村民致富而奔波,最后积劳成疾,生命垂危。村民们连夜护送郑九万下山救治,并在一夜之间为他筹集7万多元的手术费……

郑九万的事迹牵动了媒体,也感动了许许多多的干部和群众。去年11月22日,省委书记习近平在看了郑九万的事迹材料后作出批示:"老百姓在干部心中的分量有多重,干部在老百姓心中的分量就有多重。郑九万同志的先进事迹正是这句话的生动写照。他以共产党员的实际行动赢得了老百姓对他的尊重和关爱，他是当前正在深入开展的保持共产党员先进性教育活动中值得党员和群众学习的好典型。"

时代呼唤这样的好典型，人民群众需要这样的好典型。郑九万以自己的一言一行展现了新时期共产党员的先进风貌，也就自然成了我省农村开展保持共产党员先进性教育活动的鲜活教材。

"郑九万的事迹之所以能打动人心，关键是他的心中时刻装着群众，长期为民办实事。他是群众的贴心人，基层的好党员、好干部，是农村经济发展的带头人。"温州市委书记王建满说。

去年12月3日，省委保持共产党员先进性教育活动领导小组发出通知，号召全省党员向郑九万学习，把学习郑九万列为全省正在深入推进的第三批先进性教育活动的重要内容。

今年2月16日，省委作出决定，授予郑九万同志"为民好书记"荣誉称号，并在全省共产党员中开展向郑九万学习活动，要求全省各级党组织和广大共产党员，紧密结合正在开展的保持共产党员先进性教育活动，把郑九万的先进事迹作为先进性教育活动的生动鲜活的典型教材，认真安排部署，运用多种形式，广泛深入地学习宣传。

全省各市委、各县（市、区）委按照省委的要求，迅速组织传达、学习和贯彻，及时研究部署开展向郑九万同志学习活动。杭州市委、温州市委专门成立了由市委书记担任组长的"学习郑九万同志活动"领导小组，并于2月20日召开了"贯彻省委决定深入开展向郑九万同志学习活动"动员大会，在全市范围内全面部署"学九万精神、讲敬业奉献、促和谐发展"活动。各地党组织充分运用各种宣传手段，通过先进事迹报告会、座谈会等多种形式，积极广泛宣传郑九万同志的先进事迹。宁波市把郑九万的先进事迹以手机短信方式发给5万余名农村党员。台州市在市、县、乡三级全面开展"百千万蹲点帮学送温暖"活动，进村入户访民情、讲政策、送服务。嘉兴市委在部署学习活动中，结合实际提出"联思想、联工作、联实际，有观点、有心得、有提高"的"三联三有"具体要求。舟山市把就近海域、就近作业船上的党员编在一起，认真学习郑九万先进事迹，通过"党员先锋船"和临时党小组长"带学"的方式，在作业间隙组织党员学习讨论。金华市委明确要求参加第三先进性教育活动的所有基层党组织，必须专门组织一次以上以郑九万同志先进事迹为内容的集中学习会，确保人人受教育。衢州市还要求各农村党组织书记结合工作实际，每人至少撰写一篇学习郑九万同志的体会文章。丽水市制定了"四个一"（即组织一次专题学习讨论、召开一次村支部书记座谈会、开展一次征文比赛、开展一次主题实践活动）的学习活动方案。各地要求广大党员见贤思齐找问题。舟山市开展了"照镜子"活动，嘉兴市要求党员对照九万事迹"十自问"，文成县开展了"对比郑九万、深思找差距"活动，开化县在全县机关党员干部中广泛开展"学习郑九万，情系群众转作风，立足岗位比奉献"主题实践活动，要求广大机关党员干部自觉对比郑九万、主动虚心找差距、转变作风提效能。绍兴、舟山、衢州、丽水等一些地方还组织开展"郑九万"式农村党员干部评选，树立起了一批身边的先进典型。

杭州、宁波、湖州、金华等地要求参加第一批、第二批先进性教育活动的广大党员，对照郑九万同志的先进事迹，对整改措施的落实情况进行认真自查自纠，进一步巩固和扩大先进性教育活动成果。各地还要求参加第三批先进性教育活动的广大党员特别是农村党员，认真对照郑九万同志的先进事迹，进一步完善整改措施，并认真抓好落实，确保先进性教育活动取得实效，群众满意。

今年春节前，省委先进性教育领导小组办公室还组织了郑九万等先进事迹巡回报告会，先后在杭州、嘉兴等地进行了多场报告，万余名党员干部现场感受了郑九万一心为公、情系百姓的高尚品质，从中受到了启发。

各地都加强了对贯彻省委《关于开展向郑九万同志学习的决定》情况和学习郑九万同志先进事迹情况的检查，各级巡回检查组和督导组将学习情况作为重点内容，开展专项督查，确保学习活动落到实处，不走过场。

省委先进性领导小组办公室的一位负责人说，学习郑九万，丰富了先进性活动的内容，推进了先进性教育的深化，成为我省开展农村先进性教育的一个有效载体。

郑九万既值得基层党员干部学习，也同样值得省级机关党员干部学习

近一段时间来，省委组织部、省委宣传部、省委政法委、省国土厅、省人事厅、省水利厅、省卫生厅、省司法厅等许多省级机关部门单位纷纷组织学习郑九万同志的先进事迹，学习省委《关于开展向郑九万同志学习的决定》，结合党员干部的思想和工作实际，开展有针对性的学习教育活动。

省委组织部结合部机关开展先进性教育活动，大力弘扬郑九万精神。部领导专题研究了在部机关中开展学习郑九万活动的有关事项，要求部机关的党员干部把郑九万作为精神动力，激励自己思想再提高；作为一面镜子，对照自己开展问题再查找；作为一面旗帜，促进自己对整改方向再明确。部机关党委及时把有关郑九万同志的事迹材料印发给每一位党员，要求各个支部把学习郑九万作为先进性教育活动的一个阶段性重点任务，同时要求每个党员对照郑九万的精神开展分析评议。

省委宣传部把学习郑九万与正在开展的保持共产党员先进性教育活动紧密结合，号召部机关全体党员向郑九万学习。组织党员在先进性教育活动中结合学习郑九万事迹开展讨论，对照郑九万同志的先进事迹，从思想上、作风上、工作上寻找差距，切实转变作风。根据省委要求，省委宣传部和省委先进性教育活动办公室在春节长假一结束，立即组织由省级新闻单位组成的联合新闻采访团，于2月8日赶赴温州永嘉山区，采访郑九万同志的先进事迹。

在开展学习郑九万同志先进事迹的主题教育活动中，省公安厅党委非常重视抓督查落实，确保活动取得实效。厅纪委、督察、机关党委等部门组成专门检查小组对各单位开展的学习情况一项一项地督查，一项一项抓落实，保证学习活动不流于形式，不走过场，真正把学习与时俱进的浙江精神和郑九万同志活动落到实处。通过学习活动，使机关全体党员和民警受了一次深刻的思想洗礼，弘扬了与时俱进的浙江精神和共产党人的高尚品德。

省发改委认为，开展向郑九万同志学习活动，是落实中共中央的要求，深入学习贯彻党章的具体行动。他们以开展向郑九万同志学习为契机，要求各支部把向郑九万同志学习与创建先进党支部，发挥党员的先锋模范作用结合起来，并开展了对先进性教育活动长效机制的督促检查。

省经贸委领导班子成员结合中心工作，联系"与时俱进的浙江精神"，组织学习和讨论郑九万先进事迹。委党委要求切实用郑九万同志在平凡工作岗位上体现出来的时代精神风貌激励全委干部的工作和生活，要学习他的"创业精神"来促进全委各项工作，学习他的"奉献情怀"来推进"企业服务年"和"工业项目推进年"活动，学习他的"革命本色"来提高遵纪守法、反腐倡廉的自觉性，圆满完成省委、省政府交给省经贸委的工作任务。

省委办公厅一位年轻干部说，在郑九万身上，不仅体现了与时俱进的浙江精神，也体现了社会主义荣辱观。他展示的那种艰苦奋斗的作风、一心为民的精神，陶冶了我们的情操，净化了我们的心灵，深化了我们的情感，非常值得我们学习。

仅仅为郑九万感动还不够，更重要的是见之于行动

2月13日，省委副书记乔传秀到后九条村看望病后初愈的郑九万时，要求"各级党员干部要学习好、弘扬好郑九万精神，以实际行动体现'三个代表'重要思想"。她深有感触地说："金奖银奖不如群众夸奖，金杯银杯不如群众口碑，郑九万是浙江省基层党员干部的楷模，郑九万身上所体现出来的求真务实、不甘落后、奋发图强、开拓进取的精神，正是浙江经济社会又快又好发展的动力之本、活力之源。"

不少党员干部在学习郑九万先进事迹后说，郑九万的事迹的确感人至深，但光有感动还不够，更重要的是行动，把郑九万的精神存乎于心，践之于行，转化为做好岗位工作、推进浙江发展的动力和活力。

从省委办公厅督查调研的情况看，我省各地各部门在开展向郑九万同志的学习活动中，坚持虚实结合，以实带虚，以虚促实，有力地推动了各项工作。

结合学习郑九万，省直机关有关单位进一步开展"真情送服务，建设新农村"主题实践活动。省委办公厅、省政府办公厅等单位进一步转变机关作风，领导干部专门挤出时间，亲自带队深入农村走访慰问困难党员和群众，共商农村发展大计。省委组织部机关开展"结百家亲、办百件事"活动，为困难家庭捐款13900元，13个处室与省直机关、省属企事业单位及11个市的130户贫困家庭结对帮扶，共走访慰问困难家庭126户，为每个结对家庭送去1000元慰问金，共计275件慰问品，并在就业、就学、就医、脱贫致富等方面办实事141件。省医疗服务队的党员干部克服浪大风急、交通不便等困难，分赴岱山、嵊泗等边远海岛，为困难渔民免费开展医疗服务。

宁波市把学习郑九万先进事迹激发出来的热情转化为促进工作的实际行动，加快新农村建设和城乡一体化的进程。县（市、区）和乡镇（街道）党委"一把手"切实做到带头听意见、带头送温暖、带头上党课。据统计，至2月底止，全市有2900多名党员领导干部建立联系点4300多个，到基层调研指导8000多次，为基层党员上党课、作报告1540多次，听党课人数达18万人次。深入开展了百名局长"进百村上党课办实事"活动，全市67家市直部门党员领导干部进村上党课74场次，听课人数达7317人；走访困难党员群众1231户，送钱送物总价值243.99万元，其中资金197.71万元。出台惠民政策252件，为民办实事147件，帮助落实项目83件，帮助落实资金684.7万元。

温州结合当前正在进行的第三批先进性教育活动，把加快农村发展摆上重要位置，扎实推进社会主义新农村建设，努力让农民富起来，让农村环境美起来，让人民生活好起来。目前，温州共帮助农户落实各种经济发展项目3564个，争取落实扶持资金11582万元，争取到物资捐赠价值1686万元。在村干部层面，86.7%的农村党员干部作出了"创业承诺"，对本村要发展的项目、要办的实事、要建设的公益事业、要落实的规章制度，向村支部大会公开承诺，向全体村民公示。目前，温州已有11560名先富起来的党员与18500多名困难群众结对，已组建2362支农村志愿者队伍，参加党员达47800名。淳安县唐村镇镇党委协助新联、坑下两个村发展早生良种茶30亩、油茶200亩、蚕桑80亩，落实了近百个帮扶项目。常山县今年来共有2800余名有帮扶能力的农村党员与3600余名困难党员群众结成了帮扶对子。

(《今日浙江》2006年第6期)

"法治浙江"，开启政治文明建设新征程
—— 写在省委十一届十次全会即将召开之际

春天是个播种的季节，更是一个充满希望的季节。

"十一五"时期的第一个春天，"立足科学发展、促进社会和谐、实现全面小康、继续走在前列"，成为浙江各级党委、政府谋划、部署和开展工作的总体要求。

在这万象更新、生机盎然的春天，省委、省政府根据中央的统一部署，围绕"力争到2010年全省基本实现全面小康社会"的目标，及时作出了推进新农村建设，弘扬与时俱进的浙江精神，开展向郑九万同志学习活动，推进自主创新、加快建设创新型省份等一项项事关浙江长远发展和人民福祉的重大决策部署，让人感奋。

更让人期待和注目已久的还是将在4月召开的省委十一届十次全会。据悉，这次全会的主题是围绕落实科学发展观和构建社会主义和谐社会的要求，坚持社会主义法治理念，总结近年来推进依法治省的实践经验，全面部署建设"法治浙江"的各项工作，审议《关于建设"法治浙江"的决定》，从而为推进我省经济、政治、文化和社会建设的法治化，为全面构建社会主义和谐社会提供法治保证。

以省委全会形式，对法治建设进行专题研究部署，并以省委名义作出《决定》，这在全国尚无先例。可以预见，这次全会又将是我省历史上一次里程碑式的会议，对推进社会主义政治文明建设，顺利实现"全面小康社会"的目标，必将产生重大而深远的影响。

建设"法治浙江",是推进"四位一体"建设的必然选择

"发展要有新思路,改革要有新突破,开放要有新局面,各项工作要有新举措"——这是十六大报告对全党提出的要求。

改革开放以来,浙江始终保持良好的发展势头,在20多年的时间内,由资源小省跨入了市场大省、经济强省的行列。如何按照"四个新"的要求,在高起点上实现新发展、新跨越?十六大召开后,省委新一届领导班子从浙江实际出发,在深入调查研究,总结全省人民实践经验的基础上,先后对经济、文化、社会等方面的工作进行了全面的部署。

深入实施"八八战略",是科学发展观在浙江的深化、细化、具体化,着眼于推进经济社会全面协调可持续发展、加快推进全面建设小康社会、提前基本实现现代化,这既是一个总的战略部署,又相对侧重于发展;全面建设"平安浙江",着眼于解决新的发展阶段日益凸现的矛盾和问题,全面促进社会和谐稳定、保持经济社会协调发展;加快建设"文化大省",着眼于发展先进文化,为现代化建设提供思想基础、智力支持和精神动力。

"八八战略""平安浙江""文化大省"这几个重大战略决策的出台和部署,很快就被全省广大干部群众所接受和拥护,并转化为自觉的行动,对推进浙江新一轮的建设和发展起到了至关重要的作用。

"发展社会主义民主政治,建设社会主义政治文明,是全面建设小康社会的重要目标。"省委一班人在工作实践中深刻认识到,浙江要加快实现全面小康,必须进一步扩大社会主义民主,健全社会主义法制,建设社会主义政治文明。

十六届六中全会提出构建社会主义和谐社会的方略,使中国特色社会主义事业的总体布局更加明确地由社会主义经济建设、政治建设、文化建设"三位一体"发展为社会主义经济建设、政治建设、文化建设、社会建设"四位一体"。这进一步拓宽了省委、省政府推进政治文明建设的思路。

2004年10月召开的省委十一届七次全会，根据加强党的执政能力建设的要求，提出了建设法治社会的目标要求。

2005年初，省委在谋划新一年工作时，将建设"法治浙江"列入2005年度省委的重点调研课题，并明确由省委书记习近平亲自牵头开展调查研究工作。

自此，建设"法治浙江"，系统谋划和推进法治建设的工作，摆上了省委重要议事日程。

2005年8月26日，习近平在省法制办进行调研时，阐明了省委提出建设"法治浙江"的目标设想。他指出，省委提出"法治浙江"，是从经济、政治、文化、社会建设"四位一体"出发，整体推进建设中国特色社会主义事业在浙江的具体实践而作出的重大决策部署。建设"法治浙江"，则是着眼于发展社会主义民主政治、建设社会主义政治文明，从法律制度的层面上完善党的领导方式和执政方式、推进社会生活的法治化；还有就是，加强党的执政能力建设和党的先进性建设，为经济、政治、文化和社会建设提供根本保证。

从这个意义上说，建设"法治浙江"是对应于"四位一体"中的政治建设，要与深入实施"八八战略"、全面建设"平安浙江"、加快建设"文化大省"和增强党的执政本领等重大决策，共同贯穿于浙江现代化建设的全过程。

2006年2月5日，习近平在省委理论学习中心组学习会上进一步阐述了从"四位一体"的角度认识建设"法治浙江"的重大意义。

建设"法治浙江"，浙江已具备良好的基础和条件

法治作为一种理想的社会目标，昭示着全人类进步文明的真谛，体现着人文主义的关怀。

可以说，浙江省委对法治建设一直以来都十分重视，而且起步较早。

早在1996年，省委针对浙江改革发展中出现的问题，就提出了依法治省的要求，省人大常委会作出了依法治省的决议。党的十五大提出依法治国方略以来，省委作出了《关于进一步推进依法治省的决定》。党的十六大提出建设社会主义法治国家以来，省委认真抓好贯彻落实，在"八八战略""平安浙江"和执政能力建设的决策中，都把法治建设列为一项重要内容。

经过长期的努力，浙江的民主法治建设步伐加快，社会的法治化水平不断提高，有力地维护和促进了全省改革发展稳定的大局。习近平在年初召开的省委理论中心组学习会上，着重从以下五个方面总结了近几年来浙江推进依法治省所取得的成效：一是地方立法步伐加快，立法机制初步建立，与国家法律体系相配套、适合浙江实际的地方性法规规章不断完备；二是依法行政全面推进，行政执法逐步规范，政府法制建设不断推进；三是司法公正得到加强，司法改革不断深化，司法机关依法独立行使职权的体制不断健全；四是法制宣传教育深入开展，法律服务体系发展较快，全民法律素质特别是领导干部的法制意识和法治观念不断提高；五是基层民主法治创建活动扎实开展，基层民主政治建设进一步制度化、规范化。

依法治省工作为建设"法治浙江"奠定了良好基础。

与此同时，不少专家认为，近几年"八八战略"的深入实施，使浙江的综合实力显著增强，为建设"法治浙江"提供了物质基础。去年，浙江人均生产总值突破3000美元，财政总收入突破了2000亿元，进出口总额突破1000亿美元，规模以上工业实现利润突破1000亿元。"平安浙江"建设为"法治浙江"建设创造了良好的社会基础。据国家统计局测评，浙江群众安全感从2004年的92.33％提高到2005年的96.39％，高出全国平均水平4.49个百分点。在中央综治委最近组织开展的群众安全满意率评估中，浙江被认为是全国最具安全感的省份之一。同时，加快建设文化大省的实践，教育科技文化等社会事业不断发展，全省人民的思想道德素质和科学文化素质明显提高，民主法治意识日益增强，又为建设"法治浙江"奠定了群众基础。

对于浙江来说，推进"法治浙江"建设，不仅因其重要和紧迫，而且时机成熟，具备了较好的基础和条件。

对此，习近平曾经概括性地作过表述：我省经济较为发达，市场化程度较高，民主氛围也比较浓厚，推进法治建设具有良好的物质基础和社会条件，完全有能力、有信心、有条件，也有责任在建设法治社会方面走在前列，为建设社会主义法治国家作出贡献。

建设"法治浙江"的谋划过程，是调查研究、集思广益的过程

调查研究乃成事之基，谋事之道。

自明确将建设"法治浙江"作为一项省委的重大决策来研究和部署之后，省委专门成立了由夏宝龙副书记牵头的建设"法治浙江"工作筹备小组，开展有关理论与实践问题的研究和谋划工作，各项调查研究工作紧锣密鼓、有条不紊地展开。

去年以来，省委书记习近平、省长吕祖善等省领导有计划、有步骤地开展了一系列的调查研究活动。他们轻车简从，深入基层，问计于干部群众，问计于专家学者，从理论和实践的结合上，寻求推进"法治浙江"建设的锦囊妙计。

去年6月份，习近平赴金华市武义县，对推进基层民主政治建设进行调研，对武义等地建立"村务监督委员会"等实践探索给予了肯定，并对做好新形势下的群众工作提出了意见。去年8月份，习近平又在基层和部门进行了三次相关的专题调研：赴义乌对依法维权工作进行调研；赴德清和安吉，结合领导干部下访活动，对依法开展信访工作和推进基层民主政治建设进行调研；先后到省民政厅、省610办公室、省法制办等省级有关部门进行调研，对提高依法执政、依法行政、依法办事能力和加强社会建设与管理提出了明确要求。

2005年的最后一天，省委召开专题会议研究建设"法治浙江"工作。习近平指出，从"依法治省"到"法治浙江"，是省委根据党中央的决策部署，对浙江现代化建设总体布局的进一步完善。他强调，要全面贯彻"干在实处、走在前列"的具体要求，努力在贯彻依法治国方略上走在前列，在弘扬法治精神上走在前列，在促进社会关系的法治化上走在前列。

今年春节后的第一个工作日，省委理论学习中心组召开学习会，主

题很明确——法治。正是在这次会议上,"法治浙江"建设的思路得到进一步谋划和厘清。当日下午,省委理论学习中心组还举行"浙江论坛"报告会,邀请中国人民大学法学院教授史际春作"行政管理体制改革和完善经济法律制度"的专题报告。

2月8日,习近平率有关部门负责人到杭州专题调研建设"法治浙江"工作,先后到省女子监狱、省戒毒劳教所、杭州市公证处和余杭区闲林镇,与区、镇干部座谈,共同探讨基层民主法治建设问题。

去年以来,省委副书记夏宝龙也多次就建设"法治浙江"问题到基层调查研究。今年3月8日至9日,先后到湖州市经济开发区、吴兴区、南浔区、德清县,实地考察部分乡镇、村、企业和基层政法单位,并听取湖州市委的工作汇报,着重就加强农村法治建设进行调研。

在重大决策制定过程中,充分征求专家学者的意见和建议,是省委的一贯做法。今年3月30日,省委召开专家学者座谈会,征求对建设"法治浙江"的意见和建议。座谈会上,各位专家学者结合各自的研究成果,围绕建设"法治浙江"的理论和实践问题,畅所欲言,提出了许多真知灼见,为省委正确决策提供了重要参考。最近,省委又组织由省领导带队的调研组到北京、上海、江苏、山东等地学习考察,召开了中央国家机关和省内外高等院校、科研机构有关专家座谈会,广泛征求各方面意见。

省人大、省政府、省政协等几套班子根据省委总体工作部署,去年以来都认真组织开展了建设"法治浙江"的相关调研工作,取得了较好的成果。如省人大常委会重点就立法工作、法律监督等进行研究。省政府根据国务院《依法行政纲要》,出台了依法行政实施意见。省政协和各民主党派围绕建设"法治浙江"重点调研课题,深入调查研究,积极建言献策。根据省委领导意见,省委办公厅组织有关部门开展了系列专题调研,围绕我省近几年来推进依法治省工作的情况、建设"法治浙江"有关理论和实践问题,确定了15个专题,由省委、省政府有关部门和省人大、省政协、省高院、省检察院有关机关以及理论工作部门分别承担。在此基础上,省委政策研究室形成了建设"法治浙江"研究课题的总报告。

全省各级、社会各界对省委建设"法治浙江"的决策都十分关注，许多理论工作者为此主动开展调查研究工作。省委宣传部、省政法委、省社科院、社科联等为此专门组织了一些研讨活动，也形成了一批研究成果，对省委制订建设"法治浙江"战略决策产生了重要影响。

建设"法治浙江"列入"十一五"规划，社会各界反响强烈，广受好评

2005年11月6日在省委十一届九次全会上通过的《关于制定浙江省国民经济和社会发展第十一个五年规划的建议》提出："'法治浙江'建设成效明显，依法治省各项工作进一步落实，经济社会生活的法制环境不断完善，人民的政治、经济和文化权益得到切实尊重和保障，基层民主更加健全，治安状况良好，人民安居乐业，社会更加和谐。"

今年1月中旬召开的省十届人大四次会议审议通过的《浙江省国民经济和社会发展第十一个五年规划纲要》明确指出："建设'法治浙江'，加快形成民主完善、法制完备、公共权力运行规范、公民权利切实保障的法治社会。"

社会各界对建设"法治浙江"写入"十一五"规划《建议》和《纲要》，反响强烈，好评如潮。省委政策研究室在一份调研报告中认为，建设"法治浙江"符合依法治国方略，贯彻了建设法治国家的精神，党的十五大提出了依法治国方略，并在1999年写入宪法。十六大进一步要求坚持党的领导、人民当家作主和依法治国有机统一，建设社会主义法治国家。作为一项宏大的社会系统工程，社会主义法治国家的建设，既需要国家这一宏观层面从制度上、法律上加以保证，也必须依靠各地区、各部门、各行业通过深入有效的依法治理扎实推进。省在我国政治体系中具有承上启下的重要作用，特别是在法治建设方面，省一级拥有相对独立的立法权、行政执法权以及大多数案件的终审权。因此，在整个国家统一的法治框架下，在某个省份率先实现法治化目标或法治化进程处于领先水平，不仅是可能的，而且是必需的。

浙江省委党校教授林学飞认为，法治进步是社会文明的重要标志，法制健全是社会长治久安的根本保障。从浙江的发展阶段看，建设"法治浙江"提得正是时候。浙江大学法学院教授陈剩勇长期研究法治课题，他在谈到对"法治浙江"的理解时说："法治浙江建设是浙江工业化建设的内在需求，是省委、省政府适应社会需要的一个重要举措。市场经济的发展及其体制的完善离不开法治。"下城区委书记翁卫军认为，"法治浙江"是现代社会走向文明之路的迫切要求，像浙江这样一个发达的省份进一步加大法治建设力度非常必要。温州晚报记者郑雪君说："市场经济就是法治经济。我省是市场经济最为发达的省份之一，建设'法治浙江'是我省在全国继续奋勇争先，走在前列的根本保证。目前除了浙江，还没有哪一个省份提出过这样的口号。这说明省委很有超前意识。"

特别是"两会"期间，与会的代表、委员们更是把"法治浙江"当作了一个最热门的话题。人大代表金俊认为，"法治浙江"的提出就像下了一场及时雨，能有效地化解社会矛盾。政协委员茹宝麒说，建设"法治浙江"最根本的就是科学民主决策和依法行政。人大代表狄绍增说，我是一个农民，身在基层，我经常目睹一些不规范的执法行为，所以加强法治建设，建设"法治浙江"，是规范执法行为，保障公民权益的一个有效途径。人大代表雷鸣说，"法治浙江"的提出，可以让浙江更加和谐，让众多的弱势群体享受更多的公平。

"法治"与全面建设小康社会息息相关，与人类文明进步密不可分，既是党和政府关注的重点，也是人民群众关注的热点。

专门研究部署"法治浙江"的省委全会即将召开，许许多多的人在密切关注、殷切期盼。

关注全会出台建设"法治浙江"的有力举措，营造一个更加和谐的社会环境。

期盼浙江的法治建设春意盎然，生机勃发，保障浙江经济社会发展沿着法制化轨道前进，在"十一五"期间继续豪迈地走在前列。

（《今日浙江》2006年第8期）

为走在前列提供坚强的政治保证

——十六大以来浙江党建工作概述

党的建设历来是同党的历史任务紧密联系在一起的。

全面建设小康社会这一新的伟大事业，离不开党的建设这一新的伟大工程。

十六大以来，浙江各级党组织坚持以"三个代表"重要思想和科学发展观为指导，紧密联系党的中心任务，以加强党的执政能力建设和先进性建设为重点，以改革创新的精神全面推进党的思想、组织、作风和制度建设，致力于巩固"八个基础"、不断增强"八个本领"，为落实胡锦涛总书记对浙江工作"走在前列"要求，实现我省经济社会各项事业又快又好发展，提供了坚强的政治保证。

中央领导同志对近几年来浙江的党建工作给予了充分肯定，认为浙江按照中央关于把推进党的建设新的伟大工程同推进党领导的伟大事业紧密结合起来的要求，在创造性地推进经济社会发展"八八战略"的同时，在党的建设方面也创造性地提出了巩固"八个基础"、增强"八种本领"的目标。在实践中，这两个"八八"的战略思路相辅相成，伟大工程和伟大事业互相促进，使全省领导班子建设、干部队伍建设、党风廉政建设和基层组织建设都取得了新的进步。

高度重视用先进理论武装头脑，指导实践

党在思想理论上的提高，是党和国家事业不断发展的思想保证。省委始终认为，理论学习是最重要的学习，要使我们党与时俱进，永葆青

春，长期执政，就必须以先进的理论来武装，就必然要求党员干部切实加强理论学习、研究和应用。

"三个代表"重要思想是马克思主义理论在当代中国的创新和发展，是我们党的指导思想。十六大召开后，省委迅速作出《关于兴起学习贯彻"三个代表"重要思想新高潮，进一步加强和改进党的建设的决定》，明确提出要"学在深处、谋在新处、干在实处"，努力在真学、真懂、真信、真用上下功夫，不断增强用发展着的中国化的马克思主义指导新实践的本领。根据省委的部署，全省各级党组织迅速兴起学习实践"三个代表"重要思想的热潮。各级领导干部认真学习、深入思考、带头实践，工厂、农村、机关、学校、部队广泛开展了有声势有深度有实效的学习教育活动，各地各部门各单位紧密联系实际，把"三个代表"重要思想贯彻到改革发展稳定的各项工作中去，贯彻到推进党的建设新的伟大工程中去。"三个代表"重要思想日益深入人心，极大地提高了全省广大党员干部的马克思主义水平，极大地焕发了全省人民改革和建设的积极性、创造性，极大地推动了现代化建设各项事业蓬勃发展。

党的十六届三中全会明确提出"科学发展观"这一命题，省委认为这是胡锦涛同志为总书记的新一届中央领导集体对我国20多年来改革开放和现代化建设宝贵经验的总结和升华，是我国社会主义现代化建设指导思想的重要发展，是中国特色的与时俱进的发展理论。省委通过常委扩大会、中心组学习会、省委读书会、到基层宣讲等多种形式，对科学发展观进行学习和研讨，传达和贯彻。去年10月，省委与中央党校联合召开"认真学习十六届五中全会精神，全面贯彻落实科学发展观理论研讨会"，会议就科学发展观的理论与实践、如何学习贯彻党的十六届五中全会精神、以人为本等问题进行了研讨。省委书记习近平在全会上指出，在加快全面建设小康社会、推进社会主义现代化的关键时期，浙江必须以科学发展观统领经济社会发展全局，转变发展观念、明确发展思路、创新发展模式、提高发展质量，续写发展新篇章。在去年以来开展的保持共产党员先进性教育活动中，我省各级党组织、党员干部和广大理论工作者，结合浙江实际，深入研究党的先进性建设理论，涌现了一大批理论成果。今年4月30日，省委又召开省先进性教育与先进性建设理论研讨会。

在理论学习上，浙江各级党委和领导干部以身作则，发挥了示范和表率作用。省委书记习近平任省委理论学习中心组组长，亲自确定学习主题、审定学习计划、主持学习活动，带头调研、带头作辅导、带头抓落实。2005年，举行省委常委专题学习会30次，集中学习11次，其中"浙江论坛"专题报告会8次，中心组学习会2次，省委专题读书会1次，学习的次数和时间均超过中央的要求。

在省委的带动下，我省各级党组织理论学习蔚然成风。通过学习，浙江各级干部进一步夯实了理论功底，坚定了理想信念，提高了政治敏锐性和政治鉴别力，增强了工作的原则性、系统性、预见性。

着眼于提高执政能力，努力建设一支高素质的干部队伍

执政党的执政能力如何，关系着自身的兴衰成败。对于执政党来说，党的建设重点是执政能力建设。

近几年来，省委认真贯彻党的十六届四中全会《中共中央关于加强党的执政能力建设的决定》精神，特别重视提高领导班子和领导干部的执政能力和执政水平。2004年10月召开的省委十一届七次全会审议并通过的《关于认真贯彻党的十六届四中全会精神，切实加强党的执政能力建设的意见》，明确了浙江加强党的执政能力建设的指导思想、总体目标和主要任务，提出了当前和今后一个时期，要致力于巩固"八个基础"，增强"八种本领"，努力建设一支能够适应浙江经济社会发展要求的高素质干部队伍。

2004年，省委制定下发了进一步加强领导班子思想政治建设的意见，把树立和落实科学发展观作为思想政治建设的重要内容，在县以上领导干部中全面开展了"树立科学的发展观、正确的政绩观和牢固的群众观，创为民、务实、清廉好班子"教育实践活动（简称"三树一创"）。从浙江县域经济比较发达的实际出发，省委十分注重抓好县（市、区）党政领导班子建设，选好配强"一把手"。

抓好干部教育培训是提高干部素质的一条重要途径。根据十六大的部署，浙江对干部进行大规模的教育培训。2003年至今，全省已培训党政干部122.3万人次。县处级以上领导干部1.2万人，占应培训人数的67.6%。省管干部1065人，占应培训人数的71%。

能否选好人、用好人，是事业成败的关键。省委坚持正确的用人导向，坚持以树立和落实科学发展观的实际成效评价干部，把政治上靠得住、工作上有本事、作风上过得硬、能够领导科学发展的干部选拔任用到各级领导岗位上来。抓住中组部在浙江开展干部综合考核评价试点工作这一契机，进一步改进实绩考核评价办法，努力在思想上、作风上、制度上形成体现科学发展观和正确政绩观要求的用人导向。

进一步加大年轻干部的培养选拔力度，注重把优秀年轻干部放到重要的、关键性的岗位上进行压担子培养。高度重视女干部、党外干部和高学历领导人才的培养选拔工作。切实推进干部交流，全省县一级7个重要岗位全部实现了易地任职。

人才兴，方能事业兴。省委高度重视人才工作和人才队伍建设，坚持党管人才原则，全面实施人才强省战略。2004年初，省委、省政府出台了《关于大力实施人才强省战略的决定》，并制定出台相配套的10个政策性文件。最近，浙江又按照提高自主创新能力、加快建设创新型省份的要求，抓紧研究加强创新型人才特别是高层次创新人才和领军人才队伍建设的措施。

如何加强对干部和干部工作的管理、监督和制约，浙江也作了许多有益的探索。从2004年开始，按照"抓好制度落实、形成制度体系、攻关难点问题、开展探索创新"的要求，制定出台了《关于加强对党政一把手管理监督的意见》，《浙江省贯彻实施〈关于党政领导干部辞职从事经营活动有关问题的意见〉的若干规定》，县以上党政"一把手"个人廉政情况报告制度和经济责任审计制度，干部公开选拔和竞争上岗、任前公示制、任职试用期、考察预告等等一系列规章制度。另外，还在11个市县开展了干部人事制度综合改革试点工作，对整体推进干部人事制度改革起到示范、引导和推动作用。

结合开展党员先进性教育,大力加强基层组织建设

党的基层组织是党的全部工作和战斗力的基础。"基础不牢,地动山摇。"

省委始终把加强基层组织建设作为党的建设的基础工程来抓,紧密结合开展保持共产党员先进性教育活动,着眼拓展领域、强化功能,注重分类指导、整体推进,创新工作思路,改进工作方法,大力加强党的基层组织建设,不断提高党的基层组织的凝聚力和战斗力。

围绕建设社会主义新农村的新目标,以实施"先锋工程"为载体全面提升农村党组织建设水平。从2003年起,以"三级联创"为基本途径,以强核心、强素质、强管理、强服务、强实力为主要内容,全面开展农村党组织"先锋工程"建设。3年来,全省已创建了361个"五好"乡镇党委、6102个"五好"村党组织。在重视和关爱基层方面,省委专门制定出台《关于认真落实"三真"要求 切实加强基层干部队伍建设的意见》,提出10条政策措施。从2004年开始,省财政安排1000万元对集体经济薄弱村的村干部误工报酬进行专项补助,计划五年内逐年递增1000万元。从2005年开始,省财政每年安排3000万元用于补助村级组织运转经费。在开展农村先进性教育活动中,各级财政还安排了专项资金帮助解决集体经济薄弱村的活动场所问题。从去年起,投入近3.5亿元财政资金,为4615个村新建、修建了活动场所。

根据统筹推进城乡发展、促进新农村建设的要求,省委审时度势,推进重心下移,全面建立农村工作指导员制度,每年从各级党政机关、科研院所等单位选派3.6万名干部,进驻全省各个行政村,调研村情民意,宣传政策法规,调解群众信访,服务富民强村,规范民主制度,督导基层组织,指导社会主义新农村建设。同时建立了1178个不同类型、不同层次的农村基层干部培训基地,加大农村基层干部队伍的培训力度。

针对多种所有制经济和新社会组织蓬勃发展的实际,各级党委不断加大新经济组织和新社会组织党建工作的力度,以组织覆盖与工作覆盖

为重点，扎实推进党建工作覆盖网建设。积极探索组织设置的新形式，灵活设置基层党的组织，不断创新组织运作模式。在农村，因地制宜建立农村产业链党组织、村企联合党组织、农村社区党组织。在城市，积极推广建立楼道、楼群、楼宇党支部。在新经济组织和新社会组织，积极实施编组共建、区域联建、行业统建，扩大在小型非公企业、民办非企业单位、社会中介组织、行业协会和商会组织中的"双覆盖"。在科研院所，注意在教研室、实验室、研究室，以及在重点课题、项目上建立党支部。通过党的基层组织的科学设置，充分发挥基层党组织的战斗堡垒作用。至2005年底，全省3名以上党员的企业都建立了党组织，100名以上职工的企业95.3%单独建立了党组织，50名以上职工企业96.3%有党员。在新社会组织中，全省已建立党组织2006个。特别是在非公有制经济党组织建设方面，取得了显著的成效，目前全省非公有制企业应建已建党组织的比重达到98.93%。

根据新形势对党员先进性提出的新要求，积极探索加强党员队伍建设的途径和方法。积极实施"党员人才工程"，认真做好发展党员工作，确保党员"进口"质量关。大力推行党员服务咨询中心建设。总结推广杭州等地的流动党员"安家工程"、外来党员服务站等做法，创新流动党员的教育管理办法。在宁波、台州等市建立了党内信息管理系统。积极开展党员现代远程教育试点及推广工作，到今年底全省将有一半以上的村建成接收站（点）。现代远程教育服务平台建设，为加强新时期党员教育管理提供了一个有力的信息支撑和交流互动平台。

紧紧抓住保持党同人民群众的血肉联系这一核心问题，加强和改进作风建设

党的十六大报告指出："推进党的作风建设，核心是保持党同人民群众的血肉联系。"

浙江各级党委遵照立党为公、执政为民的要求，把作风建设作为党的建设的重要环节来抓，从教育和制度入手，努力解决干部队伍中存在的"不相适应""不相符合"的突出问题，努力使各级干部真正做到为

民、务实、清廉。

调查研究是密切联系群众的好路子。近年来,省委、省政府先后制定出台《关于推进调查研究工作规范化制度化的意见》《关于进一步转变领导作风的意见》和《关于建立健全为民办实事长效机制的若干意见》,在全省各级领导机关中认真开展了"调查研究年"和"转变作风年"活动。省委规定,省级和市县领导班子成员每年分别要有2个月和3个月以上的时间下基层调查研究,解决问题,总结经验,推动工作。2005年,省委、省政府就确定了23个省领导重点调研课题,省委、省政府领导带头调研。省委书记习近平2005年累计到市县和省直单位调研近30次,累计时间长达117天。全年省委、省政府形成了42个综合调研报告和110多份专项研究报告,起草出台了16个重要政策文件,有力地推动全省各方面工作的深入开展。

浙江近年来还建立和推行领导干部下访制度。采取"事先预告、上下联动、分类处理、跟踪督办"等方式,省、市、县三级领导和有关部门负责人共同参加接访活动,对群众反映的问题进行认真梳理,实行分类解决,对一时解决不了的进行集中交办督办,力求"件件有着落、事事有回音"。通过领导干部下访,解决了一大批群众反映强烈的突出问题,其中省级领导下访接待的5670余批来访件,报结率达99%以上。

机关作风如何,直接关系党和政府在人民群众心目中的形象和威信。2004年,浙江在全省各级机关和具有行政执法职能的事业单位,开展了以提高工作效率、服务水平和执政能力为主题的机关效能建设。省、市、县三级机关建立效能监察投诉中心,统一特服号码,市、县两级建立完善了行政服务中心。推出"四条禁令",规范干部行为,普遍开展以群众"满意不满意"为主要标准的民主评议机关工作,建立完善机关效能建设长效机制。在先进性教育活动中,进一步巩固和扩大机关效能建设成果,全省聘请了2.6万名监督员,干部作风得到进一步转变,机关效能不断提高。

腐败现象是侵入党和国家健康肌体的病毒。它严重影响党群关系,影响党的先进性,影响党的生存和发展。近几年来,省委采取了一系列重要措施,狠抓党风廉政建设,不断加大反腐败力度。在全国率先建立教育、制度、监督并重的反腐倡廉体系，促进廉政建设制度化、规范化，率先制定出台了《浙江省惩治和预防腐败体系实施意见》。省委常委会向全省公开作出6项廉政承诺，带头自觉接受公众的监督。习近平同志要求每一位领导干部算好"干部待遇账、法律纪律账、个人良心账"，增强廉洁自律的自觉性。各地建立了招投标、行政服务、会计核算、政府采购中心，规范事权、财权和审批权。实行领导干部述职述廉制度，强化行政监察和审计职能，建立巡视制度。倡导和推行廉政文化建设，努力形成全社会反对和防止腐败的良好环境和氛围。

致力于发展党内民主，以改革创新精神不断完善领导体制和工作机制

党内民主是党的生命。民主集中制是党的根本组织制度和领导制度。

省委始终坚持贯彻民主集中制原则，注重调动和发挥各级党组织与广大党员的内在活力和聪明才智，不断完善党的领导制度和工作机制，扎实推进党内民主建设，努力提高科学执政、民主执政、依法执政的水平。

坚持民主集中制，建立健全党委总揽全局、协调各方的领导体制和工作机制。省委始终与中央保持高度一致，行动上自觉服从全国大局。无论是抗击"非典"、宏观调控，还是中央其他重大战略决策部署，省委、省政府都不折不扣地贯彻执行，坚决维护中央权威，确保中央政令畅通。制定《中共浙江省委议事规则》，进一步规范党委决策程序和议事规则，明确规定必须民主讨论的事项和程序，科学划分全委会、常委会的权限和内容，健全落实中央和省委重大决策的责任制，建立决策失误责任追究制度和纠错改正机制。省委按照总揽全局、协调各方的原则，进一步完善"一个核心""三个党组""几个口子"的领导体制和工作机制。出台了加强人大工作、政协工作和工青妇工作的若干意见，从制度上加强和规范党委对人大、政协、群团工作的领导。发挥地方党委对同级人大、政府、政协等各种组织的领导核心作用，发挥这些组织中党组的领导核心作用，实现党委对同级各种组织、下级党组织以及各个领域和各项事业的有效领导，确保各方都能各司其职，各尽其责，相互配合，合心、合力、合拍地推进全省的改革开放和现代化建设。

扎实深入地做好党代会常任制试点工作。1988年，经中央组织部批准，在绍兴市、椒江区两级开展了党的代表大会常任制试点。18年来，试点工作取得了一定的效果，试点的范围也从开始时的1个市、1个县，扩大到目前的2个市、10个县（市、区）。试点工作以保障党员民主权利为基础，建立健全了一系列充分反映党员和党组织愿望的党内民主制度。以党代表直选、党代表提案制度、党代表向选区党员群众报告工作、全委会事先征求党代表意见和邀请部分党代表列席全委会等形式，深化地方党代会常任制度。通过组织代表开展调查研究和建言献策，实行党员代表联系党员群众和述职活动，健全代表提议的处理和回复机制，积极探索党代会闭会期间发挥代表作用的途径。目前，已有600多个乡镇建立了党代表活动制度。

不断推进基层民主政治建设。适应广大党员群众对加快推进社会主义民主政治建设的要求和愿望，进一步完善基层民主制度，建立和完善了党内情况通报制度、情况反映制度和重大决策征求意见制度，积极推进基层党务公开。全面实行村级党组织换届"两推一选"，健全完善民主恳谈会、听证会、论证会等制度，切实保障党员群众民主选举、民主决策、民主管理、民主监督的权利。注意整合、提升基层探索的各种行之有效的民主制度和措施，摸索基层民主政治建设的规律，推广成功经验，积极推进基层民主政治建设。

总之，十六大以来，浙江各级党组织大力加强党的执政能力建设和党的先进性建设，全面推进党的建设新的伟大工程，取得了显著成效，积累了宝贵经验。

加强党的建设是长期的任务，巩固党的执政地位是永恒的使命。在新的征途中，浙江全面小康社会的建设和党的先进性建设，一定能以豪迈的步伐，继续走在前列，走向新的辉煌。

（《今日浙江》2006年第12期）

以科学决策引领科学发展

——十六大以来浙江重要决策部署回眸

党的十六大以来，科学发展成为浙江大地高昂的主旋律。科学发展离不开科学决策。

正是省委、省政府作出了一系列既符合中央要求，又符合浙江实际的重要决策部署，才使得浙江这艘风帆正举的航船，一路高歌，乘风破浪，既快又好地行进在科学发展的航道上。

科学决策能力是执政能力的集中体现。在庆祝建党85周年的日子，我们回眸十六大以来省委、省政府作出的一系列重要决策部署，倍感科学决策的重要性，倍感科学决策对浙江经济和社会各项事业发展产生的重大而深远的影响……

四大决策部署，构成具有浙江特色的"四位一体"建设总体布局

党的十六届四中全会提出构建社会主义和谐社会的任务，使得我国社会主义现代化建设的总体布局，更加明确地由社会主义经济建设、政治建设、文化建设"三位一体"发展为社会主义经济建设、政治建设、文化建设与和谐社会建设"四位一体"。这是我们党对社会主义现代化建设总体布局的深化和拓展，是对社会主义建设规律认识的一个新的重大突破。

全国推进"四位一体"的社会主义现代化建设，浙江作为改革开放的前沿地区，作为东部沿海一个相对比较发达的省份，不仅不能落后，而且要走在前列。党的十六大召开后，新一届省委领导集体按照"发展要有新思路，改革要有新突破，开放要有新局面，各项工作要有新举措"的要求，根据新的历史条件下浙江发展变化的新情况，出现的新问题，深入进行调查研究，作出了《关于兴起学习贯彻"三个代表"重要思想新高潮，进一步加强和改进党的建设的决定》，并着手对浙江现代化建设从总体上进行谋篇布局。

在2002年12月召开的省委十一届二次全会上，省委书记习近平告诫全省各级领导干部，必须牢牢把握发展这个主题，学会用发展的眼光认清形势，按发展的思路谋划工作，靠发展的办法解决问题。

2003年7月召开的省委十一届四次全会，郑重提出了进一步发挥"八个方面的优势"，推进"八个方面的举措"的"八八战略"。"八八战略"不仅是加快浙江发展的新思路、新途径、新举措，而且是科学发展观在浙江工作总体思路上的体现，在具体部署上的贯彻，在工作推进中的落实，是具有浙江特色的科学发展观。"八八战略"的提出，不仅有力推动了浙江经济社会发展继续保持良好的势头，而且为浙江今后一个时期的发展理清了思路，明确了重点，指明了方向。

维护社会和谐稳定的能力，是执政党执政能力的重要组成部分。构建和谐的社会，必须建设平安的浙江。

在2004年5月召开的省委十一届六次全会上，省委针对新的发展阶段、浙江面临的新形势、出现的新情况和需要解决的新问题，审时度势，谋划全局，对"平安浙江"建设作出全面部署，审议通过了《关于建设"平安浙江" 促进社会和谐稳定的决定》。

建设"平安浙江"的决策部署，充分体现了党的十六大精神与浙江实际的结合，充分体现了全面建设小康社会的目标要求与浙江人民的共同愿望，不仅得到了全省广大干部群众的一致赞同，在全国引起较大反响，而且还受到了中央高层的关心和重视。2004年5月，多位中央领导同志作出重要批示，对我省建设"平安浙江"、促进社会和谐稳定的决策部署给予充分肯定，并提出了希望和要求，给我省广大干部群众极大的鼓舞和有力的鞭策。

提高建设社会主义先进文化的能力，是提高党的执政能力的一个重要任务。能不能始终高扬先进文化的旗帜，把人民群众凝聚在旗帜下，是一个政党是否先进的重要标志之一。

党的十六大以后，省委高度重视社会主义文化建设，从全面建设小康社会、加快推进社会主义现代化的战略任务出发，认真贯彻中央领导同志在浙江视察时提出的"增强构成浙江综合竞争力的软实力"的指示精神，抓住浙江被列为全国深化文化体制改革综合试点省份和在浙江举办第七届中国艺术节的契机，不断深化思想认识，相继把加快文化大省建设作为实施"八八战略"的重要内容，把"文化更加繁荣"作为建设"平安浙江"的重要目标，把增强建设社会主义先进文化的本领作为加强党的执政能力建设和先进性建设的重要方面，还先后提出了建设教育强省、科技强省、卫生强省和体育强省的要求，并扎实推进文化大省建设各项工作。

2005年7月底，省委召开了十一届八次全会。全会的主题就是研究部署加快文化大省建设工作，审议通过《关于加快文化大省建设的决定》。《决定》绘就了我省建设文化大省的蓝图，到2010年，我省要初步形成与浙江经济社会发展相适应的文化发展格局，培育具有时代特征、中国特色、浙江特点的人文精神，构筑与人民群众日益增长的文化需求相适应的公共文化服务体系，建立资源优化配置、运行健康有序的文化市场体系，营造有利于出精品、出人才、出效益的文化发展环境，使我省的教育、科技、文化、卫生、体育主要指标绝大多数处于全国前列。到2020年，我省争取成为全民素质优良，社会文明进步，文化事业繁荣，文化产业发达，教育科技文化体育卫生事业主要指标全国领先的文化大省。

"发展社会主义民主政治，建设社会主义政治文明，是全面建设小康社会的重要目标。"省委、省政府一班人在工作实践中深刻认识到，浙江要加快实现全面小康，必须进一步扩大社会主义民主，健全社会主义法制，建设社会主义文明。

2004年10月召开的省委十一届七次全会，根据加强党的执政能力建设的要求，提出了建设法治社会的目标要求。

2005年初，省委在谋划新一年工作时，将建设"法治浙江"列入

2005年度省委的重点调研课题，并明确由省委书记习近平亲自牵头开展调查研究工作。

2006年4月召开的省委十一届十次全会，围绕落实科学发展观与构建社会主义和谐社会的要求，坚持社会主义法治理念，总结近年来推进依法治省的实践经验，审议通过《关于建设"法治浙江"的决定》，全面部署了建设"法治浙江"的各项工作。

这四大战略决策，内在统一，有机联系，相辅相成，互相促进。"八八战略"，着眼于推进经济社会全面协调可持续发展、加快推进全面建设小康社会、提前基本实现现代化，这既是一个总的战略部署，又相对侧重于科学发展；"平安浙江"，着眼于解决新的发展阶段日益凸现的矛盾和问题，全面促进社会和谐稳定、保持经济社会协调发展；"文化大省"，着眼于发展先进文化，为现代化建设提供思想基础、智力支持和精神动力；"法治浙江"，着眼于发展社会主义民主政治、建设社会主义政治文明，从法律制度的层面上完善党的领导方式和执政方式、推进社会生活的法治化。最近，习近平在与中央党校课题组成员座谈时，对这四大决策部署作了概括性的阐述。他说，近年来，我省按照中央的决策部署，从浙江的实际出发，深入实施"八八战略"，全面建设"平安浙江"，加快建设"文化大省"，努力建设"法治浙江"，切实加强党的执政能力建设和党的先进性建设。省委作出的这些重大决策部署，有机构成了富有浙江特色的经济、政治、文化和社会建设"四位一体"的总体布局。

坚持把群众是否赞成、是否受益作为决策的重要依据

无论是科学决策，还是科学发展，说到底都是为了维护好、实现好、发展好最广大人民的根本利益。

十六大以来，浙江省委、省政府始终坚持把广大群众是否赞成、是否受益作为决策的重要依据，紧紧抓住人民群众最现实、最关心、最直接的问题，使各项决策和工作真正体现群众的愿望、符合群众的利益，不断使群众从经济社会发展中得到更多的实惠。

不论是深入实施"八八战略"、全面建设"平安浙江"、加快建设"文化大省"、努力建设"法治浙江"等具有战略性的重大决策，还是其他一些微观的决策部署，都充分体现了以民为本，都着眼于为最广大的人民群众谋利益。

没有农村和农民的小康，就没有全面的小康。"三农问题"不仅是经济问题，也是政治问题、社会问题。

近几年来，浙江出台了一系列解决"三农问题"的政策措施，着力改善农民生活，缩小城乡差别，统筹城乡发展，让广大农民共享改革发展成果。

"跳出农业发展农业、跳出农村发展农村"，是浙江解决"三农问题"的一条重要原则。根据党的十六届四中全会作出的"两个趋向"重要论断，省委强调做好新时期"三农"工作，要以保障农民权益、增进农民利益为核心，突破城乡二元结构，建立健全以工促农、以城带乡的发展机制，更加自觉地统筹城乡发展，更大力度地调整国民收入分配格局，更为全面地发挥工业化、城市化、市场化对"三农"发展的带动作用。

按照党中央、国务院的部署要求，从2001年开始，浙江在部分市县进行了农村税费改革的试点，2002年7月1日起在全省全面实施。从2005年起，省委、省政府从制度层面宣布全面免征农业税，并逐步取消村提留款制度。

2004年，省委专门制定出台了《浙江省统筹城乡发展推进城乡一体化纲要》，重点是扩大公共财政、社会保障和公共服务向农村的覆盖，与之同时，省委、省政府推出了"千村示范、万村整治""千万农村劳动力培训""千万亩标准农田建设""千万农民饮用水和农民健康""千镇连锁超市、万村放心店"等一系列工程建设，不断改善农民生产生活条件和农村发展环境。同时，还建立了乡镇科技特派员和驻村工作指导员制度。这些都为全面建设社会主义新农村奠定了扎实的基础。

不断扩大农村社会保障面，是浙江近几年的一个工作重点。2003年8月，浙江省政府召开全省社会保障工作会议，提出了"一个率先""一个加快"，即率先建立比较完善的城镇社会保险体系，加快构建覆盖城乡的新型社会救助体系，开始全面启动包括就业、社会保险、社会救助相互衔接、相互促进的大社保体系建设。经过3年的努力，目前，浙江最低生活保障制度，已经做到城乡全覆盖，实现了应保尽保。全省有180万人参加了被征地农民基本生活保障制度，实现了即征即保。农村"五保"对象集中供养率达到90.67%，农村困难家庭子女没有因贫困而失学，实现了应助尽助。"农民健康"工程全面启动，71%的农民参加了农村新型合作医疗制度，对参保农民的医疗负担，基本实现了应补即补。

在浙江，农民工是一个庞大的群体，约有1783万人。关爱农民工，加强农民工的管理和服务，是促进社会和谐发展的一项重要任务。近几年，浙江在提高农民工素质，维护农民工合法权益，解决农民工实际困难等方面作了许多有益的探索。2005年，我省树立了外来民工李学生这一先进典型；在全省大力推广义乌市工会组织维权经验。2006年新年伊始，省委、省政府出台了《关于进一步加强和改进对农村进城务工人员服务和管理的若干意见》。《意见》围绕"教育、服务、管理、维权"，提出加强就业保障、优化公共服务、维护合法权益、强化社会管理、加强组织领导等5个方面17条具体政策措施，指导性和操作性较强。《意见》还明确提出了力争到2007年以前，在全省范围内取消农业户口和非农业户口的户口性质划分。

建设社会主义新农村是全面建设小康社会的和推进现代化建设的重大历史任务。今年4月，省委、省政府根据中央、国务院《关于推进社会主义新农村建设的若干意见》，按照我省2010年基本实现全面建设小康社会，并在此基础上提前基本实现现代化的战略部署，制定出台了《关于全面推进社会主义新农村建设的决定》。《决定》明确了浙江新农村建设的指导思想、基本原则、总体目标、具体要求以及主要工作任务和措施，给广大农民带来了许多实惠的政策，极大地调动了农民建设新农村的积极性和创造性，对推动浙江新农村建设起到了重要的指导作用。

这里列举的只是有关解决"三农问题"的一些决策措施。另外在推进区域协调发展方面，专门制定了《关于推进欠发达地区加快发展的若干意见》，重点实施"欠发达乡镇奔小康工程""山海协作工程"和"百亿帮扶致富工程"。在资源节约型、环境友好型社会建设方面，省委、省政府作出建设生态省的决策，并制定了生态省建设规划。在实施"811"环境污染整治行动的基础上，不久前又制定《浙江省发展循环经济实施意见》，部署和实施"991"工程。在密切联系群众、为民办实事方面，省委、省政府制定了《关于建立健全为民办实事长效机制的若干意见》，使为民办实事制度进一步规范化、制度化。创立领导下访制度，健全信访工作责任制。在推进基层民主政治建设方面，进一步完善村党组织领导的村民自治运行机制，村支部实行"两推一选"，制定《浙江省村级组织工作规则》，推行重大村务票决制、村务全程代理制，健全村务、财务公开制度。在党风廉政建设和反腐败斗争方面，率先进行体系构建工作的探索，2003年7月，省委就制定出台了《浙江省反腐倡廉防范体系实施意见（试行）》，2005年，省委常委会审议通过了《浙江省惩治和预防腐败体系实施意见》及《2005—2007年工作要点》。

翻阅十六大以来省委、省政府出台的一个个政策性文件，无不体现着我们党立党为公、执政为民的本质要求，无不彰显着省委、省政府一切从人民群众利益出发的决策取向。

科学决策，来自于充分发扬民主、深入调查研究、广泛集中民智

科学决策必须是民主决策。充分发扬民主，是实施科学决策的重要前提。

民主决策，最关键的是要落实民主集中制这一党的根本组织制度和领导制度。省委坚持从制度体系上保证民主集中制的正确执行，不断完善党的领导制度和工作机制，充分发挥核心领导作用，努力提高科学决策、民主决策、依法决策的水平。按照十六大的要求，省委严格按照"集体领导、民主集中、个别酝酿、会议决定"的原则完善党委内部的议事和决策机制，充分发挥党的委员会全体会议的作用。为完善省委议事制度，制定了《中共浙江省委议事规则》，明确规定必须民主讨论的事项和程序。坚持做到重大问题提交党委常委会集体讨论决定，涉及全局和长远的问题提交党的委员会全体会议讨论决定。省委还专门成立财经工作领导小组，建立省委常委会定期听取和分析经济形势制度，谋划和协调浙江经济发展中的重大问题。

为避免决策的盲目性，重大工程项目和涉及群众切身利益的项目，都经过专家进行深入的调查研究和充分论证，拟定和评价方案，为决策提供充分的依据。比如，《关于加快建设文化大省的决定》《浙江省文化建设"八项工程"》《浙江省文化大省建设评价指标体系研究报告》和《浙江省文化建设"四个一批"规划》等文件稿，在正式出台前，都在不同范围广泛征求意见。2005年6月22日至23日，省委书记习近平亲率省直有关部门负责人，专程赴京参加由浙江省委和中国社会科学院联合举办的"加快浙江文化大省建设"恳谈会，直接听取中央部委办和中国社会科学院有关领导以及一些专家学者的意见和建议。

今年，省委在出台关于建设"法治浙江"的决定前，省委组织由省领导带队的调研组到北京、上海、江苏、山东等地学习考察，召开了中央国家机关和省内外高等院校、科研机构有关专家座谈会，广泛征求意见。同时，省委、省政府还将公共决策纳入社会各界的监督之中，广泛听取社会各界的意见和建议，以增加决策的透明度，实现决策的民主化。近几年来，省委、省政府重点工作及责任分解，都通过《浙江日报》《今日浙江》杂志公布于众。

调查研究是成事之基、谋事之道。省委、省政府把依靠群众、走群众路线作为提高科学决策能力的关键环节。依靠群众就是在决策前，深入到基层、深入到群众中去调查研究，向能者求教，向智者问策，使决策充分体现民意，充分集中民智，做到方案从实际中来、办法到群众中找，确保决策的科学性、正确性。近几年来，省委、省政府大兴调查研究之风，先后制订了《关于推进调查研究工作规范化制度化的意见》和《关于进一步转变领导作风的意见》，每年都确定一批事关浙江发展大局的重点调研课题，每一项决策出台都做到从调查研究入手。

省委十一届九次全会通过的《关于制定浙江省国民经济和社会发展第十一个五年规划的建议》是决策者们深入调查研究的结晶。

今年，省委、省政府又确定了19个重点调研课题，这些课题涉及政治、经济、文化、社会以及党的建设等各个方面，涵盖了今年全省的重点工作。不久前出台的加快创新型省份建设、建设"法治浙江"、推进新农村建设以及建立先进性教育长效机制等许多政策措施，都是在深入调查研究、广泛征求社会各界和群众意见的基础上形成的。调查研究是获得真知灼见的源头活水，是领导工作的重要方法，是正确决策的必要途径。

科学决策引领科学发展，科学发展的丰富实践又检验了、促进了科学决策。十六大以来省委、省政府的一系列决策部署，为浙江在加快全面建设小康社会、提前基本实现现代化的征途中奋勇当先，走在前列，提供了重要保证。

（《今日浙江》2006年第13期）

在推进科学发展中高奏和谐乐章

——党的十六大以来浙江构建和谐社会的生动实践

和谐社会,是人类亘古以来孜孜以求的理想社会。

"社会更加和谐",是全面建设小康社会的一个重要目标。

党的十六大以来,浙江各级党委、政府和全省广大干部群众,认真贯彻落实新时期党的一系列重大战略部署,紧紧围绕"加快全面建设小康社会,提前基本实现现代化"的目标,遵照中央提出浙江在树立和落实科学发展观、构建社会主义和谐社会、加强党的先进性建设等方面走在全国前列的要求,把中央精神与浙江实际紧密结合起来,创造性地开展工作,走出了一条具有浙江特色的构建和谐社会的新路子,奏响了和谐发展的宏伟乐章。

把构建和谐社会落实到实施"八八战略"、保持经济平稳健康较快发展上

社会和谐必然要求经济发展和谐。改革开放20多年来,浙江经济一直保持着高速增长,从一个资源小省发展成为一个经济大省。但在实现经济较快增长的同时,也付出了消耗大量能源资源和增加环境污染的较大代价,生产要素紧缺的问题日益凸显。浙江遇上了成长中的烦恼。为此,省委书记习近平强调,发展是解决一切问题的关键,发展中出现的问题只能通过发展来解决。新世纪新阶段的发展必须是科学发展,必须是坚持以人为本,全面、协调、可持续的发展。

百尺竿头、还需更进一步。在高起点上如何勇立潮头,率先实现既快又好的科学发展？省委在2003年7月召开的十一届四次全会上，总结了浙江的八大优势，相应提出了八大举措。八个优势加八个举措，后来被称为"八八战略"。"八八战略"既强调经济、社会和文化的协调发展，又突出以经济建设为中心，完全符合浙江实际，符合科学发展观要求，为浙江新时期实现新发展理清了思路，明确了重点，指明了方向。近几年来，浙江各级党委、政府始终不渝地深入实施"八八战略"，取得了明显的成效。

浙江努力推进国有经济与民营经济的协调发展。根据十六大的要求，一方面，毫不动摇地巩固和发展公有制经济，不断深化国有企业改革，加强国有资产管理；另一方面毫不动摇地鼓励、支持和引导非公有制经济的发展，制定了推进民营经济发展的一系列新举措。使一切有利于经济发展和社会进步的创造愿望得到尊重，创造活动得到支持，创造才能得到发挥，创造成果得到肯定。如今，浙江国有经济与民营经济比翼双飞，互促共进，充满活力。区域块状特色产业是浙江经济的一大特色和优势。如何使这一特色更"特"，优势更"优"，省委、省政府提出要"走新型工业化道路"，制定了先进制造业基地建设规划纲要，启动了环杭州湾、温台沿海、金衢丽高速公路沿线三大产业带建设。在政策扶持和引导下，浙江块状特色产业持续较快发展，产业竞争优势和品牌效应更趋明显。今年，浙江又提出建设创新型省份的目标，计划通过15年的努力，进入创新型省份，基本建成科技强省。浙江海洋资源丰富，发展海洋经济具有得天独厚的条件。省委、省政府充分认识加快发展海洋经济的重要性和紧迫性，于2003年8月召开全省海洋经济会议，专门就发展海洋经济作出部署，不久又出台《浙江海洋经济强省建设规划纲要》，成为全国首批完成海洋经济发展规划纲要的省份之一。经过几年的努力，浙江海洋经济得到长足发展。

经济和谐发展，必然要求不断调整产业结构，使三次产业协调发展。服务业的兴旺发达是经济现代化的重要标志。在人均GDP接近3000美元之际，浙江省委、省政府把发展服务业作为经济增长的新引擎，顺势应时制定了《关于加快服务业发展的若干意见》，确定了发展十大服务业的策略，有力促进了现代服务业的发展。

"立足浙江发展浙江、跳出浙江发展浙江",这是浙江积极利用国际国内"两个市场、两种资源"的重要发展战略,是浙江克服生产要素制约,实现"腾笼换鸟",转变经济增长方式的必然选择。浙江积极扩大对外开放,实施外贸多元化战略,努力转变外贸增长方式,确保了外贸进出口持续稳定增长。同时,又主动接轨上海,积极参与长三角交流与合作,积极参与中西部开发和振兴东北等老工业基地建设,加强与港澳台的经贸合作,认真做好对口支援和对口帮扶工作,努力实现优势互补,共同发展,取得了积极的成效。浙商大军驰骋全国,既反哺和发展了浙江,又为兄弟省市发展注入了新的活力,也为统筹区域协调发展、建设和谐中国作出了积极贡献。

近年来,为切实解决经济运行中出现的突出问题,防止经济出现大起大落,中央出台了一系列加强和改善宏观调控的重大决策。全省各级党委、政府牢固树立大局意识,狠抓政策落实,注重工作实效,切实把好土地闸门、信贷闸门、市场准入门槛,抑制固定资产投资过快增长,加强房地产市场调控,切实加大节能降耗和环保工作力度,大力推进经济结构调整和经济增长方式转变,确保了浙江经济平稳较快协调发展。

"十一五"时期是全面建设小康社会的关键时期。今年年初召开的省十届人大四次会议审议通过的《浙江省国民经济和社会发展第十一个五年(2006—2010年)规划纲要》明确提出"十一五"时期要深入实施"八八战略",转入科学发展轨道,转变增长方式,推进又快又好发展。在优化结构、提高效益、降低消耗的基础上,全省生产总值年均增长9%左右,到2010年达到2万亿元左右,人均生产总值达到4万元左右,使浙江的综合实力和国际竞争力进一步增强。今年以来,全省上下认真做好"十一五"开局起步的各项工作,国民经济保持了持续、快速、健康、协调发展的好态势。上半年全省生产总值为7123亿元,同比增长14.1%,比去年同期提高2.1个百分点。在宏观经济平稳较快增长的同时,呈现出经济结构更趋优化、增长方式加速转变、协调发展水平进一步提高的喜人局面,为"十一五"发展开了个好局。

发展促和谐,和谐促发展。浙江经济的平稳健康持续发展,为构建和谐社会打下了坚实的物质基础。

把构建和谐社会落实到建设"平安浙江"、协调利益关系化解社会矛盾上

没有平安的浙江,就没有和谐的浙江、繁荣的浙江。努力解决问题,正确处理矛盾,切实维护稳定,成为浙江构建和谐社会的关键点。

2004年5月召开的省委全会,强调从"大平安"的角度统筹考虑经济、政治、文化等诸多因素对社会和谐稳定的影响,作出了《关于建设"平安浙江" 促进社会和谐稳定的决定》,把全面建设"平安浙江",作为浙江落实构建和谐社会方面走在前列的一个重要载体。

按照省委的部署,全省各地各部门认真开展了平安建设活动。各市县因地制宜,认真制定并实施平安创建工作规划。省直各部门积极发挥各自职能作用,从"平安浙江"的各个领域、各个环节出发,突出重点、分解细化和切实落实建设"平安浙江"的各项任务。

省委强调,建设"平安浙江",保持社会和谐稳定,必须着眼于从制度上入手,从源头上去研究和解决问题。

社会和谐,要求城乡和谐;统筹发展,要求统筹城乡发展。针对长期形成的城乡二元经济结构及其发展差距,省委、省政府从实现全面小康、构建和谐社会的高度,高度重视社会主义新农村建设。2004年和2005年,省委先后发出两个"1号文件",并制定下发《浙江统筹城乡发展推进城乡一体化纲要》。各地各部门推出了一系列统筹城乡发展的工程项目,各方面工作都注重向"三农"倾斜。从2003年开始,浙江实施"千村示范、万村整治"工程;从2004年开始,全面实施"千万农村劳动力培训"工程。同时,还建立了乡镇科技特派员和驻村工作指导员制度。依据国家制定的评价标准,目前浙江农村全面小康社会实现程度达58.9%,位居全国各省区之首。这为建设社会主义新农村打下了扎实基础。为提高城乡发展的融合度,使城乡经济社会良性互动,今年省委、省政府又作出推进新型城市化的部署,加大和谐城市、和谐社区建设力度,努力完善以城带乡、以工促农的新机制。社会主义的根本目标和本质要求是共同富裕,而共同富裕就要求地区之间协调发展,发展差距不

能无限制地扩大。省委、省政府把推动欠发达地区实现跨越式发展，作为新的经济增长点来抓，重点实施了"山海协作工程""欠发达乡镇奔小康工程"和"百亿帮扶致富工程"等"三大工程"，有力地促进了欠发达地区的发展。从人均GDP指标来看，2005年最低的丽水（11963元）为最高的宁波（38733元）的31％，比2000年为最高的杭州的24.7％，比例提高6.3个百分点。

坚持稳定压倒一切的方针，落实维护社会稳定的工作责任制，建立社会舆情汇集和分析机制，建立健全社会矛盾预警机制，努力把社会不稳定因素解决在基层、解决在萌芽状态。"枫桥经验"，是浙江广大干部群众创造的根据不同时期的社会特点，就地解决矛盾纠纷，维护社会治安、维护社会稳定的经验。建立综治工作中心，就是浙江基层干部群众适应新形势、应对新情况、解决新问题，创新"枫桥经验"的一个创举。如今，基层综治"中心"已在全省各地遍地开花，受到中央的充分肯定。

领导干部下访，是浙江做好新时期群众工作的一项制度创新，是化解基层矛盾纠纷，真正为群众排忧解难的一条有效途径，是"平安浙江"建设的一项基础性工作。浙江自2003年实施这一制度以来，从省到市、县、乡镇各级领导干部纷纷下访接待群众，解决了一大批群众反映强烈的问题，有力推动了全省信访工作责任制的落实，进一步加强和改进了信访工作，并且为全国提供了可资借鉴的经验。

凡事预则立，不预则废。近几年，浙江加紧建立健全社会预警体系和突发事件应急机制，制定、修订公共突发事件应急预案22个，使公共突发事件的应急处置逐步走向规范化、制度化和法制化。最近几年，我省每年都遭受强台风袭击，由于决策科学，准备充分，应急体系较为完善，每当强台风来临前，就紧急实行人员转移，保证了人民群众的生命财产安全，把灾害损失降低到了最低限度。

目前，建设"平安浙江"工作取得了阶段性成效，全省群体性事件、交通事故、火灾事故、安全生产事故、刑事案件发生率都有大幅度下降。浙江被认为是全国最具安全感的省份之一。

把构建和谐社会落实到促进社会公平、解决群众最关心最直接的利益问题上

促进公平是构建和谐社会的重要环节。浙江各级党委、政府坚持从关注和解决民生问题入手,从群众最迫切、最直接、最现实的事情做起,尽力协调好各方面利益关系,使全体人民共享改革发展的成果,朝着共同富裕的方向稳步前进。

近年来,我省高度重视为民办实事工作。省委、省政府《关于建立健全为民办实事长效机制的若干意见》,从2004年起每年确定十方面实事,作为政府工作的重要内容,纳入议事日程,专门进行研究,分解落实责任,加大财政投入,建立定期督查制度,层层抓好落实,制定的办实事目标任务都能如期完成。

就业是民生之本。实现社会和谐,首先要保障人民群众安居乐业。近年来,浙江认真落实就业和再就业扶持政策,努力改善创业和就业环境,通过大力开发社区就业岗位、积极发展劳动就业服务企业、非正规组织就业和扶持下岗失业人员自主创业以及开展劳务输出等途径开辟新的就业渠道,千方百计增加就业岗位。"十五"期间,全省共新增就业岗位220万个,新开发社区就业岗位42万个;帮助120万名下岗失业人员实现就业和再就业,其中就业困难人员45万人;城镇登记失业率一直控制在4.2%以内。

健全的社会保障制度,是和谐社会的重要支柱,也是现代文明的重要标志。近几年,浙江不断加大社会保障工作力度,积极实行符合浙江实际的低门槛进入、低标准享受的养老保险"双低"政策。最低生活保障已经基本实现动态管理下的应保尽保。积极深化基本医疗保险制度改革。建立健全社会困难群体的医疗救助和多层次医疗保障体系。认真贯彻落实《工伤保险条例》,加快工伤、生育等保险制度改革。在全国率先建立被征地农民基本生活保障制度。加大社会救助力度,初步形成了比较完整的社会救助政策体系。目前,全省城乡各类困难群众和家庭困难学生已经基本纳入了社会救助的范围。

教育和卫生是关系人民群众切身利益的重要民生问题，也是促进社会公平的重要途径。浙江把促进城乡义务教育均衡发展与提高整个教育水平结合起来，在加快全省教育事业发展的同时，继续向发展农村教育倾斜；在满足城市人口增长对教育资源需求的同时，重点解决好进城就业农民的子女就学问题。积极推进高标准高质量普及九年义务教育，高等教育规模持续扩大。围绕着力解决"看病难""看病贵"这一当前群众反映比较强烈的问题，坚持面向农村、面向基层、面向群众，积极推进"小病"医疗和预防保健进乡村、下社区，重点加强农村和社区基层卫生事业建设，努力改善基层群众的基本医疗卫生服务，推动全省医疗卫生事业协调发展。

构建社会主义和谐社会，必须把社会的公平正义作为处理人与人之间关系的根本尺度，采取各种措施，消除经济社会生活中存在的不和谐因素，努力促进人与人之间的和谐。在浙江，农民工是一个庞大的群体，约有1783万人。关爱农民工，加强农民工的管理和服务，是促进社会和谐发展的一项重要任务。近几年，浙江在提高农民工素质，维护农民工合法权益，解决农民工实际困难等方面作了许多有益的探索。2006年新年伊始，省委、省政府出台了《关于进一步加强和改进对农村进城务工人员服务和管理的若干意见》，为外来民工真正融入浙江消除了障碍。

据国家统计局测评，去年浙江群众安全感和幸福感从2004年的92.33%，提高到2005年的96.39%，高于全国平均水平4.49个百分点。

把构建和谐社会落实到构筑"法治浙江"、加强社会主义民主法制建设上

社会和谐既要靠经济发展提供物质基础，靠公平分配协调各方面的利益关系，还要靠法律和制度提供管理保障。

浙江一直高度重视民主法制建设。党的十六大提出建设社会主义法治国家以来，浙江把法治建设贯穿于改革和发展的各项工作之中。2004年10月召开的省委十一届七次全会，提出了建设法治社会的要求。2006

年4月省委十一届十次全会审议通过了《关于建设"法治浙江"的决定》，对建设"法治浙江"作出具体部署。

按照党总揽全局、协调各方的原则，完善"一个核心""三个党组"的领导体制和工作机制，发挥地方党委在同级各种组织中的领导核心作用，从制度上、程序上规范党委对人大、政府、政协和审判机关、检察机关以及人民团体的领导、支持和监督关系。坚持人民代表大会制度与共产党领导的多党合作和政治协商制度，加强人大常委会的制度建设，推进立法权、监督权、决定权、任免权行使的科学化、民主化、规范化；科学规范人民政协履行职能的程序和工作机制，推进政协工作的制度化、规范化、程序化；加强同民主党派的合作共事，巩固和发展最广泛的爱国统一战线。

坚持和发展人民民主，把人民群众的民主要求纳入法治化轨道，积极引导人民群众合法、负责、理性、有序地参与国家和社会事务管理，充分调动广大人民群众的积极性和创造性。推进决策的科学化、民主化，把调查研究作为决策的必经程序，健全各级决策机关的议事规则和决策程序，扩大人民群众在决策中的参与程度。认真贯彻党员权利保障条例，逐步推进党务公开，以扩大党内民主带动人民民主，扩大基层民主。总结推广基层创造的民主恳谈、村务监督等做法和经验。进一步规范政务公开的内容、形式和方法，探索建立政务通报、政务听证会、政务信息网络和新闻发言人制度，不断提高行政效能和机关工作水平。目前，全省99%的乡镇已推行政务公开。

深入贯彻国务院《全面推进依法行政实施纲要》，按照"职权法定、依法行政、有效监督、高效便民"的要求，切实把依法行政落实到政府工作的各个环节、各个方面，努力建设法治政府。深化行政管理体制改革，加快政府职能转变，全面贯彻行政许可法，深化行政审批制度改革，不断深化机关效能建设。加强和改善行政执法工作，加快建立权责明确、行为规范、监督有效、保障有力的行政执法体制。进一步规范行政执法主体，强化行政执法责任制，建立健全行政执法评议考核制和执法过错责任追究制。

加强推进科学发展的法制建设，促进经济社会全面协调可持续发展。结合贯彻中央宏观调控政策的成功实践，按照"十一五"规划，进一步完善税收、土地、信贷、环保方面的配套政策。加快建设"信用浙江"，全面构筑以信用中介服务体系、信用政策法规体系、信用宣传教育体系、信用监督管理体系和信用合作开放体系为重点的"五大体系"，建立健全安全生产的法规制度，加大安全生产的执法力度，努力营造促进市场经济健康发展的法治环境。

以实施"四五"普法规划为重点，构建全方位的法制教育体系，建立完善法制教育工作的长效机制。"五五"普法教育已经全面展开。坚持法治与德治并举，把法律制裁的强制力量与道德教育的感化力量紧密地结合起来，把树立社会主义荣辱观贯穿于"法治浙江"建设的全过程，在全社会深入开展社会主义荣辱观教育活动，教育和引导广大人民群众知荣辨耻、扬荣抑耻、近荣远耻，明荣耻之分、做当荣之事、拒为耻之行，在全社会形成明德守法的良好风尚。

把构建和谐社会落实到加快建设"文化大省"、发展社会主义先进文化上

实现社会和谐，需要有力的精神支撑、良好的文化条件。打牢构建和谐社会的共同思想基础，就要不断发展先进文化，大力培育和谐文化。

浙江省委、省政府一直高度重视文化建设。十六大以来，省委、省政府大力发展社会主义先进文化，把建设文化大省作为实施"八八战略"的重要内容，把"文化更加繁荣"作为建设"平安浙江"的重要目标，先后出台了一系列推进文化大省建设的政策举措，于2005年7月召开的省委十一届八次全会通过了《关于加快建设文化大省的决定》。通过努力，浙江建设文化大省的各项工作不断取得新进展和新成效。

从文化的核心价值观层面，积极推进与时俱进的浙江精神，进一步增强先进文化的凝聚力。基于浙江深厚的文化底蕴、优秀的文化传统和改革开放以来浙江人民的创造性实践，省委认真提炼并在全社会大力弘扬"求真务实、诚信和谐、开放图强"的与时俱进的浙江精神，激励全省上下"干在实处、走在前列"，深入实施"八八战略"，全面建设"平

安浙江"，实现科学发展，构建和谐社会。结合与时俱进的浙江精神的宣传教育，浙江深化群众性精神文明创建活动，深入开展社会主义荣辱观教育，扎实推进基层精神文明建设。省委高度重视发挥哲学社会科学的研究和发展，贯彻《中共中央关于进一步繁荣发展哲学社会科学的意见》精神，大力开展哲学社会科学的宣传普及，提高公众的人文社会科学素养。

从文化事业和文化产业的层面，加大力度、深化改革，进一步解放和发展文化生产力。紧紧抓住作为全国文化体制改革综合试点省的契机，按照中央的总体部署，扎实有序地推进文化体制改革，按照"转出一批、改出一批、放出一批、扶出一批"的思路，重点做好30个试点单位的改革，着力培育多元化的文化发展主体。实施建设"八大工程"，推进基层文化建设。统筹城乡文化发展，推进"面向基层、面向群众"精神文化产品的创作和传播。积极利用社会资源发展文化事业，鼓励民间资本投资参与兴办文化事业和文化产业。目前，浙江已初步形成文化体制改革与文化大省建设相互促进、文化事业与文化产业联动发展的良好局面。

从相关社会事业层面，加快教育强省、科技强省、卫生强省和体育强省建设步伐，进一步增强社会公共服务能力。以构筑一流的区域创新体系为目标，加强科技创新和科技普及，加大科技投入力度，集聚和优化配置科技资源，坚持和完善市县党政领导科技进步目标责任制，发展"网上技术市场"和"农技110"，建设科技强省。

和谐社会需要正确的舆论引导，需要和谐的舆论环境。浙江各新闻媒体紧紧围绕省委、省政府战略决策和部署，立足于做大做强正面宣传，以重大主题宣传为抓手，开展全方位、立体式的系列报道，形成健康向上的主流舆论。按照"三贴近"的要求，着力改进新闻宣传，不断提高舆论引导水平，唱响了高昂的主旋律。

把构建和谐社会落实到建设"生态省"、推进人与自然的和谐发展上

和谐社会不仅要做到人与人、人与社会的和谐，而且要做到人与自然的和谐。人与自然和谐相处，是构建社会主义和谐社会的重要内容和重要目标。

进入21世纪，随着浙江工业化、城市化、信息化、市场化和国际化的进程进一步加快，对资源、环境提出了更高的要求，浙江省委、省政府对资源、环境的重视也到了前所未有的程度。

2003年1月，国家环保总局正式批复浙江为继海南、吉林、黑龙江、福建之后的全国第五个生态省建设试点省份；同年6月，省十届人大常委会通过了关于建设生态省的决定；7月，省委十一届四次全会把"进一步发挥浙江的生态优势，创建生态省，打造'绿色浙江'"列入"八八战略"，把生态省建设作为当前和今后一个时期的重大战略，作出了对国家、对浙江人民、对子孙后代的庄严承诺；省委、省政府还将生态省建设任务纳入各级政府行政首长工作目标责任制，签订了2003—2007年省市长生态省建设目标责任书，并进行年度目标任务考核，对生态建设和环境保护"一类目标"完成情况实行"一票否决制"。

近几年，浙江按照制定的《生态省建设规划纲要》，认真组织实施一大批生态建设重大项目，在全国率先出台了《关于进一步完善生态补偿机制的若干意见》。制定实施了"811"环境污染整治行动，对八大水系及运河、平原河网和11个省级环境保护重点监管区开展为期3年的环境污染集中整治，并全面推进流域、区域、行业、企业的污染整治。结合"千村示范、万村整治"和"万里清水河道"工程，加强农村环卫基础设施建设，有效地改善了农村生产生活环境。除了二氧化硫，其他污染物排放总量都比"九五"末期有所下降，水质和城市空气质量有所改善。针对几起因环保问题引发的群体性事件，举一反三，吸取教训，妥善化解矛盾、解决问题。

地球上的资源是有限的，要满足人类可持续发展的需要，就必须

努力实现自然资源的良性循环和永续利用。浙江积极推进人口、资源和环境和谐发展，为构建环境友好型和资源节约型社会，在全社会大力倡导节约资源的观念，大力发展循环经济，研究制定了发展循环经济实施意见，部署和实施"991"工程，即在9个重点领域，采取"9个一批"的工作抓手，加快实施100个循环经济项目，并全面启动了4个市、10个县（市）、20个园区（块状经济）和100家企业的循环经济试点工作。

至今，浙江创建生态省工作已取得阶段性成效，有力地促进了浙江可持续发展能力的增强。浙江生态环境质量指数仅次于海南，居全国第2位；环境支持能力排在西藏、海南之后，居全国第3位。全省30%的县（市、区）和40%的设区市基本达到生态县（市、区）建设要求。据中国科学院公布的《2006中国可持续发展战略报告》，浙江可持续发展能力列上海、北京、天津之后，居全国第4位，节约指数列居全国第三。

把构建和谐社会落实到增强党的执政能力、推进党的先进性建设上

构建社会主义和谐社会，关键在党，关键在各级领导班子。

浙江省委结合加强党的执政能力建设和先进性建设，把构建社会主义和谐社会作为一项重大任务，纳入经济社会发展总体规划，列入重要议事日程，建立有效的领导机制和工作机制。省委经常分析社会建设状况，及时了解和谐社会建设相关工作的情况，认真研究解决重大问题和突出问题，不断认识和把握新形势下和谐社会建设的特点和规律。

党员是党的细胞，分布在各行各业、各条战线，是构建和谐社会的组织基础。构建和谐社会，首先要建设一支高素质的党员队伍。结合开展保持党员先进性教育活动，浙江各级党委紧紧抓住用"三个代表"重要思想武装党员这个根本任务，切实解决党员队伍在思想、组织、作风上存在的突出问题，使广大党员切实增强党的意识和构建和谐社会意识，提高思想政治素质，练就做好工作、服务群众的过硬本领。积极稳妥地做好在新的社会阶层中发展党员的工作，扩大党的阶级基础，努力建设一支素质优良、结构合理、规模适度、作用突出的党员队伍，为构建和谐社会奠定良好基础。围绕增强党员队伍活力，加强和改进党员教育管理工作。在教育活动中，浙江各级党组织切实加强制度建设，有效规范了党建工作，积极引导广大党员在构建和谐社会中发挥作用、建功立业，保持党员队伍的先进性。

按照构建和谐社会的要求，努力建设一支高素质干部队伍。采取下派任职、上挂锻炼、交流轮岗等方式，加强干部的实践锻炼，不断提高各级干部管理社会事务、协调利益关系、处理人民内部矛盾和开展群众工作的本领。深化干部人事制度改革，形成正确的用人导向。以健全选拔任用和管理监督机制为重点，建立公开、平等、竞争、择优的用人机制，探索建立科学的干部考核评价体系。优化执政资源，激活各类人才的创造活力。按照"党管人才"要求，坚持党政人才、企业经营管理人才和专业技术人才三支队伍一起抓，制定《关于大力实施人才强省战略的决定》和与之相配套的"十个政策性文件"，努力创造拴心留人的环境，让人才创业有机会、干事有舞台、发展有空间，努力营造尊重劳动、尊重知识、尊重人才、尊重创造的社会氛围。

按照"政治坚定、求真务实、开拓创新、勤政廉政、团结协调"的要求，全面推进领导班子建设，提高领导构建和谐社会的能力。加强领导班子思想政治建设，深入学习实践"三个代表"重要思想和胡锦涛总书记关于落实科学发展观、构建和谐社会的重要论述，努力以"学在深处"的成效，推进"谋在新处"和"干在实处"的各方面工作。加强地方党委的执政能力建设。贯彻党的十六届四中全会精神，从地方党委的职责出发，把推进经济、政治、文化、社会的发展与推动党的思想、组织、作风、制度建设有机结合起来，作出巩固"八个基础"、增强"八种本领"的具体部署。建立有效的领导机制和工作机制，解决好改革发展稳定中的重大问题，解决好群众生产生活中的迫切问题，解决好党的建设特别是领导班子思想政治建设中的实际问题，在推进构建和谐社会的各项工作中增强自觉性、减少盲目性、克服片面性。以建设和谐领导班子为目标，优化各级领导班子结构。注重贯彻民主集中制原则，促进各级领导班子的团结协调。完善党委议事决策的规则和程序，建立和完善党内情况通报制度、情况反映制度、重大决策征求意见制度，坚持民主生活会制度，切实提高领导班子解决自身问题的能力，切实增强领导班子的团结和活力。按照立党为公、执政为民的要求，促进领导班子转变作风，促进党群干群关系的和谐。始终把实现好、维护好、发展好最广大人民的根本利益作为一切工作的出发点和落脚点，牢记"两个务必"，大兴求真务实之风。注重从源头上惩治和预防腐败。2003年7月，省委制定出台《浙江省反腐倡廉防范体系实施意见（试行）》，率先进行惩防体系构建工作。中央出台《关于建立教育、制度、监督并重的惩治和预防腐败体系实施纲要》后，省委据此进一步修订完善《实施意见》。

着眼于构建和谐社会的需要，科学设置党的基层组织，充分发挥党的组织优势。善于研究解决新情况新问题，注重在非公有制经济组织和其他新经济组织、社会组织、民间团体、流动人口中开展和加强党建工作，创新党组织的设置方式，及时建立健全党的组织，扩大党的工作覆盖面。强化阵地功能，推进村级组织办公场所建设，从2005年开始，用两年时间，投入近3.5亿元资金，为4261个无办公场所的村，新建、修建起100平方米左右的办公场所。加大街道社区党建和新经济组织、新社会组织中建立党组织的工作力度，不断增强党执政的阶级基础和群众基础。目前全省非公有制企业应建已建党组织的比重达到98.93%。

"而今迈步从头越"。跨入"十一五"，按照"立足科学发展、促进社会和谐、实现全面小康、继续走在前列"的总体要求，浙江人民继续大力弘扬与时俱进的浙江精神，正豪情满怀、意气风发地行进在构建社会主义和谐社会的大道上！

（《今日浙江》2006年第18期）

浙江国有经济的"六五四三二"

——国有经济与民营经济成为浙江耀眼的双子星座

说起浙江，很多人都知道这个地方民营经济特别发达，千家万户在创业，万户千家有老板。成千上万的浙商立足浙江、驰骋全国，并大步走向世界，为浙江的经济发展带来了勃勃生机。特别是温州、台州、金华的民营经济更是声名远扬，为人们津津乐道。

如果光知道这一点，还不能说是了解浙江。其实，浙江不仅民营经济十分发达，国有经济也同样风光无限。据国务院国资委的最新统计，到2005年底，浙江国有经济总资产8214.2亿元，居全国第6位；净资产为3013.6亿元，居全国第5位；所有者权益为2598.6亿元，居全国第4位；利润总额为253.2亿元，居全国第3位；净利润为122.6亿元，居全国第2位。浙江国有经济主要指标在全国的位次，刚好是"六五四三二"，可以说是走在全国前列。

今年以来，在国家逐步加大宏观调控力度、能源和资源类商品价格居中高不下、人民币汇率变动和出口配额取消、市场竞争进一步加剧等新形势下，浙江的国有经济依然保持持续稳健的发展势头。据统计，25家省属企业今年1月至8月累计实现销售收入1291.87亿元，同比增长17.66%，实现利润71.77亿元，同比增长22.93%，已交税金72.3亿元，同比增长22%。

浙江国有经济之所以能交出这样一份出色的成绩单，是省委、省政府认真贯彻党的十六大精神，结合浙江实际，推进改革创新的结果。党的十六大召开后，省委书记习近平在到宁波、台州、温州等地宣讲十六大精神时就强调，要坚持"两个毫不动摇"，巩固和发展公有制经济，进一步发展壮大国有经济，鼓励、支持和引导非公有制经济发展。

2003年7月，省委召开十一届四次全会，作出了"充分发挥八个方面优势，实施八个方面举措"的"八八战略"，这是新一届省委以"三个代表"重要思想为指导，遵照中央"改革要有新举措，发展要有新思路，开放要有新局面"要求，积极推进经济社会新发展的重大战略决策。在这一战略中，省委把进一步发挥浙江的体制机制优势，大力推动以公有制为主体的多种所有制经济共同发展，不断完善社会主义市场经济体制作为第一位的任务。

2004年6月，习近平深入省属国企调研，并主持召开了省属国有企业改革座谈会，强调提高省属国有企业的整体素质，实现国有资产的保值增值，更好地体现和发挥国有经济的主导作用。

按照省委、省政府提出的"宜强则强、宜留则留、宜退则退"的总体原则，浙江坚持"全面推进、重点突破"的指导方式，采取"一企一策、规范推进"的指导方式，积极推进新一轮国有企业改革。省国资委按照"打基础、抓改革、促发展"的思路，做了大量深入细致的工作，国有资产监管体制逐步完善，监管力度不断加强，确保了国有资产的保值增值。3年多来，国企改革顺利推进。到今年10月，省委、省政府确定的省属企业改革阶段性目标将基本完成。

深化改革就是为了促进发展。在改革过程中，各省属国有企业面对原材料、燃料价格大幅度上涨和产品价格下跌的"两头挤压"，积极应对，知难而进，及时调整经营策略，推进结构调整和增长方式转变，在保持整体经营规模的同时，采取了对内挖潜、对外拓展等一系列有效措施，使企业始终保持了稳健的发展态势。

今年年初，省国资委提出了省属企业发展的"双千工程"，即通过3—5年的努力，在省属企业中培育资产规模上千亿元、销售收入超千亿元的大型企业集团，打造一批具有较高自主创新能力、主营业务突出、核心竞争力强、有国际影响力的国有知名龙头企业。

在着力推进国有经济发展的同时，省委、省政府按照科学发展观的要求，以贯彻中央宏观调控政策为契机，作出实现民营经济新飞跃的重大战略决策，制定了《关于鼓励支持和引导个体私营等非公有制经济发展的实施意见》，在市场准入、要素配置、政策扶持、监管服务等方面加大改革力度，推进民营经济加快发展。到2005年底，全省共有个体工商户172.7万户，私营企业35.9万家，全省非公经济生产总值占全省71.5%以上，民间投资占全社会固定资产投资总额的50%以上，外贸出口总额的768亿美元中个私经济约占36.8%。个私经济总产值、销售总额、社会消费品零售额、出口创汇额等4项最能反映民营经济综合实力的指标已经连续8年位居全国第一。

浙江国有经济与民营经济犹如一对耀眼的双子星座，交相辉映，光彩夺目。最近公布的"2006年中国企业500强"，浙江上榜企业占了47席，名列北京、广东之后，居全国第3位，比去年又增加了5家，这其中有国有企业，也有民营企业。浙江经济的活力由此可见一斑。

和谐社会，需要各种所有制经济共生共荣，和谐发展，充满活力。浙江就是这样千方百计创造条件，放手让一切劳动、知识、技术、管理和资本的活力竞相迸发，努力使一切创造社会财富的源泉充分涌流。

(《今日浙江》2006年第19期)

在"好"的基础上推进"快"发展

临近岁末,省委召开了全省经济工作会议。

这次会议,认真贯彻中央经济工作会议精神,在总结2006年经济工作的基础上,全面部署了2007年的经济工作。这是深入贯彻落实科学发展观,进一步推动我省经济又好又快发展的一个重要会议。

五大成效,彰显2006年浙江经济发展的高效性、协调性、均衡性明显增强,贯彻落实科学发展观取得良好效应

2006年,是"十一五"开局之年。一年来,我省积极应对经济社会发展的新情况、新变化,抓保障促发展,抓调整促转变,抓改革促活力,抓统筹促协调,保持了经济平稳较快协调发展的好势头。预计全年我省生产总值超过15000亿元,增长13.5%以上,人均生产总值超过30000元,财政总收入接近2500亿元。

省委书记习近平在分析当前经济形势时,认为2006年我省经济发展的高效性、协调性、均衡性明显增强,充分显示了我省全面贯彻科学发展观、落实宏观调控政策和深入实施"八八战略"的良好效应。

这良好效应,主要体现在五个方面:

一是结构调整步伐加快。加快发展高效生态农业,促进农业稳定增长;加强自主创新和品牌建设,大力推进先进制造业基地建设;大力发展现代服务业,努力提高第三产业的比重和水平,使我省的经济结构不断优化。

二是增长方式转变有效推进。加强节能降耗、环境整治和集约用地工作，认真落实节能和减排两个约束性指标，循环经济发展和生态省建设步伐加快。在中国环境监测总站刚刚编制完成的《全国生态环境状况评价报告》中，我省以87.1分的成绩列全国第一。

三是改革开放继续深化。围绕建立健全落实科学发展观的体制机制，行政管理体制、公共财政体制和省属国有企业等重点领域和关键环节的改革取得新的进展，在义乌市开展了扩大经济社会管理权限的试点工作。区域合作不断加强，开放型经济发展的质量和水平有所提高，实施"走出去"战略取得了积极成效。

四是统筹发展水平持续提高。新农村建设和新型城市化协调推进，目前全省86%的农民参加了新型合作医疗，545万名参合农民享受了免费体检，农村住房保险正式启动，城乡义务教育阶段学杂费全部免收。欠发达地区和海岛地区加快发展，衢州、丽水、舟山的增长速度超过了全省平均水平。科教文卫体等各项社会事业全面发展，使我省城乡之间、区域之间的经济社会发展趋于协调。

五是人民生活不断改善。预计全年城镇居民人均可支配收入18100元，实际增长10%以上，农村居民人均纯收入7200元，实际增长8%左右。就业和社会保障形势良好，新增城镇就业全面实现年初预期目标，企业养老、基本医疗、工伤、失业保险参保人数比上年末均有大幅度提高。促进社会和谐工作显著加强，人们的幸福感和安全感进一步提高。

三大问题，需要引起高度重视，采取切实措施，积极加以解决

这次经济工作会议，沿袭了省委、省政府一贯来实事求是、求真务实的作风，既客观地分析了形势，总结了成绩，也不掩饰存在的突出矛盾和问题。会议指出了当前经济社会发展中三大比较突出的问题：

一是经济发展面临的压力和付出的代价依然较大。粗放型经济增长方式的格局没有根本改变，能源利用效率偏低，资源要素成本上升。一二三产业结构调整任务艰巨，先进制造业比重仍然偏低。环境保护压力增大，经济社会发展与资源环境的矛盾日趋尖锐。

二是三大需求增长的波动性依然存在。2006年，我省投资、消费和出口三大需求保持平稳较快增长，处在一个比较理想的区间，但三大需求稳定增长和保持协调的基础还不稳固。

三是影响社会和谐稳定的因素依然不少。

正视问题是为了解决问题。为此，习近平强调，对于这些问题，我们要引起高度重视，做到心中有数，充分估量可能带来的消极影响，采取切实有效的措施，积极加以解决。

"四个着力""三个协调"，确保2007年浙江经济社会又好又快发展

这次会议提出的2007年浙江经济工作总体要求，既认真贯彻了中央经济工作会议的精神，又坚持从浙江实际出发，具有浙江特色。在强调深入推进"八八战略"的实施和"平安浙江"、文化大省、"法治浙江"建设的基础上，明确提出了"四个着力""三个协调"，即着力调整经济结构和转变增长方式，着力加强资源节约和环境保护，着力推进改革开放和自主创新，着力促进社会发展和解决民生问题，努力实现速度、质量、效益相协调，消费、投资、出口相协调，人口、资源、环境相协调。

"四个着力"，明确了经济工作的重点，抓住了关键；"三个协调"，体现了科学发展观与构建和谐社会要求，对做好浙江2007年的经济工作有很强的针对性。

做到"四个着力""三个协调"，就是为了推动经济又好又快发展，具体一点说，就是要努力把握和推动"五个发展"，即在"好"的基础上推动"快"的发展，在落实宏观调控政策中推动转型发展，在深化改革开放中推动创新发展，在统筹协调中推动协调发展，在解决民生问题中推动和谐发展。

2007年经济工作的目标任务，突出解决人民群众最关心、最直接、最现实的利益问题

这次会议再次表明了浙江坚持以人为本，不断促进社会和谐的决心，明确将"解决民生问题"列入明年浙江经济工作的重点。习近平在部署明年经济工作任务时强调，以促进社会发展和解决民生问题为重点，扎实推进和谐社会建设，各级党委政府要把解决民生问题和促进社会发展摆在更加突出的位置。要把促进社会发展、改善民生放在更加突出的位置，研究采取更加有力的措施，进一步健全为民办实事的长效机制，努力解决关系群众切身利益的问题。

会议提出的2007年我省经济社会发展预期目标共有11项：每项指标都与民生息息相关，都可以说是民生指标，特别是化学需氧量排放量、二氧化硫排放量两项指标，还是第一次列入经济工作的年度目标，充分体现了省委、省政府对改善人民群众生产生活环境的高度重视。

在就业方面，全省经济工作会议提出，切实做好扩大就业工作，实施积极的就业政策，鼓励发展劳动密集型产业、服务业和中小企业，千方百计增加就业岗位。高度重视零就业家庭的就业，加强对大学毕业生就业的指导和服务。

2006年浙江就业工作成效显著，9月末全省城镇单位（不包括城镇私营单位）从业人员增长16.6%，城镇登记失业率3.57%，比去年末低0.15个百分点。但浙江面临的就业形势依然严峻。为使更多人走上工作岗位，浙江制定了明年的就业目标：城镇新增就业60万人，城镇登记失业率控制在4.5%以内。

健全社会保障制度，改善城乡教育和卫生医疗服务不仅是实现社会公平、公正的重要渠道，也是扩大消费的必要前提条件。根据经济工作会议部署，明年我省要完善社会保险体系，扩大养老保险覆盖面，健全参保缴费的激励约束机制，逐步做实基本养老保险个人账户，完善养老保险关系和个人账户转移办法，建立健全多层次的养老保险体系。要健全社会救助体系，加强被征地农民基本生活保障工作，认真落实城乡最

低生活保障、农村"五保"和城镇"三无"人员集中供养以及教育、医疗、住房等救助制度和政策，逐步提高救助和保障水平。

为解决农村群众看病难、看病贵问题，我省明年将加快建立覆盖城乡居民的基本卫生保健制度，完善公共卫生和医疗服务体系。要以农村为重点加强公共卫生体系建设，以县为单位的农村公共卫生服务项目的达标率要达到80%，市级以上城市社区卫生服务网络的覆盖率要达到80%。要整顿药品生产和流通秩序，保障人民群众公共卫生安全。

在教育方面，浙江将大力推进教育均衡发展。切实把义务教育经费全额纳入公共财政保障范围，进一步加强以农村为重点的基础教育，抓好农村中小学"四项工程"，确保所有的食宿改造项目开工建设，确保90%的项目竣工。在免除学杂费的基础上，进一步扩大低收入家庭子女免费就学的范围。在提高九年义务教育质量的基础上突出抓好学前三年和高中段教育。加快发展职业教育，全面实施职业教育"六项行动计划"，深化以就业为导向的职业教育教学改革，推行工学结合、校企合作模式，建设一批省级职业教育实训基地，加快培养技能型人才和高素质劳动者。

（《今日浙江》2006年第24期）

开局之年　良好开局

——浙江各市2006年推进科学发展成绩斐然

时光悄无声息地流逝，似乎在转眼之间，我们又走过了2006年。

岁末年终，回望浙江一路的行程，各地你追我赶，奋勇争先，大家的脚步快捷、稳健，充满自信。这是浙江经济又好又快发展的一年，是社会和谐稳定的一年，是人民生活水平显著提高的一年。

这一年，是全省实施"十一五"规划的起步之年，开局之年。从各地年终交出的"成绩单"上看，完全可以说，起步之年起好了步，开局之年实现了良好开局。

"腾笼换鸟"："换"出了经济又好又快的发展势头

"腾笼换鸟"，在其他一些省份也许还比较陌生，但在浙江大家已经耳熟能详，很多人知道，这是指调整优化产业结构和经济结构，推进经济增长方式转变的意思。浙江人多地少，资源匮乏，特别是能源和环境的承载能力极为有限，要实现高起点上的持续发展，势必要按照科学发展观的要求，按照实施"八八战略"的要求，走集约型的发展路子，实施"腾笼换鸟"。

2006年，浙江各地"腾笼换鸟"加大了力度，结出了累累硕果。

杭州坚持"工业兴市"战略不动摇，努力营造"合力兴工"氛围，改造发展传统工业、适度发展重化工业、大力发展高新技术产业，加快建设"天堂硅谷"。大力推进工业结构调整，积极用高新技术和先进适用技术改造提升传统工业。围绕推进自主创新，加大科技投入力度，前三季度，市财政共列支科技经费1.74亿元，同比增长57.5%，其中科技三项经费1.48亿元，同比增长64%。全市有56个项目被列入浙江省2006年技术创新重点项目。高新技术产业发展势头迅猛，"新药港"特别是"信息港"建设取得重大进展，通信、软件、集成电路、数字电视、动漫、网络游戏等6条产业链做大做强。

温州以经济结构调整和转变增长方式为主线，把"选商引资"作为提升民企优势、创新发展路子的重要途径，目前全市"民外合璧"企业已达930家，总投资额45.7亿美元。绍兴市扎实开展"提升产业竞争力"活动，加快推进产业升级。重抓有效项目投入等十大任务，推动经济工作的创新、提升和集约发展。绍兴成为12个"中国品牌经济城市"和6个"中国品牌之都"之一。全市已形成具有较强比较优势和区域特色的块状经济38个，预计全年销售收入在100亿元以上的特色产业集聚区块将达到8个。

湖州市加快推进循环经济发展，积极组织实施循环经济发展计划，启动循环经济重点建设项目32项，新增清洁生产企业55家。节能降耗取得明显成效。前三季度，全市规模工业综合能耗494.88万吨标准煤，同比增长18.4%，比规模工业产值增幅低15.3个百分点；单位产值综合能耗0.48吨标准煤，同比下降11.4%。预计今年全市万元GDP综合能耗下降4%以上，其中万元工业增加值综合能耗下降4.6%左右，确保完成省政府下达的"保三争四"任务。

衢州市努力发展壮大绿色特色农业。实施"345"特色农业规划，种植基地化、养殖规模化、布局区域化、生产标准化、经营产业化水平不断提高。全市新建绿色特色农产品基地15万亩，新增有机农产品30个，新增省级农业龙头企业6家，市级农业龙头企业39家。

新农村建设：让广大农民得到了更多实惠

2006年，是浙江各地新农村建设力度最大、投入最多、成效也最为明显的一年。记者在各地采访时看到，我省农村面貌变新了、变美了，农民生活变舒心了、变富裕了。

绍兴市以统筹城乡发展"十网"建设为抓手，全面推进社会主义新农村建设。目前，全市5个县（市）均已完成县（市）域城镇体系规划、县域村庄布点规划的编制工作。乡镇超市已实现全覆盖。各县（市、区）及中心镇生活垃圾无害化处理率平均已达77.2%，农村生活垃圾收集覆盖率达76.4%，70%的行政村建立了"户集、村收、镇运、县处理"的垃圾收集处理机制。

金华市大力实施生产发展提升行动，继续推进百强农业龙头企业工程，有效促进了农业主体企业化、农民组织化和经营产业化程度。全市累计培育各类农民专业合作社400家，社员4.5万人；1—9月，市级以上农业龙头企业实现销售收入78亿元，出口创汇3.2亿美元，带动农户55万户。大力实施生活宽裕富民行动，积极开展百万农村劳动力素质培训和50万农村劳动力转移工程，前三季度，全市共完成农村劳动力培训13.35万人，实现培训后转移4.49万人，转移率达73.7%。

丽水市把农民持续稳定增收作为新农村建设最直接、最现实、最紧迫的任务；把村庄整治建设、改善和提升农民的生产生活生态环境质量作为丽水新农村建设的重要内容；积极推进农民知识化、农业产业化和农村田园化。积极组织实施"强龙兴农"工程，坚持不懈地推进农业产业化。到目前为止，全市累计已有产值超千万元的农业龙头企业134家；农民专业合作经济组织达到293家，带动农户29.92万户，联结基地56.36万亩。从山区实际出发，积极发展来料加工业，目前，已有6个县（市、区）成立了来料加工工作领导小组，从事来料加工的一级经纪人达到657人，加工者达到84578人，前三季度实现加工费15232万元。

和谐社会建设：促进经济社会发展日趋协调

社会发展滞后于经济发展，曾被人们形象地称为"一条腿长、一条腿短"。2006年，浙江各地以"平安浙江""法治浙江"建设为载体，在着力推进经济发展的同时，大力推进社会各项事业发展，全面提高人民生活水平，从根本上来维护社会和谐。

宁波市坚持开展"解难创优"活动，把解决人民群众最关心、最直接、最现实的利益问题作为建设"平安宁波"、构建和谐社会的着力点，落实和完善为民办实事的长效机制。

嘉兴市以促进充分就业、完善社会保障体系、逐步理顺分配关系为着力点，认真解决人民群众最关心、最直接、最现实的利益问题。深化就业体制改革，完善市场导向的就业机制，鼓励和支持人民群众自主创业，保障就业创业机会平等，努力实现充分就业。改善创业和就业环境，重点做好失业人员、城镇新增劳动力和农村转移劳动力的就业工作。

舟山市积极探索建立城乡衔接、覆盖面广、多层次的社会保障和新型社会救助体系，做好非公企业职工的基本养老保险覆盖工作和被征地农民社会保障工作。加大公共财政对社会保障的资金支持力度，进一步扩大养老、医疗、失业、工伤、生育、住房公积金等基本社会保险覆盖面。

绍兴市制订出台《关于进一步做好就业再就业工作的意见》和《关于加强和改进对农村进城务工人员服务与管理的实施意见》，加强外来人口管理，全市城镇登记失业率3.6%。农村"五保"和城镇"三无"对象集中供养率达99.26%。

台州市制定出台促进基础教育均衡发展和义务教育阶段中小学免除学杂费的政策，贫困家庭子女开始享受全免费12年基础教育。完成了《台州市区域卫生规划》《台州市卫生强市规划纲要》的编制工作。实施"农民健康工程"，对参加新型农村合作医疗的农民提供免费健康体检。全面推行农村部分计划生育家庭奖励扶持制度。

增强"软实力"：群众精神文化生活更加丰富

按照省委加快建设"文化大省"的战略部署，各市大力推进"文化大市"建设，深入开展以社会主义荣辱观教育为重点的精神文明建设活动，全面繁荣文化事业，不断发展文化产业，努力增强文化软实力。

杭州市加强历史文化名城保护，结合西湖综合保护等重大工程建设，挖掘、整理、展示了一批历史的碎片、文明的碎片。杭州近代教育史陈列馆、城建陈列馆、杭高校史馆、城区河道整治陈列馆、严官巷南宋遗址展示厅建成开放，非物质文化遗产保护走在全国全省前列，文物保护工作进一步加强。杭州图书馆新馆、市科技馆、市公共卫生中心等一批标志性文化硬件设施建设顺利推进，杭州奥体中心规划选址工作初步完成。成功举办第十五届金鸡百花电影节、2006"西湖之春"艺术节、首届世界佛教论坛开幕式文艺晚会、首届世界休闲博览会开幕式文艺晚会、第二届中国国际动漫节开幕式文艺晚会等大型文艺活动，文艺精品创作硕果累累，文化"三下乡"和科教、文体、法律、卫生"四进社区"活动不断深化。

宁波大力发扬"诚信、务实、开放、创新"的宁波精神，着力培育宣传了一批先进典型。积极开展群众性文化活动，"万场电影千场戏进农村"受到群众欢迎，已有9600多场电影、850多场戏剧送到农村，举办第四届社区文化节、"活力宁波"农民文化艺术节、"甬上风情"民间艺术节、宁波戏曲票友大奖赛，丰富了群众的精神文化生活。

绍兴市成功举办祭禹大典，出色承办文化遗产保护国际会议，中国越剧艺术节举办获得圆满成功，市第六届运动会胜利举办。基层文化设施建设得到了切实加强。绍兴平湖调、绍兴黄酒酿造工艺等10个项目列入第一批国家级非物质文化遗产代表作名录，在全国地级市中名列第一。

金华市大力实施婺剧保护、农村基础性文化阵地建设和历史文化遗产保护等工程，开展了浙江婺剧团建团50周年系列活动、医院管理年活动、2006年浙江省全民健身月浙西片群体展示大会暨金华市全民健身月活动和创建国家卫生城市、国家级历史文化名城活动。

各地广泛开展社会主义荣辱观教育，切实加强未成年人思想道德建设，扎实推进文明礼仪宣传教育实践活动，深入开展首批省级示范文明城区、县（市）创建和文明社区、文明行业（单位）、文明村镇创建活动，城市文明程度和市民文明素质进一步提高。

（《今日浙江》2006年第24期）

沿着科学发展的大道奋进

——浙江各市2007年工作思路概述

"深入贯彻落实科学发展观，努力保持经济平稳较快发展"，是中央经济工作会议的部署，也是浙江2007年经济工作的基本着眼点。从记者了解的情况看，浙江各市在制定2007年工作思路时，都认真贯彻和体现了中央和省委的这一重要精神，坚持以科学发展观统领工作全局，通过一个个具体的目标、一项项扎实的措施，将科学发展观落实到新年各项工作的部署之中。

杭州：

围绕构建"和谐杭州"、建设"生活品质之城"目标，按照"发展、创新、节约、稳定、为民、和谐"总要求，推进"五大战略"，破解"七大问题"，引领"和谐创业"，打造"平安杭州""法治杭州"，建设"一名城、四强市"和创新型城市，推动杭州经济社会又好又快发展。重点做好五方面工作：一是以推进"五大战略"、引领"和谐创业"、建设创新型城市为抓手，走科学发展之路，为构建"和谐杭州"创造雄厚的物质基础。二是以"一名城、四强市"建设为抓手，建设和谐文化，提高市民素质，发展社会事业，为构建"和谐杭州"提供强大的思想保证、智力支持和精神动力。三是以打造"平安杭州"、建设"法治杭州"为抓手，加强社会管理，推进"依法治市"，为构建"和谐杭州"提供有效的制度和法治保障。四是以破解"七大问题"为抓手，着力解决人民群众最关心、最直接、最现实的利益问题，促进社会公平正义，提高人民生活品质，为构建"和谐杭州"奠定广泛的群众基础。五是以党的先进性建设和执政能力建设为抓手，全面推进党的建设新的伟大工程，为构建"和谐杭州"提供强有力的政治和组织保证。

宁波：

按照落实科学发展观、构建和谐社会的要求，深入实施"六大联动"，加快建设文化大市、"平安宁波"和"法治宁波"，切实加强党的执政能力建设，推动宁波经济、政治、文化和社会建设"四位一体"发展水平的整体提升，以宁波经济社会又好又快的发展业绩，迎接党的十七大胜利召开。着重抓好以下七方面工作。一是深入实施《统筹城乡发展规划纲要》，推进城乡区域统筹发展，着力构建城乡协调发展的体制机制。二是推进宁波高新技术产业园区和慈溪经济开发区的升级。三是继续抓好平安创建活动，认真开展新一轮"解难创优"活动。四是巩固全国文明城市创建成果，为争取2008年蝉联全国文明城市打好基础。五是着力推进改革开放，努力建设服务型政府，积极推进内外联动发展，积极实施"区港联动"，加快宁波、舟山港口一体化进程。六是进一步发展民主政治，努力建设"法治宁波"。七是切实抓好市、县（市、区）两个层次的党委、人大、政府、政协四套班子的换届工作。

温州：

突出"一条主线"。紧紧抓住增长方式转变这条主线，抓好"向大、向新、向外、向高""四个求变"。扭住"一个龙头"。把新型城市化作为推进经济社会发展的龙头来抓。激活"一种动力"。激活改革创新这个发展的根本动力。以打造民营经济先行区为总抓手，深化民营企业制度创新，加大投融资体制、城市建设体制、社会事业发展和管理体制改革，加快政府职能转变。摆正"一个位置"。把构建和谐社会放在全局工作的突出位置。扎实推进"法治温州""平安温州"建设，力求政府执政能力进一步提高，人民群众的安全感有明显增强。扎实推进"文化大市"建设，深入开展文明城市创建活动。扎实推进生态市建设，大力推进节能降耗，努力推进节约型社会建设。强化"一种保证"。全面加强党的建设，为又快又好发展提供坚强的政治保证。

嘉兴：

深入实施扩大开放、滨海开发、新型工业化、城乡一体化、科教兴市、和谐发展六大战略，着力打造活力嘉兴、人文嘉兴、生态嘉兴、法治嘉兴、平安嘉兴，努力构建社会主义和谐社会，加快长三角经济强市、杭州湾滨海新市、江南水乡文化大市建设步伐。突出抓好以下几项工作：一是经济结构抓调整，着力提高经济的整体素质和竞争力；二是对外开放抓龙头，进一步提高经济国际化水平；三是城乡发展抓统筹，加快推进城乡一体化进程；四是体制机制抓创新，进一步优化发展环境；五是精神文明抓创建，加快推进文化大市建设；六是社会生活抓和谐，全力打造"平安嘉兴"；七是关心群众抓保障，切实提高人民生活水平；八是党的建设抓根本，不断强化经济社会发展的组织保障。

湖州：

按照"好中求快、全面协调、稳中求进、惠民富民"的总体要求，确定2007年全市经济社会发展的预期目标和主要任务。抓好新年的经济工作，湖州将着力"八个突出"：即突出调整优化结构，着力加快增长方式转变；突出产业发展和农民增收，着力推进新农村实验示范区建设；突出招商引资"一把手"工程，着力提高开放型经济水平；突出节能降耗和环境保护，着力推进资源节约型、环境友好型社会建设；突出完善和强化城市功能，着力推进中心城市建设；突出体制机制创新，着力激发发展的内在活力；突出惠民富民，着力促进社会事业发展、解决民生问题；突出维护稳定和转变作风，着力营造安定有序、优质高效的发展环境。

绍兴：

以科学发展观和省委"八八战略"统揽全局，坚持推进率先发展、实现富民强市的战略部署，按照"开拓创新促发展、同心同德求和谐，以优异成绩迎接党的十七大召开"的要求，加快率先发展、创新发展、集约发展、统筹发展、和谐发展进程，推进经济强市、文化强市、生态绍兴、和谐绍兴建设。在具体工作中力求取得七个"新突破"：一是突出经济结构的战略性调整，力求增长方式转变有新突破。二是突出基础设施的建设完善，力求城市融合发展有新突破。三是突出"十大网络"的全面推进，力求城乡统筹发展有新突破。四是突出先进文化的培育弘扬，力求文化繁荣发展有新突破。五是突出生态环境的综合治理，力求环境改善优化有新突破。六是突出民生民主的制度保障，力求社会和谐发展有新突破。七是突出先进性与执政能力建设，力求党建工作有新突破。

金华：

围绕"发展城市群、共建大金华"战略主线，统筹城乡发展、区域发展、人与自然和谐发展，继续推进工业化、城市化、城乡一体化和经济国际化，促进经济社会全面健康协调发展。其工作重点：一是大力实施工业强市战略，做大做强一批主导产业突出、特色鲜明的高成长性工业园区，加快浙中崛起。二是大力推进浙中城市群建设，形成以交通、能源、信息和水资源综合利用四大基础设施网络为支撑的城市群基础设施体系。三是大力推进社会主义新农村建设，狠抓农村综合改革，加快城乡协调发展。四是大力推进公共服务体系建设，高度重视就业民生工作、"文化大市"建设、社会保障工作、安全生产工作，强化政府促进就业职能。五是大力推进"生态金华"建设，积极发展循环经济，加大环境污染整治力度，努力建设节约型社会。

衢州：

全面贯彻科学发展观、构建社会主义和谐社会的重大战略思想，深入落实省委提出的"四位一体"总体部署，紧紧围绕"两大目标"，深入实施"三大战略"，坚持科学、统筹、和谐、特色发展，突出又好又快，推进开放创新，推动文化名市建设和民主法制建设，促进社会和谐，切实加强党的建设、加快实现"两大目标"，以优异成绩迎接党的十七大召开。经济社会发展预期目标总的要求是：主要经济指标增幅力争高于全省水平。主要任务和措施有：切实转变经济增长方式，推动经济又好又快发展；注重统筹协调发展，推动社会全面进步，着力解决人民群众最关心、最直接、最现实的利益问题，扎实推进和谐社会建设；争创发展新优势，努力营造更具有竞争力的区域发展环境；全面推进党的建设，为推进又好又快发展提供保证。

舟山：

坚持以科学发展观统领经济社会发展全局，以实现又快又好发展为主题，更加突出发展海洋经济、转变经济增长方式和坚持执政为民、构建海岛和谐社会两个重点，强力推进基层群体、基础设施、基本保障三项基础建设，努力构建和谐社会。具体抓好六个方面的工作。一是做大做强，推动海洋经济再上新台阶。二是形成合力，深入推进渔农村小康社区建设。深入推进"暖促"工程和渔农村小康社区创建活动。三是关注民生，切实解决好群众最关心、最直接、最现实的利益问题。四是维护稳定，不断深化"平安舟山"建设和依法治市工作。五是注重协调，进一步推进海洋文化名城建设。六是固本强基，切实加强党的自身建设。

台州：

总的按照市第三次党代会既定部署，抓好落实，推进经济社会又好又快发展。具体提出了四个方面的基本要求。一是科学谋局。新年，市委将分别以党代会和市委全会形式，专题研究和谐台州和生态建设战略，从而初步形成台州发展的战略谋局。二是转型升级。深入实施"5431"计划，加快产业转型升级。三是夯实基础。继续深化"两年"，抓好重大项目和基础设施建设。四是构建和谐。坚持以人为本，高度关注民生。进一步健全城乡社会保障体系。加强民主法治建设，促进社会公平正义。建设和谐文化，重点抓好软实力建设，突出民办文化，大力发展文化事业和文化产业，深入开展"多城同创"。加强构建和谐社会领导，建立市、县两级党政领导维稳工作责任制。

丽水：

扭住"两个1000亿"（到2010年累计完成全社会固定资产投资1000亿元，工业总产值达到1000亿元）目标不放松，切实推进新型工业化、新型城市化。加快统筹城乡发展，切实抓好新农村建设。加快74个欠发达乡镇下山移民整村搬迁的实施进度，鼓励和引导山上农民向中心村、中心镇和城区梯度有序转移。继续抓好"百万农民素质培训工程"，促进农村来料加工业和"农家乐"成为农民收入新增长点。加快经济增长方式转变，提高经济增长质量。重点建设以企业为主体的技术创新体系、产学研合作体系、科技创新人才培养体系。加快发展服务产业，做好全市服务业的统筹规划，努力做大做强休闲旅游等优势产业。加快发展循环经济，促进工业园区生态化改造，全面完成"811"环境污染整治任务。

（《今日浙江》2007年第1期）

让广大农民分享城市发展成果

浙江是我国农村发展最快、农民人均收入最高的地区之一，在统筹城乡发展方面走在全国前列。浙江的实践证明，推进社会主义新农村建设，不能就农业论农业，就农村论农村，就农民论农民，而要让广大农民分享城市发展成果。

经济越发展，越重视农业农村工作

走进地处浙西的龙游县姚西塘村，只见新房林立、村容整洁，家家户户都看上了电视、喝上了自来水、用上了煤气灶……已经当了33年村支部书记的姚素文自豪地对我们说："咱们村原来是个'污泥村'、'贫困村'，如今变成了文明村、富裕村。城里人能享受的许多好处，咱们农民现在也能享受到了。"

在浙江采访，让我们感受最深的是浙江农村的巨大变化，城乡发展的日趋协调，农民生活质量的显著提高。权威统计表明，2005年浙江农村居民人均收入排名全国第4位（前3名都是直辖市），农村全面小康实现程度为64%，在全国居于前列。2006年浙江农村居民人均纯收入预计7200元，实际增长8%左右，继续位居全国省区第一的位置。

"经济越发展，越重视农业农村工作，浙江这方面经验很值得总结。"中央农村工作领导小组办公室主任陈锡文作如是评价。

浙江省农办副主任邵峰告诉我们："浙江农村发展快，走在全国前列，分析起来原因很多。改革开放以来，浙江以乡镇企业为代表的农村二三产业迅速发展，大大增加了农民收入。更重要的是，近几年浙江省委、省政府根据党的十六届四中全会作出的'两个趋向'的重要论断，高度重视'三农'，注重城市支持农村，工业反哺农业、统筹城乡发展，对农村发展产生了积极而深远的影响。"

路、水、电，城市基础设施向农村延伸

"我们离城里更近了！现在坐公交车到湖州只要10来分钟，票价还比原先便宜好几块，真是好福气啊。"家住湖州市吴兴区道场乡的王大妈在湖州市汽车站下车后，向我们讲述了切身的感受。这正是浙江实施乡村"康庄工程"、把城市标准的道路建设向农村延伸的结果。

在浙江，超过3/4的浙江农民在家门口走上了水泥路、柏油路，农民的生活发生了可喜变化。湖州市安吉县上墅乡董岭村村民王国华说，过去的高山蔬菜是肩挑背扛运出去卖，乡村"康庄工程"完工后则是外地菜商开着车到田头来买。绍兴诸暨市赵家镇农民蔡彭行喜滋滋地说："自从2005年底'康庄工程'完工后，来森林公园的游客就越来越多，尤其是2006年5月前后，前来采摘樱桃、观光旅游的自驾车每天都排成了长龙，最多一天有500余辆。"

行的路要快捷畅通，喝的水也要干净卫生。2003年，浙江启动实施了"千万农民饮用水工程"，各级党委、政府运用财政和市场杠杆，构建多元化的建设资金筹措机制。至2006年5月底，浙江"千万农民饮用水工程"一期工程提前完成，受益人口482.65万人。与此同时，浙江还实施了"万里清水河道工程"，逐步建立完善城乡统一的污水处理系统，许多村庄由此再现了"绿水人家绕"的江南水乡美景。

在解决农村"路""水"问题的同时，浙江各地还着力改善农村通讯、电力等基础设施，以满足农民日益增长的物质和文化生活需要。湖州市安吉县孝丰镇统溪村70多岁的田炳荣每天早晨总要穿上锃亮的皮鞋，沿着通村的水泥路转上一圈，他高兴地说："晚上路灯通通亮，洗澡用上太阳能，公交车天天门前过，自来水自动进家门，咱农民能过上这样的日子，以前是做梦也不敢想的。"

教育、医疗、社保，城市公共服务向农村覆盖

当前，缩小城乡差距，不仅要缩小城乡经济总量的差距，更重要的是要缩小城乡居民享有的公共服务和生活水平的差距，让农民和城里人一样共同享受改革开放的成果。浙江的做法是，从实际出发，将义务教育、公共医疗、最低保障，作为政府提供农村公共服务的重要方面。

浙江杭州市实施名校集团化战略，抓住农村教育这一薄弱环节，鼓励城市名校与农村中小学联合，全面实施农村教育帮扶工程，使淳安、建德、桐庐等地1.2万余名农村学生受益。在衢州、丽水等相对落后的地区，政府积极投入改善农村教育状况，营养餐、校车接送已经不再是城里孩子的"专利"，许多农村学生如今也能享受了。龙游县县委的一位干部自豪地告诉我们："在龙游的乡镇农村，最好的房子就是学校。"

当前，治不起病、住不起院已不再是农民最大的心腹之患。近几年，浙江在全省大力实施"农民健康工程"，加强农村卫生设施建设，夯实农村公共卫生服务基础，让广大农民朋友小伤小病不出家门，就能享受到较为满意的基本医疗服务。其中，启动于2003年的农村新型合作医疗制度，尤其受到农民欢迎。

舟山市普陀区桃花镇一位农民告诉我们，他的老伴患有乳腺癌，2005年做化疗共花去12万元。家里花光了全部积蓄，还欠了5万元钱外债。这次由于每人交30元钱参加了农村合作医疗保险，他家一共得到了6万元的补偿。他激动地说："拿到补偿金的时候，我真想哭，那可是救命钱！我老伴出院回来，家里几乎一分钱都没有了，6万元的补偿金真是雪中送炭啊！"

社会保障是政府公共服务的重要内容，也是群众最关心、最直接、最现实的利益问题。在推进社会保障体系建设中，浙江始终把握"城乡统筹"的原则，着力构建就业和再就业、社会保险、社会救助"三位一体"的"大社保"体系框架。其中引人注目的是，浙江在全国率先建立了城乡一体的最低生活保障制度。目前，全省低保对象基本实现了动态管理下的应保尽保、应补尽补；农村"五保"户和城镇"三无"对象集

中供养率已达到92.5％和97.6％；全省221.4万名被征地农民被纳入各类保障范围，其中参加基本社会保障的有186万，分别比2005年末增加33.4万和26.9万人；农民参加医疗保险有新突破，截至2006年9月末已有148.5万人参保。

环境整治、文化下乡、文明结对，城市现代文明向农村传播

"远看，新房林立像城市；近瞧，环境脏乱是农村。"垃圾乱倒、污水乱排、杂物乱堆，曾经是浙江农村司空见惯的现象。为改变这一面貌，2003年浙江省委、省政府启动了"千村示范、万村整治"工程，计划用5年的时间，对全省1万个左右的行政村进行全面整治，并把其中1000个左右的行政村建设成为全面小康示范村。

所谓整治，主要是"八化"：布局优化、道路硬化、路灯亮化、四旁绿化、河道净化、卫生洁化、住宅美化、服务强化。我们在浙江农村采访时看到，凡是被整治过的村庄，村容村貌焕然一新，生态环境明显改善。特别是沉积多年的垃圾得到清理，露天粪坑得到搬迁，牲畜粪便和生活污水得到无害化处理，村庄四旁得到绿化美化，一大批杂乱无章的旧村庄变成了错落有致的新社区，"有新房无新村"的状况发生了根本性的改观。义乌市城西街道七一村一位村民对我们说："以前我搬到城里住，是因为城市的生活环境好，公共基础设施齐备。如今，村里也搞了排污管道，垃圾集中统一处理，再加上农村空气好，噪音少，我决定把家搬回村里。"

浙江在建设农村文化载体方面也屡有创新。2005年7月，由浙江省委宣传部、浙江省文化厅等4家单位共同组建的钱江浪花艺术团诞生。与其他文艺院团不同的是，这个艺术团没有固定的剧场，它的演出舞台是一辆可以走街串巷，也可以很方便地就地打开车厢作舞台使用的流动演出车。"钱江浪花"以流动演出车为载体直接深入乡镇、农村、企业、学校等基层开展演出。各地群众像过节一样欢迎艺术团，演出车所到之处，观者云集，一场演出常有上万人观看。

在"钱江浪花"的示范效应下，浙江各地纷纷效仿，全省目前已有

14辆类似的文艺演出直通车在运作。如嵊州的越剧大巴、衢州的文艺大篷车、平阳的流动剧场等等。它们常年穿梭于基层，为农村群众送去他们喜欢的节目。

2005年4月起，浙江还在全省开展了"双万结对，共建文明"活动，即通过自愿结对、双向互动，组织1万家文明单位与1万个行政村结对共建。这一活动充分利用文明单位丰富的资源优势，发挥省市文明单位示范带动作用，推进城乡互动，优势互补，促进更多的城市文明资源流向农村，提高了农民素质和农村文明程度。

浙江以"乡风文明、村容整洁"作为新农村精神文明建设的核心内容，着力推进城市现代文明向农村传播的一系列举措，使科学规划意识、保护环境意识、公共卫生意识和社会公德意识在农民群众中得到了前所未有的普及，农村中一些陈规陋习和不良习俗得以改变，爱卫生、讲文明、懂礼仪的群众明显增多，农村精神文明建设普遍得到加强，有效地促进了农村的"户富、村美、人和"，使城乡之间的差距进一步缩小。

（《今日浙江》2007年第1期，《半月谈》内部版2007年第1期）

把实事办到群众心坎上

——浙江省委、省政府为民办实事工作综述

岁末年初，省委、省政府的一系列重民心、安民生的重要举措，给浙江老百姓带来了新年的新喜悦。

——12月31日，2006年的最后一天，省委书记习近平深入杭州的街道小巷，与社区群众零距离接触，详细考察调研基层党委、政府为民办实事、办好事情况。

——1月4日，2007年的第一个工作日，省委、省政府就召开完善为民办实事长效机制工作座谈会，对新年为民办实事工作作出具体部署。而在此前的几天，省政府已先后两次召开常务会议，对2007年要办的实事一项项进行认真梳理和研究。

……

这一切都昭示：新的一年，又将是一个给群众带来更多实惠的"民生年"。

把"群众利益无小事"铭记于心，践之于行

"民者，邦之命脉，欲寿国脉，必厚民生。"

省委、省政府一直高度重视民生问题，把解决人民群众最关心、最直接、最现实的利益问题，始终摆在最突出的位置，努力使改革发展的成果让广大人民群众共享。

近几年，省委相继作出实施"八八战略"和建设"平安浙江"、文化大省、"法治浙江"等一系列重大部署，形成了具有浙江特色的"四位一体"的现代化建设总体布局,其中高度关注民生是贯穿始终的出发点和立足点,说到底就是为了让浙江人民过上更加幸福美好的生活。

"些小吾曹州县吏,一枝一叶总关情。"群众利益既有长远的幸福追求,也有当前生产生活中十分具体的小事。省委、省政府领导在多种场合再三强调,要围绕人民群众最现实、最关心、最直接的利益,切实办好顺民意、解民忧、谋民利、得民心的好事实事,努力实现好、维护好、发展好最广大人民群众的根本利益,引导好、保护好、发挥好他们的积极性。关心群众生活,为群众谋利益,就要从为群众解决具体问题入手。凡是涉及群众的切身利益和实际困难的事情,再小也要竭尽全力去办。

浙江已连续多年在年初的政府工作报告上向全省人民就一年中要办哪些实事、如何办好实事作出庄严承诺。在2005年省委办公厅印发的《省委常委会先进性教育活动整改工作责任分解》中就明确,"抓好省'两会'政府工作报告中提出的今年在就业再就业、社会保障、医疗卫生、基础设施、城乡住房、生态环境、扶贫开发、科教文化、权益保障、社会稳定等十个领域为民办实事的有关工作,结合工作实际研究完善有关具体政策措施"。

就业是最大的民生问题。省委、省政府全面落实就业扶持政策,大力实施就业再就业援助,高度重视职业技能培训,深入实施"千万农村劳动力培训工程",强化就业指导和服务,促进农业剩余劳动力向非农领域转移。2003年以来,全省已累计新增245万城镇就业岗位,帮助134万城镇失业人员实现再就业,完成145万多农村劳动力转移培训,其中82万农村劳动力实现转移就业。

社会保障是民生之福,是社会和谐的重要支柱。2003年全省社会保障工作会议提出"一个率先,一个加快",即率先建立比较完善的城镇社会保险制度,加快建立覆盖城乡的新型社会救助体系,确立了我省大社保体系建设的总体思路。省政府每年召开一次全省性会议,对工作进行检查和部署。经过四年来的探索,构建起与经济发展水平相适应、具有鲜明浙江特色的就业和社会保障制度。将乡镇企业职工纳入基本养老保险制度覆盖范围;将广大农民纳入最低生活保障范围,并对所有城乡低保对象实现了动态管理下的应保尽保、应补尽补；将城乡孤寡老人全面纳入集中供养；将被征地农民纳入多形式的保障体系，这在全国都是率先实施，走在前列。同时，加强城乡居民特别是困难群众住房保障力度。全省近90%的县（市、区）实施廉租住房制度，1.86万户居民享受了该政策；全面实施残疾人住房救助制度，率先开展农村住房政策性保险试点。城乡义务教育阶段学杂费全部免收，贫困家庭子女受教育机会明显增加；居住条件和生活环境进一步改善。

如今的浙江，是全国社会保障体系最健全的省份，也是百姓心目中最有幸福感和安全感的省份之一。

把群众的呼声和要求作为办实事的第一信号

哪些实事最急着办，哪些实事最需要办？

浙江省委、省政府的做法是充分听取群众的建议意见，把群众最关心、最直接、最现实的实事首先办好，绝不搞一厢情愿，绝不搞形式主义和形象工程，办任何实事都要办成群众满意、群众高兴、群众赞成的民心工程。

民有所呼，我有所应，群众呼声最大的，就是省委、省政府着力要去解决的。近年来，浙江在为民办实事的过程中，充分尊重群众的知情权、参与权，将人民群众的呼声作为第一信号，将人民群众的要求作为办实事的依据，对一些重大实事项目，实行社会公示、听证，并通过人大代表、政协委员的议案、提案，人民群众来信来电来访以及政府网站等渠道，广泛征询为民办实事项目，让人民群众充分表达自己的意志和愿望。在确定为民办实事项目时，事先通过报纸、广播、电视等宣传工具，公开征集为民办实事项目，广大群众利用市长信箱和热线电话向政府提出意见和建议，提高了政府工作的透明度和群众的参与度。

上学、看病和改善农村基础设施条件，是群众最关心，也是呼声最大的几个问题。近几年来，浙江省委、省政府在解决这几个问题上下了很大功夫，取得了明显成效。

教育公平，是社会公平之基。在教育方面，省委、省政府提出"基础教育抓均衡，高等教育抓质量，职业教育抓结合"的总体思路，特别是围绕让农村孩子"念上书、念好书"，采取了许多有效措施，努力缩小城乡教育差距，着力优化教育资源布局，加大农村教育投入。近几年，浙江全面实施贫困学生资助扩面、爱心营养餐、学校食宿改造和教师素质提升"四项工程"。2006年秋季起，浙江城乡义务教育阶段学生全部免收学杂费。据统计，2006年省财政投入8.8亿元用于农村教育，其中3.7亿元用于农村基础教育"四项工程"。目前，在浙江的丽水、衢州等一些相对欠发达地区，不少农村学生也能像城里的学生一样，能够吃上营养餐，上学放学也有了班车接送。

在卫生领域，围绕让城乡群众"看得起病、有地方看病、加强预防少生病"，深化医疗卫生体制改革，加快实施"农民健康工程"，健全基层公共卫生服务体系。截至2006年底，全省2902万名农民已参加新型农村合作医疗制度，参保率达86%。2005年以来，浙江对参保农民每两年实行一次免费体检，并已建立954万份农民健康档案；各市还建立惠民医院，受到了人民群众的欢迎。在文化领域，抓好深化文化体制改革综合试点，实施文化建设"四个一批"规划。2006年省财政还安排1.5亿元专项资金，加大对农村文化建设的投入，并实现了送8万场电影、1万场演出、200万册图书到农村的量化目标。

省委、省政府把完善基础设施作为关注民生的重要内容。针对我省一度出现的"电荒"，强化规划引导，加快电源电网建设，调整能源结构。2003年以来，全省已新增6000千瓦以上电力装机1842万千瓦，比原总容量增长115%，较好缓解了电力紧张状况。根据浙江区域性、水质性缺水的实际，深化研究全省特别是钱塘江河口水资源利用与保护规划，启动浙东、浙北引水等"百亿水资源保障工程"。着眼于提高综合运输效能，积极推进交通"六大工程"建设。全省新建高速公路通车里程1075公里，比2002年底总里程增长82%。近年来，我省认真实施"千村示范万村整治""千万农民饮用水""乡村康庄"等工程，积极开展县市域总体规划试点，加快城市基础设施向农村延伸，切实优化农民生产生活条件。目前，全省累计完成建设示范村852个、整治村8236个，并结合库区、高山村、地质灾害频繁村异地脱贫，新建或扩建脱贫小区998个，下山搬迁农户7.2万户、26.1万人；全省等级公路通村率、路面硬化率已分别达90%和81%，80%以上的县市已实施公交城乡一体化；全省农村卫生厕所普及率和自来水普及率已分别达80%和88%，通电话和有线电视的行政村比重已分别达100%和85%，覆盖城乡的基础设施建设已迈出坚实步伐。

浙江非公企业多，就业容量大，是个农民工大省。能真正融入浙江，以主人翁的姿态在这片热土上创业和生活是农民工的共同心愿。为此，省委、省政府制定了加强农民工服务管理的有关政策文件，合理调整最低工资，推动建设多形式的民工公寓，切实改善农民工的工作生活条件。同时，强化劳动保障监察执法，加强和改进劳动合同管理，规范企业工资支付，完善劳动关系协调机制，切实维护他们的权益，使外来民工备感温暖。

由于坚持以广大群众意愿和要求为导向，省委、省政府所办的实事都是群众真正普遍关心的事，群众迫切想办的事，这样办实事，就办到了群众的心里头。在不久前省统计局民情民意调查中心随机4000个样本的电话调查中，群众对10个方面实事的满意度达88.8%。

把建立健全长效机制作为办实事的重要保证

为民办实事，贵在坚持，贵在长效。近几年，浙江省委、省政府把建立健全为民办实事的长效机制，作为党委、政府制度建设的一项重要内容，作为办好实事的重要保证。

在多年探索实践的基础上，2004年10月23日，省委、省政府制定了《关于建立健全为民办实事长效机制的若干意见》。《意见》明确指出，建立健全为民办实事长效机制，就是要在总结各地各部门工作经验的基础上，进一步明确工作指导思想和重点领域，建立健全工作机制，切实加强组织领导，使为民办实事工作进一步规范化、制度化。

以人为本，民生为重；尊重民意，科学决策；实事实办，注重实效；健全制度，常抓不懈是浙江建立健全为民办实事长效机制的四条基本原则。按照《意见》要求，浙江不仅建立了为民办实事的民情反映机制、民主决策机制，还建立了责任落实机制、投入保障机制和督查考评机制。

每个实事项目确定后，根据项目内容，都明确分管领导、承办单位、完成时间和工作要求。对涉及多个部门的事项，则建立联席会议制度和联合办公制度。

把为民办实事的有关投入纳入财政预算，并根据经济发展和财政增长的状况保持逐年增加。2004年以来，省财政安排生态建设和环境保护的专项资金就达50亿元。对为民办实事的有关投入和经费要有选择、有重点地开展年度审计，确保资金的安全完整、专款专用。遵循市场经济规律，多渠道筹集资金，坚持量力而行，倡导少花钱、多办事、办大事。

加强对为民办实事工作的督查，及时发现问题，提出针对性的工作要求和改进意见。加强对为民办实事工作的考评，把为民办实事情况作为对各级领导干部政绩考核、人大对政府部门工作评议的重要内容。建立为民办实事工作报告、通报制度和责任考评追究制度。通过各种方式向社会公布，接受社会各界和群众监督。

义贵有功，功在利民。实践证明，建立健全为民办实事长效机制在浙江取得了明显进展，已经成为各级党委、政府坚持立党为公、执政为民的重要举措和自觉行动，取得了人民群众看得见、摸得着的实际效果。

"乐民之乐者，民亦乐其乐；忧民之忧者，民亦忧其忧。"在省委、省政府的带动下，浙江各级党委、政府为民办实事蔚然成风，广大群众积极参与，热烈拥护，倍感温暖，对党和政府更加爱戴。

为民办实事风帆正举，必将有力地推动浙江走向更加和谐、美好的明天！

（《今日浙江》2007年第1期）

树良好作风　创优异成绩
——浙江部署开展"作风建设年"活动侧记

2007年2月25日,也就是农历正月初八,春节过后的第一个工作日。

这一天,无论是城市还是乡村,喜庆的鞭炮声不绝于耳,许许多多的人都还沉浸在欢乐祥和的节日气氛中。

就在这一天,省委、省政府召开了全省开展"作风建设年"活动动员会,并且是省市县三级联动,以电视电话会议的形式召开,除在省人民大会堂设主会场之外,在各市、县(市、区)设立分会场。在杭的省直属各单位党组成员、副厅以上领导干部,各市、县(市、区)级领导班子成员和有关部门负责人参加会议。

这次会议,标志着浙江的"作风建设年"活动,拉开了序幕;

这次会议,昭示着浙江的"作风建设年"活动,将成为新一年全省各级党委、政府主抓的一项重要工作。

会议本身就体现了省委、省政府带头转变作风

参加会议的同志切身感受到了清新的会风。

省纪委的一位干部在步出会场时说,这次会议本身就体现了作风转变,体现了省委、省政府带头示范。一是会议采取电视电话会议的形式召开,只用了一个上午的时间,体现了勤俭节约之风。二是这么大规模的全省性重要会议,只有主持人和报告人坐主席台,并且报告很短,不到1个小时时间,主持也很简洁,体现了求真务实之风。三是会议的一项议程,是组织主会场参会人员观看《村支书郑九万》电影,这是一种会议形式的创新，也是对省级机关干部进行一次向基层干部学习，转变工作作风的最生动形象的教育。

省协作办一位领导说："习书记在报告中提倡'开短会、讲短话、说实话'，这次会议真正是立说立行了。会风也是作风的体现，这次会议展现的良好会风，是'作风建设年'的一个良好开端。这次会议让我们看到了省委、省政府对搞好'作风建设年'活动的决心和信心。"

浙江把今年确立为"作风建设年"，并在春节过后的第一个工作日就进行活动的部署，引起了社会各界的广泛关注，许多中央和省外主流媒体对此都进行了宣传和评论。

中央党校教授叶笃初获悉这一消息后，在电话中对记者说，在学习贯彻中央关于加强八个方面作风建设重要论述这样一个背景下，浙江把党的十七大召开之年——2007年确定为全省的"作风建设年"，是个好举措，意义深远。浙江经济社会发展走在全国前列，浙江省委、省政府的许多工作也是先人一步，走在前头。

抓党风、促政风、带民风

1月25日，省委书记习近平在省纪委十次全会上强调要认真学习贯彻中央领导的重要讲话精神，弘扬新风正气，抵制歪风邪气，全面加强领导干部作风建设。同时，省委还专门下发通知，对此作出具体部署。

春节前，省委常委会又召开以加强领导干部作风建设为主题的专题民主生活会，并对全省开展"作风建设年"活动作了认真研究。

这次"作风建设年"动员会，吹响了浙江努力在全省上下倡导和形成八个方面良好风气的号角。

开展"作风建设年"活动，就是要继承和发扬党的优良传统和作风，与时俱进地培育新的良好风气，切实解决当前少数领导干部在思想作风、学风、工作作风、领导作风、生活作风等方面存在的突出问题，抵制歪风邪气，弘扬新风正气，努力取得抓党风促政风带民风的积极成效。

会议部署，在开展"作风建设年"活动中，为体现领导带头、率先垂范的要求，今年浙江还将在市县领导班子中开展以"团结和谐干在实处、科学发展走在前列"为主要内容的"树新形象、创新业绩"主题实践活动。

六项具体内容，体现了大局着眼、小处入手、抓住重点、讲求实效的思路

根据省委、省政府部署，今年开展的"作风建设年"活动，具体要抓好六个方面的工作内容。一是大兴学习之风；二是深化机关效能建设；三是改进工作作风；四是改进和规范公务接待；五是坚决刹住违规建设楼堂馆所的不良风气；六是厉行节约、反对铺张浪费。

大家认为，这六项具体内容，遵循了中央提出的抵制八个方面的歪风邪气、倡导八个方面良好风气的要求，非常符合浙江党员干部队伍作风建设的实际，具有很强的针对性，切实体现了从大局着眼、小处入手、抓住重点、整合载体、讲求实效的开展"作风建设年"活动思路。

会上，习近平提出强化行政成本意识，切实节约行政成本，努力建设节约型政府，引起与会者的共鸣。一位多年在机关工作的厅级干部对记者说，机关的铺张浪费现象，的确是群众反映比较强烈的问题。机关花的钱，都来自人民群众的辛勤劳动，都是纳税人的钱，一定要倍加珍惜，勤俭节约，树立强烈的行政成本意识、节约意识。特别要重视解决好公款吃喝、公款旅游、公款消费等问题，让广大群众感受到"作风建设年"活动取得实实在在的成效。

来自我省高校的一位领导说，这次活动中要着力解决的具体问题，如公务接待、会风文风等问题，其实是一直来都想给予解决的老问题、难问题，希望这次能下狠心、动真格，切实予以解决，不要"只听雷声响，不见雨下来"。那些具体的问题如得不到解决，"作风建设年"活动也就失去其应有的价值，也就谈不上取得实效。

作风建设必须始终坚持、常抓不懈

活动有阶段，建设无止境。

"作风建设年"意味着今年我省各级党委、政府要下更大的决心、花更多的精力来抓作风建设，取得作风建设的新成效。

"作风建设年"活动只是加强作风建设的一个载体，一种举措，一段过程。

作风建设是我们党的建设的一项长期任务，必须持之以恒，常抓不懈。习近平为此提醒广大干部，"作风建设年"活动开展好了，并不意味着作风建设可以一劳永逸。他强调，抓作风建设，既要着眼当前，突出重点；又要长远考虑，坚持经常，不搞一阵风、运动式，要通过一年的活动进一步总结经验，善作善成，持续推动在全社会形成八个方面的良好风气。

在与记者交谈中，许多机关干部都认为，加强作风建设，抓好制度建设是关键。一位省政府办公厅的干部说，开展"作风建设年"活动的第三阶段主要是建章立制、总结提高，这很好。在活动中，一定要按照省委部署，把解决问题与建章立制紧密结合起来，注重从制度上巩固整改成果，使作风建设逐步走上制度化、规范化的轨道，形成长效机制，发挥长远作用。

"有了制度，一定要严格执行。"一位在基层挂职的省直机关干部说，"现在各地各部门制度订了不少，但真正执行起来的不多。抓制度建设，一是要使制度切实符合实际，具体化，可操作；二是不能仅仅贴在墙上、写在纸上，一定要把制度执行好。"

郑九万的先进事迹，对我省的广大干部来说，都已耳熟能详，但电影《村支书郑九万》还是深深震撼了人们的心灵。省农业厅一位干部说，这部电影是对我们机关干部最形象、最生动的加强作风建设的教育，如果我们都有郑九万这样的精神、这样的干劲、这样的作风，无论什么工作都能做好。

春节过后忙起来

"一日之计在于晨,一年之计在于春。"

会上,省委书记习近平在作报告时,引用了当天《人民日报》"今日谈"专栏发表的一篇短文《过节之后忙起来》,体现了省委、省政府对全省广大干部的要求和希望。

只有春天的辛勤播种,才有秋天的丰硕成果。加快全面建设小康社会,保持浙江工作走在前列,都需要各级干部干在实处,都需要从新年伊始就扎扎实实地干起来、紧紧张张地忙起来。

事实上,春节过后上班第一天,我省各级机关干部就投入了繁忙的工作中。在侨乡青田,新春第一个工作日,700多名机关干部就深入全县各乡镇、村,进农家、下田头,和群众共商富民强村大计;在竹乡安吉,节后第一天,县领导就带领部门、乡镇、企业主要负责人赴德清、桐庐学习考察;浙西开化,春节后首个工作日,就组织了一支由机关干部、企业员工、城镇居民组成的近千名"义务植树大军"开展植树活动……

良好的作风要在真抓实干中体现,要在优异成绩中体现。在开展"作风建设年"的动员大会上,习近平要求大家振奋精神、开拓创新,树良好作风,创优异成绩。相信通过开展"作风建设年"活动,我省上下一定会以更优良的作风,收获更丰硕的果实,向党的十七大和省第十二次党代会献礼。

(《今日浙江》2007年第3期)

◇ 浙江省委作出的"八八战略",有效地引领和促进了浙江发展路径的转型。几年实施下来,浙江经济社会开始转入又好又快的科学发展轨道,并呈现一路高歌、走在前列的良好态势。

引领和推进浙江科学发展的重大战略

2006年,是实施"十一五"规划的开局之年,也是省第十一次党代会以来的第四个年头。

打开省统计局提供的《2006年浙江省国民经济和社会发展统计公报》,一串令人欣喜的数据呈现在眼前:

——生产总值为15649亿元,比上年增长13.6%,增幅分别比全国、上海高出2.9个和1.6个百分点;

——三次产业结构从上年的6.6∶53.4∶40调整为5.9∶53.9∶40.2;

——全省农村居民人均纯收入7335元,比上年增长10.1%,扣除物价上涨因素,实际收入增长9.3%,明显快于全国平均水平;

——高技术产业总产值达2364.5亿元,比上年增长33.9%;

——群众安全感达94.8%,已连续三年保持在90%以上,被认为是全国最具安全感的省份之一;

——全省环境质量基本稳定,在中国环境监测总站编制的《全国生态环境状况评价报告》中,浙江以87.1分的成绩名列全国第一。

……

数据是枯燥的,但也是最实在、最有说服力的。

一连串的数据折射出浙江经济结构调整步伐加快,增长方式转变有效推进，折射出浙江的城乡发展、区域发展、人与自然的发展正不断趋向协调，也折射出浙江全面贯彻科学发展观、落实宏观调控政策和深入实施"八八战略"，已经取得良好效应。

"八八战略"，浙江发展理念、发展思路、发展战略的创新

钱塘潮涌，激流澎湃。

改革开放的大潮涌来，浙江人勇立潮头，抢抓机遇，敢走前人从未走过的路，率先尝试发展社会主义市场经济，选择了一条以公有制为主体、多种所有制经济共同发展的路子。

几年间，浙江的非公有制经济如雨后春笋，蓬勃发展，民营经济总值占了全省经济的"半壁江山"，其发展规模在全国首屈一指，声名远播。

改革开放以来的20多年，任凭东西南北风，浙江始终"咬定青山不放松"，一心一意求发展。进入21世纪，浙江已从一个资源小省变为国内生产总值居全国第四的经济大省。

但这20年，浙江经济发展走的是一条低成本扩张、粗放式经营的路子。

不同的发展阶段，面临不同的发展课题。跨入新世纪，浙江进入了全面建设小康社会、加快实现现代化的新的发展阶段，进入了体制转型、社会转轨、经济转折的重要时期，一些深层次的矛盾和问题已日益凸现。尤其是随着经济总量的不断扩大，资源、能源消耗的日益增加，再走粗放型的发展路子将难以为继。事实上，到了2002年，浙江明显出现了"生产缺电、企业缺地"等制约发展的一系列问题。在此同时，经济社会发展不协调，城乡之间、区域之间、人与自然之间发展不协调等等问题，也交织在一起。浙江与全国一样，正处在一个黄金发展期，也正处在一个矛盾多发期。

如何破解发展难题，创新发展模式，成为浙江省委、省政府及其领导高度重视的一个问题。转变经济增长方式，推进协调发展，已经迫在眉睫。

"发展要有新思路,改革要有新突破,开放要有新局面,各项工作要有新举措。"党的十六大作出的重要部署,提出的以人为本、全面协调可持续的发展理念,为浙江的发展指明了方向。

2003年上半年,省委按照中央的部署在全省开展兴起学习贯彻"三个代表"重要思想新高潮的活动。在开展这一活动过程中,省委常委一班人一致认为,要重在理论联系实际,重在研究解决问题,重在推动各项工作,特别是对我省经济社会发展出现的新情况、新问题,必须高度重视而不可回避,必须努力解决而不可任其发展。省委十一届四次全会郑重提出了进一步发挥"八个方面的优势",推进"八个方面的举措"的"八八战略"。

自此,浙江的发展航船驶向了一个新的航道,开始沿着全面、协调、可持续发展的目标行进。

以充分发挥和利用浙江优势为基础,着力追求全面、协调、可持续发展的总体战略

发挥优势,扬长避短,无疑是一个地区推进发展的必然选择。

相对而言,每一个国家和地区,都有其自身的优势,包括显现的优势和潜在的优势。

即使没有优势也可以创造优势。浙江就是一个最善于"无中生有"、创造优势和发挥优势的地方。

"八八战略",就是一个着眼于进一步发挥和利用好浙江优势的战略。

新一届省委在调查研究的基础上一致认为,浙江的优势,主要是体制和机制优势、区位优势、块状特色产业优势、城乡协调发展优势、生态优势、山海资源优势、环境优势和人文优势等八个方面的优势。"八个优势",并非单纯指已经体现出来的优势。具体而言,是将已经显现出来的优势进一步发挥好;将潜在的优势变为现实的优势;对于一些劣势,要通过努力转化为优势,或者避开劣势。

对应于八个优势,省委提出了大力推动以公有制为主体的多种所有

制经济共同发展、积极参与长三角地区的合作与交流、加快先进制造业基地建设，走新型工业化道路、加快推进城乡一体化、创建生态省、大力发展海洋经济，推进欠发达地区发展、加快文化大省建设等八个方面的举措。"八项举措"是针对进一步发挥、培育和转化优势提出的。通过实施这些举措，推动经济社会发展增创新优势、再上新台阶。

发挥"八个方面的优势"，实施"八个方面的举措"，赋予了"八八战略"丰富的内涵。

"八八战略"是浙江立足于过去的基础、立足于发挥既有优势和发掘潜在优势而作出的重大战略决策。它既是宏观的战略性的，又是具体的可操作的。其实质或根本出发点就是为了追求全面协调可持续的发展。

省委书记习近平在省部级领导干部专题研究班上的发言中曾指出，进一步发挥"八个方面的优势"，推进"八个方面的举措"的决策部署，致力于在统筹指导下加快发展，在加快发展中实现统筹，着力推进数量、质量和速度、效益同步提升的稳步发展，城市和农村互促共进的一体化发展，发达地区和欠发达地区携手联动的协调发展，物质文明、政治文明和精神文明相辅相成的全面发展，经济社会和人口资源环境和谐统一的可持续发展，以及经济发展基础上的社会全面进步和人的全面发展。

显然，"八八战略"是科学发展观在浙江的生动实践和具体体现。

中国社科院财贸所所长、经济学家裴长洪在浙江调研后认为，"八八战略"是根据浙江经济社会发展历史和现实承前启后的重要战略决策，是科学发展观具体实践运用的辩证统一，突出了可持续发展的内涵。"八八战略"的提出，赋予了浙江经济更多的和谐发展的内涵。

浙江省发改委副主任、省规划研究院院长刘亭说："'八八战略'是科学发展观与浙江现阶段经济社会发展实践相结合的产物，它洞幽烛微、博大精深；承前启后、继往开来。不仅指明了我省在推动城乡、区域、人与自然协调发展或可资借用的优势，也在经济社会协调发展和对内对外开放方面，给出了方向指引和路径选择。"

"八八战略"的提出，不仅很快得到专家学者的赞同，也很快得到了全省各级党委、政府和广大干部群众的积极响应。

"八八战略"成了引领和推进浙江科学发展的一项重大战略。

步步为营，突出重点，把"八八战略"抓紧抓深抓实

"八八战略"既是加快浙江发展的新思路、新途径、新举措，也是科学发展观在浙江工作总体思路上的体现，必然要求深入实施，着力推进，年年抓几个重点，完成几项任务，步步为营，积小胜为大胜。

省委要求，全省各地各部门都要把工作的注意力集中到实施"八八战略"上来，在思想上坚定不移，在工作中脚踏实地，进一步在深化细化具体化和实抓实干求实效上下工夫。

2004年，省委、省政府将该年确定为深入"八八战略"，扎实推进浙江全面、协调、可持续发展的狠抓落实年。省委十一届五次全会明确提出，按照中央经济工作会议的部署和"五个统筹"的要求，在全年工作中，要突出深化改革这个主调，把握全面、协调、可持续发展这一主题，围绕深入实施"八八战略"这条主线，积极促进浙江社会主义物质文明、政治文明、精神文明协调发展。

2005年，省委在部署当年经济工作时，又明确2005年是继续深入实施"八八战略"、全面推进"平安浙江"建设的重要一年，要求各级各部门要从牢固树立和认真落实科学发展观的高度，充分认识深入实施"八八战略"和"平安浙江"建设重大意义，不断增强贯彻落实的积极性、主动性和创造性，努力做到"认识再深化、工作再推动、措施再落实"。

2006年，省委、省政府在部署这一年经济工作时，又明确提出要深入实施"八八战略"，积极推进经济结构调整和经济增长方式转变，为顺利实施"十一五"规划开好局起好步。省委书记习近平在年度全省经济工作会议上，在总结前三年工作体会时，还提出了六个"始终坚持"：即始终坚持把促进经济社会又快又好发展作为落实科学发展观、实施"八八战略"的根本要求；始终坚持把执行宏观调控政策、主动推进增长方式转变作为落实科学发展观、实施"八八战略"的着力点；始终坚

持把改革创新、开放图强作为落实科学发展观、实施"八八战略"的关键之举；始终坚持把统筹兼顾、协调发展作为落实科学发展观、实施"八八战略"的基本方法；始终坚持把不断提高城乡居民生活水平作为落实科学发展观、实施"八八战略"的出发点和落脚点；始终坚持把加强党的执政能力和先进性建设作为落实科学发展观、实施"八八战略"的根本保证。

2007年，省委、省政府在部署经济工作时，还是将深入推进"八八战略"的实施放在2007年经济工作总体要求中的最重要位置。指出要着力调整经济结构和转变增长方式，着力加强资源节约和环境保护，着力推进改革开放和自主创新，着力促进社会发展和解决民生问题，努力实现速度、质量、效益相协调，消费、投资、出口相协调，人口、资源、环境相协调，推动全省经济社会又好又快发展。

正是省委、省政府咬定目标，常抓不懈，年年有新部署、新要求、新举措，从而使得全省各级党委、政府和广大干部群众对实施"八八战略"的认识不断深化，对实施"八八战略"的工作不断深入。

"八八战略"的深入实施，确保了浙江在落实科学发展观和构建和谐社会方面走在全国前列

"努力在全面建设小康社会，加快推进社会主义现代化的进程中继续走在前列"，这是中央领导同志对浙江工作的明确要求和殷切期望。

"立足科学发展，促进社会和谐，实现全面小康，继续走在前列"，是浙江"十一五"期间的总体要求。

只有干在实处，才能走在前列。

干在实处，就要把省委、省政府的重大战略部署"八八战略"落到实处。

按照省委的部署，浙江各级党委、政府带领全省广大群众深入实施"八八战略"，着力在深化细化具体化上下功夫，使各方面工作呈现出纵向深入、横向联动、统筹推进的良好局面。

推进经济增长方式的转变，是实施"八八战略"的重中之重，更是

浙江确保落实科学发展观走在前列的必然选择。浙江各级党委、政府抓住中央加强宏观调控的有利时机，利用"倒逼机制"，在努力改善要素制约的同时，实施"腾笼换鸟"，推进产业优化升级，大力发展循环经济，建设资源节约型、环境友好型社会，建设创新型省份，建设先进制造业基地，努力走新型工业化的路子；加快发展海洋经济，推进宁波、舟山港口一体化发展；加快服务业发展，努力提高服务业在国民经济中的贡献率。按照"两个毫不动摇"的要求，进一步推进浙江国有经济再创新优势，推进浙江民营企业再上新台阶，努力营造各种市场主体公平竞争的外部环境，着力提高国有经济和民营经济的整体素质，努力把公有制经济和非公有制经济统一于现代化建设的进程中，使各种所有制经济在市场竞争中发挥各自优势，相互促进，共同发展。2006年，浙江经济运行质量明显提高，发展的协调性、均衡性大为增强，特别是资源要素明显改善，缺电情况基本缓解，能源综合利用效率提高，企业资金紧张状况好转，尤其是中小企业融资难问题明显缓解。

推进城乡一体化建设，缩小城乡差距和区域之间的差距，是谋求科学发展的一个重点，也是实施"八八战略"的重要内容。省委、省政府正确把握"两个趋向"，跳出"三农"抓"三农"，统筹城乡兴"三农"，先后出台了《关于统筹城乡发展促进农民增收的若干意见》和《浙江省统筹城乡发展推进城乡一体化纲要》，扎实推进"千村示范、万村整治""千万农村劳动力素质培训""万里清水河道""千万农民饮用水"和"康庄工程"建设。同时，大力实施百亿帮扶致富、欠发达乡镇奔小康、山海协作等扶持欠发达地区发展的"三大工程"。启动农村教育"四项工程"，改变农村教育面貌，实施农民健康工程，推动农村卫生改革和发展。目前，浙江依据国家制定的评价标准测算的农村全面小康实现程度达50%以上，位居全国第4位、各省区第1位。从2001年开始，浙江城镇居民可支配收入已连续6年列上海、北京后，居全国31个省（市、区）第3位，省（区）第1位；农村居民收入水平自1985年开始已连续22年位居各省区首位。浙江城镇居民可支配收入比全国平均水平高出50%以上；农村居民人均纯收入比全国平均水平高1倍以上。

科学发展必须是可持续的发展，也必须是经济、社会协调发展。围绕实施《浙江生态省建设规划纲要》，我省部署开展资源节约和环境整治活动，部署和实施"911"工程，全面推动循环经济发展，进一步加大生态省建设力度。全面启动"811"环境污染整治行动，对8大水系和11个重点监管区开展为期三年的集中整治，为循环经济发展创造了良好条件。目前，浙江已累计创建国家级环境优美乡镇86个、省级生态乡镇92个、全国绿色学校46所、全国绿色社区10个、环境教育示范基地20个，以及一大批省级绿色学校、绿色社区、绿色医院、绿色家庭等，生态创建工作遍及全省。省委还作出推进教育强省、科技强省、卫生强省、体育强省建设的战略决策，积极推进教育、科技、文化、卫生、体育等社会事业发展。据国家统计局对全国31个省、市、自治区社会发展水平的总体测评，浙江社会发展水平从2000年的全国第5位，升至第4位（列北京、上海、天津之后），居省、区第1位。测评的绝大多数领域都有不同程度的进步，继续向经济社会协调发展的目标迈进，生活水平和公益服务领域指数居全国第3位，仅次于上海和北京，处于全国前列。

"跳出浙江发展浙江"，不仅是浙江经济社会发展的必然要求，也是一种全局意识和责任意识。省委书记习近平说，只有"跳出去"，才能天高地阔，获取更大发展空间；只有"走出去"，才能任尔翱翔，激发更为持续的发展动力，才能更好地发展浙江。浙江坚持"引进来，走出去"战略，引导和鼓励企业充分利用国际国内两个市场，两种资源，努力实现更高水平的对外开放。从促进民族团结、政治稳定和国家安全的高度，以强烈的政治责任感，积极做好对口帮扶和对口支援工作，按照互惠互利的原则，积极参与西部大开发和东北老工业基地振兴，更加主动地接轨上海，推动长三角地区和长江经济带的联动发展，努力为全国大局作出积极贡献。这些走出浙江发展的企业，既发展了当地经济、繁荣了当地市场、安排了大量的当地劳动力就业，也延伸了浙江产业链、推动了浙江产业的梯度转移、拓展了浙江"腾笼换鸟"的空间，促进了浙江企业与所在省区市的共同发展，创造了很好的经济效益和社会效益。

"正入万山圈子里，一山放过一山拦"。浙江实施"八八战略"，已经取得可喜的成就，但在新的进程中必然会遇到这样那样的困难，只要坚定不移、持之以恒，必定能跨越一个又一个新的山峰，科学发展的硕果，和谐社会的美景，必然会更多更好地展现，浙江一定会以更豪迈的姿态、更坚实的步伐继续走在全国前列！

（《今日浙江》2007年第5期）

钱江潮涌"西洽会"

古城逢盛会,钱江春潮来。

芳菲四月,在历史文化名城西安举办的第十一届中国东西部合作与投资贸易洽谈会,吸引了成千上万的四海宾朋和境内外客商。

来自东海之滨,以浙商为主,由600多人组成的庞大的浙江代表团的参会,犹如一股奔腾激越的市场经济大潮的涌进,为这次盛会增添了不少亮色和风采。

这是自2003年浙江首次组团参加"西洽会"以来,连续第5次来西安参加东西部交流合作的盛会。

历时5天的投资贸易洽谈会于4月10日落幕。洽谈会丰硕的成果表明,浙江与中西部的互动合作正进一步走向深入,成效日趋显著。

引导全国各地浙商参与西部大开发

促进区域协调发展,是改革开放和社会主义现代化建设的战略任务,是全面建设小康社会、构建社会主义和谐社会的必然要求,也是深入实施"八八战略"的题中之义。

浙江省委、省政府从贯彻落实科学发展观、构建社会主义和谐社会的战略高度,深刻认识促进区域协调发展的重大意义,把促进区域协调发展摆在十分重要的位置。

省委、省政府始终认为,浙江不能仅仅限在10.18万平方公里区域面积上做文章,必须按照科学发展观的要求,树立立足全局发展浙江,跳出浙江发展浙江的理念,坚持"走出去"与"引进来"相结合,充分利用"两个市场、两种资源",在更大的空间内实现更大发展。

近几年来,浙江响应党中央、国务院的号召,加大对内对外开放力度,积极引导和鼓励企业参与西部大开发,大力实施"跳出浙江发展浙江"战略,取得了可喜的成绩。目前在西部12个省(市、区)参加开发建设的浙江人达100多万,投资总额超过1000亿元,创办了1.5万多家企业。

每年一度的"西洽会"已成为浙江参加西部大开发、加强区域合作的重要平台,成为浙江立足全局发展浙江、跳出浙江发展浙江的重要载体。

前四届"西洽会",浙江省由省领导带队组织了600多家企业1400多人参展参会,共与西部省份签订合作项目178个,协议总金额148.14亿元。这些合作项目大多已在西部生根、开花、结果,产生了良好的经济和社会效益。

据浙江省政府经济技术协作办主任姚少平介绍,这次组织这么多浙商参加"西洽会",就是浙江省委、省政府贯彻落实国家区域发展总体战略的一个具体行动,就是要充分利用"西洽会"这个重要平台,通过"走出去"和"引进来",促进浙江与中西部互动合作、共赢发展。

"西洽会"办公室的一位工作人员欣喜地告诉记者,这届"西洽会",浙江组织了300多家企业前来参加,是这次参会企业最多的省份,并且他们当中的绝大多数有意参与西部地区的合作开发,其中不少人已多次来西部考察。

在新疆乌鲁木齐市经商多年的一位浙商说,浙江人一个最大的特点,就是哪里有商机,就会奔向哪里。目前,中央强调统筹区域发展,西部地区资源很丰富,这正是浙江人参与西部开发的最好时机。"西洽会"的举办为浙商参与西部开发搭建了一个良好的平台。

在组织浙商参加"西洽会"之外,浙江省还利用会议期间在西安召开了全国省(市、区)浙江企业联合会、商会秘书长会议,组织秘书长们考察陕西投资环境,了解西安风土人情。

浙江省经济技术协作办副主任郑宪宏说,我们召开在外浙江企业联合会、商会秘书长会议的主要目的,就是让他们更多地了解西部,了解陕西，以便于他们组织引导各地的浙商积极投身到西部大开发的热潮中来。

浙江展厅充分展现了浙江特色浙江水平

4月6日上午，新建的西安曲江国际会展中心，锣鼓喧天，彩旗飘扬，一派喜庆景象。第十一届"西洽会"就在这里隆重开幕。中心广场上空悬挂着"合作·互动·和谐·发展"的大幅红色横幅，彰显着本届"西洽会"的鲜明主题。本次"西洽会"会展中心设有投资洽谈馆、外资洽谈馆、中国开发区馆、中国私营企业馆、专业产品馆、中国名牌产品馆等6个展馆，设置标准展位2600个、室外展场6000平方米。全国31个省区市参展参会，中国开发区代表团、中国名牌产品代表团、中国私营企业代表团首次组团参展，共推出8472个合作项目，展示展销10000余种名优新特产品。

在参加了开幕式后，记者随着如流的人潮，去探访了位于会展中心中央展区的浙江展厅。这时的浙江展厅已是人山人海，热闹非凡。金华市协作办的一位负责人告诉记者，在全国这么多的省市区中，要数浙江的展厅面积最大，参展的企业最多，展厅的布置最亮丽，也最具有地方特色，因而倍受关注。开幕式一结束，就迎来了络绎不绝的客商与参观的人流，参展项目介绍资料与参展人员名片供不应求，丰富多彩的项目展品令众多商家与参观者流连忘返，探问不停。

记者发现，这次来参展的企业来自全省各地，但还是以绍兴、金华的为主。这两个市的名牌产品和地方特色产品，几乎在展厅中都能找到。省协作办的一位负责人告诉记者，与前几年相比较，今年的参展产品质量最高。参展的浙江产品，都是经过筛选的名牌产品或是有自主知识产权的产品，尤其浙江绍兴、金华两地，充分展现了产业特色、产业优势。他还说，这些企业来参展，不是纯粹的政府行为，而是企业开拓西部市场的内在需求。这次浙江向组委会预订了133个标准展位，没想到很快就被要来参展的企业要完了。

在诸暨嘉成珍珠养殖有限公司的展位前，有两位金发碧眼的"老外"正在购买该公司的珍珠项链。展位的主人对记者说，带过来的珍珠产品很受欢迎，来询问和购买的人很多，一个展位只有两个人，忙都忙不过来。他打算借这次机会在西安仔细考察一下，计划来西安开个销售公司。

一个义乌衬衫企业的展位前，不少人围着在争购衬衫。一位手中拎着两件衬衫正往外走的当地妇女对记者说，浙江的产品现在质量好，价格实惠，借这个机会，多买点回去。

在一个展示永康五金产品的展位内，记者还发现有一位操着西北口音的客商与浙江的参展商正在就一个关注的项目进行洽谈。

一位来自上虞市的企业参展商对记者说，他们深知来这里参展，代表的不仅仅是自己这个企业，而是整个浙江的企业群体，代表着浙江的产品，也代表着浙江的形象，所以拿最好的产品来参展，把质量和诚信放在第一位。

既要走出去，又要引进来

跳出浙江，发展浙江；发展浙江，需要人才，需要技术。

蓬勃发展的浙江民营企业，越来越感到人才和技术要素的短缺与可贵。

于是，富有创新精神的浙江人，借参加本届"西洽会"之机，在"西洽会"的历史上首次扛起了招纳贤才的大旗。浙江代表团不但带着寻求项目、资金、技术等方面的合作意向，而且还专门带着30余家当地知名企业前来招纳贤才。

浙江企业一方面展示浙江的优质产品，另一方面举办浙江·陕西人才交流座谈会，专门设立招聘席，招揽西安的高级人才。

此次浙江企业提供了机电、电子、管理等10多个专业的336个岗位。浙江省人事厅有关人士称，虽然此次利用"西洽会"招揽陕西人才的举动尚属尝试，但他相信陕西这个高校云集、人才众多的地方，一定能为浙江企业提供优秀的人才。记者了解到，此次招聘的30余家浙江企业，基本上是当地知名民营企业，其提供的岗位所需人才层次也较高，其中包括年薪开价10万元、12万元、15万元的总经理、总工程师职位。绍兴市人事局一位负责人还告诉记者，根据他们最新的调查显示，仅绍兴市今年就急缺各类人才1.5万人，他们也希望招聘活动能够吸引更多陕西毕业生的目光。

陕西省人事厅有关负责人在座谈会上也说，陕西是人才大省，而浙江则是经济大省，陕西与浙江的合作很大一部分就是人才合作。据悉，陕西省今年的高校毕业生多达20万人左右，因此为学生做好就业工作也是陕西的一件大事。近几年来，陕西与浙江良好的人才合作，使双方获得了双赢。由此，陕西也希望更多的知名企业及有关用人单位来陕选聘各类技术人才，从而创造多赢局面。

在参加"西洽会"期间，浙江政府有关部门人员和许多企业家，顾不上欣赏古城西安的风景名胜，纷纷挤时间到陕西的高校和科研单位调查研究，开座谈会，拜访专家学者，洽谈人才交流和技术合作项目。金华市政府的一位负责人告诉记者，这次率企业去西安交大等高校洽谈的几个技术合作项目，也许就是参加本届"西洽会"的最大收获。

浙江与西部地区的合作层次在不断提升

国家西部大开发"十一五"总体规划强调建立完善"区域协调互动机制"，提出要健全市场机制，充分发挥地区比较优势，以市场为导向，促进生产要素在东中西部地区自由流动，加强政府间协调，引导产业转移，推进形成优势互补、布局合理、相互开放、合作共赢的特色区域经济。浙江和西部省区经济上有很强的互补性。

浙江经济发展迅速，民营企业众多，民间资本充裕，但陆地资源贫乏，发展空间有限；而西部省区各类能源资源富集，土地广袤，后发优势十分明显，但在机制体制、交通区位等方面不如浙江。

目前，浙江正在"腾笼换鸟"，进行产业转移，西部正在筑巢引凤，承接新的开发热潮。

浙江与西部省区最需要也最有潜力的合作，就是资源能源及优势产业的合作。

在本届"西洽会"上，浙江专门安排了一个与西部省区资源能源及优势产业合作洽谈会，浙江省副省长陈加元，国务院西部开发办副主任王金祥出席并讲话。西部省份的不少企业慕名而来，只有400个位置的会场却来了600多人，连过道上都挤满了人，场面十分火爆。

新疆维吾尔自治区招商局党组书记、局长姚建新介绍说，与历届"西洽会"相比，此届洽谈会突出了东西部互动性，增加了东西部合作的机会。比如，自治区招商局在会前已将新疆所有准备洽谈的项目知会浙江省，而浙江省当地企业又把新疆的项目进行了筛选，此次洽谈会就直奔"主题"而来。

这次洽谈，共达成合作项目48个，合同总金额59.20亿元，浙方投资41.59亿元。其中，与陕西省签订合作项目35个，协议资金35.59亿元；与新疆维吾尔自治区签订合作项目7个，协议资金15亿元；与内蒙古自治区签订合作项目1个，协议资金1.68亿元；与甘肃省签订合作项目2个，协议资金2.71亿元；与四川省签订合作项目1个，协议资金1.6亿元；与青海省签订合作项目1个，协议资金692万元。同时，与山东省签订合作项目1个，协议资金2.2亿元。

据浙江省经济技术协作办吴永平处长介绍，此次签约项目三个特点比较明显。一是合作层次进一步提高，浙江与西部地区的优势互补性更加显现，双方合作向产业联动、整体开发方向发展。二是合作领域进一步拓展，签订的合作项目涉及工业、农业、资源开发、服务业和房地产开发、贸易等多个领域，形成了浙江与西部地区的全方位合作。三是科技合作进一步加强，此次签约的项目中，科技项目共有12个，占项目总数的1/4，这表明浙江与陕西等西部省份在高科技领域的合作在不断加强。

"组织有序、洽谈活跃、特色鲜明、成果丰硕，取得了圆满成功。"陕西省人民政府领导对此次洽谈会作了如此评价。

无数的商机在西部酝酿，众多的企业在西部成长。"西洽会"传递给我们的信息是：西部正在掀起新一轮大开发的热潮，投身西部大开发，大有可为，大有作为！

（《今日浙江》2007年第8期）

总揽全局抓大事　协调各方促发展

——浙江省委改革和完善领导方式情况综述

"不谋全局者不足以谋一域"。

"总揽全局，协调各方"是党的工作的一条重要原则。不断提高总揽全局的能力，是党的执政能力建设的重要方面。

党的十六大以来，中共浙江省委以开展"三个代表"重要思想教育和保持党员先进性教育活动为契机，致力于改进领导方式，提高执政能力，坚持总揽全局，协调各方，围绕"干在实处、走在前列"的要求，充分发挥领导核心作用，调动一切积极因素，扎实推进经济、政治、文化、社会建设和党的建设，使全省各项工作取得新进展。

集中精力抓好具有全局性、战略性、前瞻性的重大问题，牢牢把握正确的前进方向和经济社会发展的主动权

总揽全局，就要善于结合实际创造性地开展工作。既要全面认真地贯彻中央制定的路线方针政策，又要科学、清醒地认识本地区本部门的发展基础、优势条件、制约因素等，切实做好"结合"的文章。

省委多次强调，要正确处理当前与长远、局部与全局的关系，善于把浙江的经济社会发展置于国内外宏观形势和全国工作的大局中来思考、来谋划，创造性地开展工作。

正是基于这样的认识，浙江省委把主要精力放在抓方向、议大事、管全局上，作出了一系列事关浙江当前和长远发展的重大战略决策。

——2003年7月召开的省委十一届四次全会，郑重提出了进一步发挥"八个方面的优势",推进"八个方面的举措"的"八八战略"。

——2004年5月召开的省委十一届六次全会,对"平安浙江"建设作出全面部署,审议通过了《关于建设"平安浙江" 促进社会和谐稳定的决定》。

——2005年7月底,省委召开了十一届八次全会。全会的主题是研究部署加快文化大省建设工作,审议通过《关于加快建设文化大省的决定》,绘就了我省建设文化大省的宏伟蓝图。

——2006年4月召开的省委十一届十次全会,围绕落实科学发展观与构建社会主义和谐社会的要求,总结近年来推进依法治省的实践经验,审议通过《关于建设"法治浙江"的决定》,全面部署了建设"法治浙江"的各项工作。

这四大战略决策,内在统一,有机联系,相辅相成,互相促进,有机构成了富有浙江特色的经济、政治、文化和社会建设"四位一体"的总体布局。"八八战略",着眼于推进经济社会全面协调可持续发展、加快推进全面建设小康社会、提前基本实现现代化,这既是一个总的战略部署,又相对侧重于科学发展;"平安浙江",着眼于解决新的发展阶段日益凸现的矛盾和问题,全面促进社会和谐稳定、保持经济社会协调发展;"文化大省",着眼于发展先进文化,为现代化建设提供思想基础、智力支持和精神动力;"法治浙江",着眼于发展社会主义民主政治、建设社会主义政治文明,从法律制度的层面上完善党的领导方式和执政方式、推进社会生活的法治化。

2006年11月,省委又召开了十一届十一次全会,认真学习贯彻党的十六届六中全会精神,根据《中共中央关于构建社会主义和谐社会若干重大问题的决定》,紧密结合实际,就浙江如何构建社会主义和谐社会进行了部署,通过了《关于认真贯彻党的十六届六中全会精神构建社会主义和谐社会的意见》。

省委不仅高度重视决策,也高度重视落实。省委领导多次强调,抓落实是领导干部的基本功,任何时候、任何情况下都不能有丝毫放松。近几年来,省级领导班子每年年初都确定一批重大调研课题,由每位成员牵头主持调研,把深入基层调查研究当作决策的过程,也当作抓落实的过程。为进一步加强对经济工作的领导，省委坚持通过季度经济形势分析会、财经领导小组会议和其他专题会议，及时把握经济运行走向，适时提出对策举措，努力解决经济工作中的重点问题。自去年11月以来，省委常委会议专题研究经济方面的问题达20多次，采取了一系列有针对性的措施，落实中央宏观调控政策，促进经济结构调整和增长方式转变，解决经济运行中存在的矛盾和问题。从而确保了浙江在生产要素制约显现，并连年遭受台风等严重自然灾害的情况下，仍然保持了经济持续稳定增长的势头。

在抓好经济发展的同时，省委按照构建和谐社会的要求，切实加强社会建设和管理，坚持"稳定抓机制"，严格落实领导责任制。省委常委会注意及时分析解决各类社会矛盾，强调要像分析经济形势那样经常分析社会稳定形势。积极创新发展"枫桥经验"，加强社会治安综合治理，依法打击各类违法犯罪活动；高度重视信访工作，率先推行领导干部下访等制度，依法妥善处置群体性事件；进一步加强安全生产工作，继续整顿和规范市场经济秩序。

此外，省委始终坚持把解决民生问题放在突出位置，不断深化和完善为民办实事的长效机制。

长期来密切关注浙江发展的我国著名党建研究专家、中央党校教授叶笃初说，从十六大以来浙江的几大重大决策部署来看，浙江省委的确是谋事早、行动快、措施实。浙江的"走在前列"，与浙江省委、省政府善于站在全局高度谋篇布局、抓在实处密切相关。

既保证党委的领导核心作用，又充分发挥人大、政府、政协以及人民团体和其他方面的职能作用

总揽全局，要求党委在同级各种组织中发挥领导核心作用，在一些事关大局的重大问题上站高一步、看远一步、想深一步。协调各方，要求在党委的集体领导、统一协调下，人大、政府、政协以及其他方面各司其职，各尽其责，相互协调、相互支持，形成共同推进全局工作的整体合力。

省委"拿出足够的精力做人大工作",明确规定每届党委至少召开一次人大工作会议,对一个时期的人大工作作出部署,明确指导思想、工作重点和保障措施;坚持每年听取人大工作专题汇报,全面了解人大工作的进展情况,及时研究解决有关重大问题。省委在工作中严格遵守党章关于"党必须在宪法和法律的范围内活动"的原则,以及宪法关于"任何组织或者个人都不得有超越宪法和法律的特权"的规定,争做遵守宪法和法律的模范。保证人大及其常委会依法行使各项职权,充分发挥了地方国家权力机关的职能作用。浙江省人大及其常委会从我省经济社会发展的实际需求出发,制定和完善了一批符合有利于进一步完善社会主义市场经济体制,适应科学发展观要求,推进我省全面协调可持续发展,保证省委各项重大决策的深入实施,促进我省加快全面建设小康社会、提前基本实现现代化的地方性法规,特别是加强了人民群众关注的经济、社会管理、公共服务等热点难点问题方面立法,切实维护和保障了全省人民的根本利益。

随着社会主义市场经济体制的不断完善,国家治理、社会管理的方式也要随之改进创新,要总揽不包揽,协调不代替,"有所不为才能有所为",是党改革和完善领导方式和执政方式的方向。在党政工作关系上,省委明确,凡涉及国民经济和社会发展规划、重大方针政策、工作总体部署以及关系国计民生的重要问题,由党委集体讨论决定,经常性工作由政府及其部门按照职责权限决策和管理。省委、市委、县委全体会议要对经济社会发展中长期规划提出建议并作出决定,对经济社会发展、经济体制改革中的重大问题作出决策。党委要支持政府依法充分履行职责,加快职能转变,提高政府行政能力特别是做好经济工作的能力。

新世纪新阶段的统一战线和人民政协工作随着形势的变化而发生了巨大变化,人民政协事业无论在广度还是深度上都得到了前所未有的发展,产生了广泛而深刻的社会影响。面对新形势、新任务、新情况,省委不断加强和改善对政协工作的领导,先后出台了《关于进一步加强新时期人民政协工作的若干意见》和《关于进一步加强和改善党对政协工作的领导,支持人民政协履行职能制度化规范化和程序化的意见》,支持政协推进履行职能制度化、规范化、程序化建设，更好地发挥了各级政协组织在促进我省"三个文明"协调发展中的重要作用，开创了我省政协工作新局面。

工会、共青团和妇联等群团组织历来是我们党最贴心、最忠诚、最得力的助手。跨入新世纪，党的群众工作面临新任务，对群团工作也提出了新要求。根据我省党的群众工作的新情况新特点，省委坚持以"三个代表"重要思想为指导，召开全省工会共青团妇联工作会议等，认真分析社会生活和社会群体的新变化新特点，深入研究群团工作的新情况新问题，积极探索在发展社会主义市场经济条件下做好群团工作的新途径，出台了《关于加强和改善党对新世纪新阶段工会、共青团、妇联工作领导的意见》，充分发挥了我省以工青妇为主体、包括工商联、侨联、社联、残联、学联、青联、文联、科协、新社团等在内的群团组织在组织群众性的建功立业活动，推进精神文明创建工作，提高群众整体素质，维护群众合法权益等方面的重要作用。

建立健全保证党委总揽全局、协调各方的制度体系

党的执政力来自于科学的党内制度。

建立科学的制度体系，用制度来规范和调节各种关系，使党的一切活动都有制度可依、有章可循，就会大大提高党的领导水平和执政水平，提高执政能力和执政效率。

党的十六大以来，省委在规范决策程序、完善议事决策和提高决策水平等方面，都建立健全了相应的工作规范和工作制度。从制度上保证执行总揽全局、协调各方原则，更好地发挥领导核心作用。

——建立健全了"一个核心""三个党组""几个口子"的领导体制。"一个核心"就是省委全委会，在省委全会闭会期间，由常委会主持日常工作；"三个党组"是指省人大常委会、省政府、省政协三个党组；"几个口子"是指省委副书记和常委分管的经济建设、纪检监察、农村工作、组织党群、意识形态、政法、统战、国防建设和民兵预备役等几个方面。在这一领导体制中，省委对全省工作主要是实行政治、思想和组织领导，集中精力把好方向、抓好大事、出好思路、管好干部。省人大常委会党组贯彻省委常委会决议，经过法定程序，将省委决议精神切实体现在地方立法中，使省委推荐的人选成为国家政权机关的领导人员，并对他们进行监督。省政府党组贯彻省委常委会决议，依法行政，通过政府决策程序把省委决议精神贯彻于政府的政令和规章制度中。省政协党组贯彻省委常委会决议，通过政治协商把省委决议精神变成社会各界的共识。"几个口子"作为实现省委对各个工作领域的领导的组织形式，受省委领导，对省委负责，各司其职，各尽其责，相互配合。省委总揽不包揽，协调不取代，各方的事由各方去办，各方之间的事由党委来协调，从而使各方都能合心、合力、合拍地推进全省的改革开放和现代化建设。

——建立健全了省委总揽全局、协调各方的工作机制。省委对全局工作通盘考虑，整体谋划，处理好重点工作和面上工作的关系，形成全面推进的工作机制。省委明确指出，需要省委牵头抓的工作，主要是事关浙江经济社会发展全局的、具有前瞻性、战略性的工作，需要由省委牵头，把人大、政府、政协及纪检、组织、宣传、统战、政法等方方面面的智慧集中起来、力量协调起来，在全省范围内形成合力；需要省委推动的工作，主要是由省委提出总体目标要求，由省政府具体组织实施，各方配合支持的工作；需要省委支持的工作，主要是面上的日常工作，由省委提出总体要求，牵头推动，在贯彻实施中按照一项工作由一个部门为主负责的原则，让有关职能部门组织推进，省委予以支持。从实践情况来看，这种工作机制有利于方方面面在省委的统一领导下，更好地各司其职，各尽其责，相互配合，形成合力，推动各项工作有力、有序、有效地开展。

——建立健全了民主决策的工作规范和工作制度。省委按照"集体领导、民主集中、个别酝酿、会议决定"的要求，逐步建立健全了民主决策的工作规范和工作制度。一是强化了全委会的职能。凡属方针政策性的大事、全局性的问题、重要干部的选拔任用，逐步由人数较少的常委会扩大为人数较多、人员结构较为全面的全委会来决定，以提高党委决策的科学化民主化水平。近几年来，浙江省委对召开全委会的次数和会期都作了较大改革，把原来每年召开一次省委全会改为每年召开2至3次，主要是讨论决定全省长远性和全局性的重要工作。二是明确和规范了常委会、书记会的职能与议事程序。为使全委会对常委会的工作进行更有力的监督，党的十六大以来，省委逐步建立健全了由常委会向全委会报告工作的制度，并明确规定了省委常委会议事决策必须遵循的原则、会议制度、会议议题范围、会议议题的提出和确定、会议讨论文件的准备及报送、会议纪要和决定事项通知的制发、会议决定事项的督促检查等具体程序，建立健全了省委常委会学习、调研等制度。书记办公会主要是沟通情况，议论大事，分析形势，研究方针，酝酿并提出需要常委会讨论的议题，不赋予决定重大问题的职责，主要起的是省委领导层统一思想、形成共识、提高常委会的工作效率的作用。这样就从制度上保证了常委会更好地贯彻民主集中制原则，更好地发挥省委在同级各种组织中总揽全局、协调各方的领导核心作用。

去年4月20日，中国经济体制改革研究会会长、著名经济学家高尚全在参加第三届长三角改革论坛时说，"浙江人民的富裕程度列在全国各省区首位，而且社会稳定，社会群体事件很少，人民拥护共产党的程度很高"，"浙江之所以发生巨大的变化是改革开放的结果，是在中国共产党领导下，按照邓小平理论和'三个代表'重要思想，探索出了一条中国特色的社会主义道路。这样的社会主义是人民向往的社会主义"。

（《今日浙江》2007年第10期）

既要绿水青山　又要金山银山
——浙江生态省建设综述

今年4月14日,浙江迎来了一批特殊的"客人"。

以国家环保总局纪检组长祝光耀为组长的中办、国办联合督查组,对浙江的环保工作进行了认真的督促检查。在7天的时间里,他们召开专题座谈会,听取环保工作情况介绍,先后深入到嘉兴、绍兴和杭州市,现场检查有关产业园区、农业综合开发区,以及10多家企业,并随机抽查了部分工业园区和企业。

陪同检查的一位省环保局负责人告诉记者:"督查组成员都是环保方面的专家,非常认真、挑剔,这真正是一次严格细致的督查。"

4月20日,督查组向省委、省政府反馈督查意见。督查组组长祝光耀说:"督查工作期间,我们深切感受到,浙江省委、省政府以科学发展观为指导,认真贯彻中央关于环保的工作部署,在经济社会快速发展的同时,环境保护工作领导重视,人民群众关注,工作扎实有力、成效显著。"其成效突出表现在三个方面:"一是污染减排工作扎实有效,二氧化硫和化学需氧量排放量双双下降;二是全省生态环境恶化趋势基本控制,环境质量总体稳定,局部改善;三是全省环保投入大幅增加,环境保护能力明显增强。"

数据是最有说服力的。去年11月,在中国环境监测总站编制的《全国生态环境状况评价报告》中,浙江生态环境状况指数为87.1,位居全国第一。

那么这些年,浙江是怎样抓环保的呢?

建立一个机制：党政主要领导负总责、亲自抓

工作好不好，关键在领导。

浙江省委、省政府历来高度重视环境保护工作。党的十六大以来，省委、省政府认真贯彻落实科学发展观，把环境保护纳入经济社会发展全局，确定建设"绿色浙江"的战略目标，先后作出了建设生态省、开展"811"环境污染整治行动（8大水系和11个省级环保重点监管区环境整治、11个设区市）、加快发展循环经济等一系列重大决策部署。

为贯彻落实第六次全国环保大会精神，省委、省政府于2006年5月召开第七次全省环保大会，出台《关于落实科学发展观加强环境保护的若干意见》，提出"治旧控新""监建并举"等重大措施，全面部署了全省"十一五"环保工作目标、任务和政策保障措施。

省委、省政府领导既挂帅，又出征，全力推动环保工作。省委书记、省长分别担任生态省建设领导小组、"811"环境污染整治领导小组和发展循环经济领导小组的组长，每年都亲自调研、亲自部署、亲自督查环保工作。

杭州市委、市政府将环境保护和建设生态市工作纳入党政机关目标责任制考核，切实加强对环保工作的组织领导，市委、市政府领导带队专项督查重点地区和重点行业的污染治理工作。宁波市将生态市建设与环境保护中主要污染物减排等指标列入县（市、区）领导班子考核。温州市把生态市建设作为破解"低、小、散"难题、建设"和谐温州"的重要抓手。嘉兴市制定并实施新型工业化评价体系，把单位面积污染减排和节能降耗作为政绩考核指标。湖州市以创建国家环保模范城市为载体，加强环境保护和生态建设。绍兴市确立了建设"经济强市、文化强市、生态绍兴、和谐绍兴"的战略目标。全省干部群众把思想认识统一到"科学发展看环保、和谐社会看民生"上来。

如今，浙江上下已经形成党政主要领导亲自抓、负总责，分管领导具体抓的环保工作机制。

完善一种格局：各部门各尽其力、齐抓共管

加强环境保护，地方各级政府是责任主体，各部门是力量源泉，人民群众是利益所系。

在浙江就有了各部门尽责尽职、各出其力、齐抓共管的工作格局，用督查组同志的话说，就是"浙江共同营造'九牛爬坡个个出力'的良好工作局面"。

省委、省政府每年下达生态省建设和环境污染整治工作目标责任书，将生态建设、污染整治、污染减排任务层层分解落实到各市、县（市、区），并敢于动真格，严格进行考核。省政府每年的政府工作报告都将环境污染整治和污染减排列入省政府10件实事，并纳入政府部门目标责任制考核。同时加强地方环境立法，增强法规刚性。2004年以来，全省共出台《浙江省固体废物污染环境防治条例》《浙江省环境污染监督管理办法》等11部地方性环保法规规章。从2004年开始，省人大常委会连续四年开展环保执法大检查，先后对48个重点问题进行挂牌督办。省政协把生态省建设列入民主监督的重要议题，积极建言献策。省委组织部在全国率先出台了包括环保量化考核指标的《市县党政领导班子和领导干部综合考核评价实施办法》，有力地推动了环境保护责任的落实，形成"千斤重担大家挑，人人肩上有指标"的责任体系。

浙江各有关职能部门协调配合抓环保，给督查组的同志留下了深刻印象。譬如，发改委和经贸委等综合部门在调整产业结构、推进清洁生产、大力发展循环经济、推进工业节能降耗和污染减排方面做了大量卓有成效的工作，发改委还牵头组织实施"百亿生态环境建设工程"，2003—2007年计划投资399亿元，目前已完成投资304亿元；财政部门在增加财政资金环保投入方面力度较大，2003—2006年，省本级财政共安排生态环保建设专项资金57.23亿元，其中去年安排23.04亿元，此外省级财政生态补偿转移支付力度持续加大，率先实行流域源头地区省级财政生态环保专项补助政策，每年安排2亿元资金，对钱塘江源头地区10个县（市、区）进行生态补偿专项补助。2006年达75亿元，比上年增

加10亿元,从2004年开始,省财政对生态公益林累计投入补偿资金7.64亿元;建设、国土、水利、农业、林业、物价等部门也都履行各自职责,积极支持全省环境保护事业的开展;有关企业积极做好环保工作,努力实现节能、降耗、减污、增效。

对此,省环保局的领导感受特别深刻。他们说,做好环保工作的千斤重担,在浙江绝不是一个环保部门挑,而是各级党委、政府及各个部门、广大人民群众共同在挑,形成了环保工作的大合唱。

实施一项行动:开展为期三年的"811"环境污染整治

污染不治,百姓难安;污染不治,社会不稳。浙江着力把环境污染整治作为生态省建设的基础性、标志性工作来抓。2004年,省政府召开全省环境污染整治工作会议,决定以8大水系和11个省级环保重点监管区环境整治为突破口,以污染减排和治污能力建设为着力点,开展为期三年的"811"环境污染整治行动。

三年来,全省上下突出重点,狠抓落实,取得了明显成效。

在水环境整治方面,制定并实施八大水系水污染防治规划,着重加强了钱塘江流域、杭嘉湖地区太湖运河水系、鳌江水系的水污染防治。钱塘江是浙江的母亲河,流域面积、人口、经济总量均占全省1/3以上。省委、省政府主要领导多次亲临该流域检查指导水污染防治。通过"控"(控制新污染)、"治"(治理老污染)、"监"(环境和污染源监测监控)、"建"(环保设施建设)、"调"(调整优化产业结构)多管齐下,综合治理,水环境质量得到明显改善。去年,钱塘江流域Ⅰ至Ⅲ类水质断面比例从2004年的51.2%提高到66.7%,提高了15.5个百分点。杭嘉湖地区太湖运河水系,是全国水污染防治的重点。针对这一流域的水系特征和污染因素,着重加快城镇污水处理厂和配套管网建设,严厉查处超标排污企业,加快推进以规模化畜禽养殖场为重点的农业农村污染整治。

目前,该流域城镇污水处理率已达70%以上,生猪存栏500头以上的规模化畜禽养殖场已全面完成治理,水环境质量总体保持稳定。鳌江是浙江水污染最严重的流域，主要污染源是平阳水头制革基地。去年，省政府领导带队现场督办，平阳水头制革基地开始全面停产整治，目前水环境质量已得到初步改善。

在工业污染整治方面，着重抓了11个省级环保重点监管区（在整治过程中增加了5个准重点监管区）、9个重点行业（化工、医药、制革、印染、味精、水泥、冶炼、造纸和固废拆解）、573家重点企业的污染整治。16个重点监管区，目前已有7个实现达标"摘帽"，其余9个今年10月底前将实现达标"摘帽"。与此同时，各地也划定71个环保重点监管区进行重点整治，有效解决了一批区域性的突出环境污染问题。对重点行业和重点企业污染整治。省政府制定了环境污染整治企业搬迁转产改造关闭的扶持政策，相继出台了重点行业结构调整和污染整治规划。2004年以来，全省共完成限期治理项目3988个，因环境污染整治关停并转企业3969家。

为严格控制新污染，省委、省政府明确"六个不批"，即对不符合规划、不符合产业政策、不符合清洁生产要求、不符合污染物排放标准、不符合总量控制要求、不符合环境功能区划要求的建设项目，一律不得批准建设。

省委、省政府把污染减排作为生态省建设和环境污染整治的首要任务，作为考核各地各部门生态环保工作的首要指标，实行"一票否决"。国务院下达"十一五"减排指标后，省政府依法提请省人大常委会调整我省"十一五"规划纲要中的减排指标。之后，省政府发布《"十一五"期间全省主要污染物排放总量控制计划》，明确"十一五"期间各设区市以2005年排放量为基数，按化学需氧量削减15.1%、二氧化硫削减15%的比例，实行同比例削减。同时一并下达省部属电厂二氧化硫减排指标，将减排任务分解落实到各县（市、区）。

坚持一个统筹：全面推进农村环境保护

统筹城乡发展，需要统筹城乡环境保护。

督查组的同志认为，"浙江是我国最早开展农村环境综合整治的地方、思路清晰、力度很大、成效明显，为我国农村环境保护积累了宝贵的经验"。

近几年，浙江结合"千村示范、万村整治"工程，在全省开展"五整治一提高"（整治畜禽粪便污染、整治生活污水污染、整治垃圾固废污染、整治化肥农药污染、整治河沟池塘污染、提高农村绿化水平）活动，全面推进农村环境保护。2004年以来，累计完成1292个规模化畜禽养殖场污染治理，建成生态养殖小区451个，禁养区养殖场已全部关停转迁。累计推广测土配方施肥2302万亩，建立31个化肥农药减量增效控害示范区，全面禁用高毒高残留农药，积极发展无公害、绿色和有机食品生产基地。基本建立村庄保洁制度，形成了平原农村"户三包、村收集、镇中转、县处理"、山区农村"统一收集、就地分拣、综合利用、无害化处理"的农村垃圾收集处理模式，新建、改建500多座乡镇垃圾中转处理设施，农村生活垃圾集中收集率已达53%。实施百万农户生活污水净化沼气工程，累计建成沼气池108.5万立方米，已有17623个自然村开展了生活污水治理。实施"万里清水河道"工程，累计整治7400公里农村河道。加快推进农村绿化，全省已创建1615个"绿化示范村"。

由于领导重视、思路明确、措施得力，浙江农村地区广大干部群众保护环境的积极性和创造性不断提高，农村环保工作取得重大突破。

良好的生态环境是生存之基、发展之本，绿水青山本身就是金山银山。目前浙江开始呈现出经济持续增长、污染持续下降、生态持续改善的良好局面。建设生态省，就是让浙江的绿水青山源源不断地带来金山银山。

(《今日浙江》2007年第10期)

非公有制企业党组织如何发挥作用

——温州市非公有制企业党建工作调查

在发展非公有制经济方面走在全国前列的浙江省温州市，在非公有制企业党的建设方面作了积极的探索。特别是党的十六大以来，他们围绕"非公有制企业党组织该如何发挥作用"这个问题，提出"围绕建设'活力和谐企业'的总目标开展企业党建工作"的思路，在创新中加强和改进非公有制企业党建工作，较好地解决了党组织的活动和非公有制企业发展的关系问题，扩大了党的工作的覆盖面，提高了党组织在非公有制企业中的凝聚力和战斗力。

一、把建设"活力和谐企业"作为新时期非公有制企业党建工作的中心任务

温州是我国非公有制经济的先发地区，非公有制企业党建工作起步较早，1987年建立了浙江省第一个非公有制企业党组织——瑞安市振中工程机械厂党支部。按照中央和省委的要求，温州市委始终坚持"企业发展到哪里、党的组织就组建到哪里"的原则，大力发展非公有制企业党组织。经过近20年的努力，到2006年8月，全市非公有制企业建立党组织3410个，覆盖1.5万家非公有制企业，非公有制企业党建工作的基本格局已经形成。

非公有制企业党组织的"量"扩大了，但"质"还有待不断提高，党组织作用的发挥还需要进一步增强。据2005年温州市委组织部对50家非公有制企业党组织、企业主和职工的问卷调查，认为党组织作用发

挥"一般"的占59%，认为"差"的占9%，认为"好"或"较好"的仅占32%。

如何有效发挥非公有制企业党组织作用，不断提升非公有制企业党建工作的水平？通过深入调查研究，温州市委认为，影响非公有制企业党组织作用发挥的因素有很多，也很复杂，但其中主要的一个原因，是企业自身对党建工作缺乏热情。因此，关键是要激活内因，使加强党建工作成为企业的内在需求，让"要企业抓"变为"企业要抓"。为此，就要寻求企业党组织、企业主和企业职工各方共同的价值基础，形成一个让企业各方认同的党建工作目标。温州市委在调研和试点的基础上，制定出台了《关于以建设"活力和谐企业"为目标加强非公有制企业党的先进性建设的意见》，提出要以促进企业和谐为目的，以增强企业活力为核心，以强化组织功能为重点，把建设"活力和谐企业"作为非公有制企业党建工作的中心任务，全面提高非公有制企业党建工作的水平。

建设"活力和谐企业"，主要包含三方面内容：

一是企业发展充满活力。企业的自主创新能力得到最大限度的提高，企业的综合竞争力不断增强，实力不断提升，企业在与外界交互作用中实现良性循环，呈现出自我发展的旺盛生命力。

二是企业内部和谐。企业中不同层次人员分工协作，和谐相处，获得尽可能大的公平感和相应的满足感。生产资料和资源配置合理，单位资源产生的经济效益达到最大化。企业内部管理体制和工作机制科学合理，组织运作协调高效。企业文化建设与企业各项和谐创建活动紧密结合，以人为本理念、团队协作精神深入人心。

三是企业与外部和谐共处。企业内部和谐创业，产业链上下游企业合作竞争。企业主动承担社会责任，建立良好的企业形象和社会信誉。企业重视环境保护，实现与自然的和谐。建设"活力和谐企业"，符合企业的发展需要，符合企业主和企业职工的利益。把建设"活力和谐企业"作为非公有制企业党建工作的中心任务，实现了党组织、企业主和职工三者价值取向上的一致。

以建设"活力和谐企业"为目标推进非公有制企业党建工作，有效地解决了企业各方对企业党建工作思想认识上不统一的问题，使企业抓党建工作的"内源动力"显著增强。同时，按照建设"活力和谐企业"的要求加强非公有制企业党建工作，使地方党务机关跳出了"就党建抓党建"的框框。从事非公有制企业党务工作的同志工作目标更清晰了，方向更明确了，工作起来也更加得心应手了。

二、充分发挥非公有制企业党组织在建设"活力和谐企业"中的作用

非公有制企业党组织作用的发挥是非公有制企业党建工作的难点。建设"活力和谐企业"，既为企业党组织开展工作拓展了空间，又对其作用的发挥提出了新的要求。在推进"活力和谐企业"的建设中，温州市科学设置活动载体，充分发挥非公有制企业党组织的作用，党建工作水平不断提高。

围绕"企业经济效益好"谋划活动。企业是经济组织，发展是企业的第一要务，是建设"活力和谐企业"的重点。企业的发展有赖于企业良好的经济效益。温州市非公有制企业党组织与企业决策管理层建立"共谋发展机制"，共同研究企业发展大计，共同推动企业不断创造最佳效益。例如，他们探索建立"党组织与董事会理论学习联合会议"制度，党组织班子定期与董事会成员共同学习，不断提高企业管理层领导科学发展的素质和能力；建立"党组织班子与董事会成员双向例会"制度，经常性地加强沟通交流，共同研究对策，努力解决企业发展中遇到的困难和问题。

围绕"人才队伍培养好"设计活动。建设"活力和谐企业"，就要注重培养人才，使人尽其才、才尽其用。为此，温州市制定实施"素质提升计划"，提高企业从业人员的思想素质和业务水平；组织实施"党员人才工程"，开展"人才结对"活动，建立优秀人才与党员、职工联系制度，不断壮大党员人才队伍；定期组织知识讲座和技能培训，不断提高职工的业务技能；组织党员、职工技术攻关，开展"小创造、小发明"、"劳动竞赛"、评选技术标兵等活动，提高企业的科技创新能力。

围绕"企业文化氛围好"组织活动。温州市非公有制企业党组织把企业文化作为建设"活力和谐企业"的重要内容,通过实施"品牌文化战略",推动企业文化建设,树立先进的经营理念,发扬企业优良传统,培育企业精神,形成上下同心、团结奋斗的强大动力,充分调动各方面的积极性、创造性,使有限的资源得到最佳配置,使企业真正成为全体员工和睦相处的大家庭。以"文明企业"创建为载体,积极开展群众性精神文明创建活动,弘扬科学精神,增强法制意识,不断提高企业的文明程度;以企业文化阵地为依托,定期开展群众性文体活动,丰富职工的业余文化生活。

围绕"安全生产管理好"安排活动。安全生产是"活力和谐企业"建设的基础和前提。温州市非公有制企业党组织把安全生产作为企业的"生命线",协助企业建立安全生产长效机制,最大限度地消除安全隐患。例如,牵头组织开展"平安企业"创建活动,建立"安全形势教育日"制度,协助内部职能机构定期检查生产中的安全隐患问题,及时督促抓好整改,保障职工生命财产安全。

围绕"职工利益维护好"开展活动。广大职工是建设"活力和谐企业"的主力军。温州市非公有制企业党组织充分调动和发挥广大职工的积极性、主动性、创造性,大力倡导"关爱职工就是关爱企业"的观念,积极实施"关爱职工行动",着力从生产生活等方面关心职工。通过开展"谈心接待日"活动和设立意见箱等,及时了解职工的呼声和愿望,畅通职工意见反馈渠道,随时掌握职工的思想动态;建立"党员调解小分队"和"党员责任区",组织党员定期走访职工,了解掌握职工内部的分歧和矛盾,并做好思想政治工作;建立企业职工互助基金,采取"企业出、职工捐"的途径筹措资金,定期组织开展"送温暖献爱心"活动,解决职工的实际困难。

围绕"社会责任履行好"筹划活动。温州市提出,作为"活力和谐企业",必须增强社会责任意识,在追求经济效益增长的同时承担更多的社会责任,这样才能赢得社会的尊重,才能为企业持续快速健康发展营造良好的社会环境。他们大力实施"反哺社会工程",积极动员企业主动承担社会责任。组织开展"千企千村结对共建"活动,发动非公有制企业支持社会主义新农村建设,逐步形成"以工促农、企村互利"的长效机制;动员企业主参与"慈善募捐"等社会公益事业,组织开展扶贫帮困活动,增强企业的社会责任感。

温州市非公有制企业党组织通过开展一系列行之有效的活动和发挥自身的优势,积极推进"活力和谐企业"建设,赢得了企业主和职工的拥护与支持。许多企业主亲身感受、目睹了党组织在企业发展中的积极作用后,对党组织的态度有了明显转变,由疑虑到逐渐理解和积极支持配合。目前,大多数非公有制企业的党建工作得到了企业主的大力支持,有的企业主还积极帮助企业党组织解决缺少活动经费、活动场地等困难。广大企业主纷纷表示:党建工作成了非公有制企业发展的"助推器"。实践证明,非公有制企业党组织"无用论""负担论"是站不住的。

三、温州市非公有制企业党建工作创新实践的启示

温州市围绕建设"活力和谐企业"的目标开展非公有制企业党建工作只有两年多时间,但取得的成效比较明显。他们的创新实践,给我们做好非公有制企业的党建工作提供了一些启示。

一是必须从企业自身运作规律出发来思考企业党的建设。企业发展有自己的规律,企业中党的工作不能脱离企业发展的规律来进行。党组织按照企业发展的要求确定自己的位置,进而开展工作,才能为企业所需要、所欢迎。温州市非公有制企业党的建设之所以能够取得明显成效,就是因为他们不是"就党建抓党建",而是从企业发展规律来思考企业党的建设。在社会主义市场经济条件下,企业党组织的活动既应当符合党的要求,又要符合企业的实际,有利于促进企业朝着又好又快的方向发展,有利于促进企业的整体利益和各方利益的实现。

二是必须把党的工作融入企业发展之中,成为企业发展不可或缺的组成部分。现代企业制度的基本框架是法人治理结构。企业党组织要成为企业法人治理结构中所必需的组成部分,这是摆在企业党组织面前的重大课题。否则,企业党组织就很难在企业真正立足,就很难切实有效

地发挥作用。温州市以建设"活力和谐企业"为抓手，使党组织在非公有制企业中有了明确的定位，企业党建工作与企业发展，与企业主和职工的利益，紧紧地联系在一起，实现了"目标同向、工作同力、发展同步"。这样，党组织就真正成了企业发展不可或缺的一部分，企业党的工作也就能理直气壮地抓了。

三是必须将企业党建工作落实到企业的每一项具体工作中去。要把企业党建工作的目标要求落到实处，就必须把这些目标要求变成可操作的制度、规则和措施。没有这些制度、规则和措施，任何目标要求都毫无意义。在这方面，温州市各级党组织做了大量细致的工作。他们对"活力和谐企业"的总目标进行综合分析，把它细化为若干子目标，与党组织的活动进行对接，一一寻找结合点，开展了一系列有成效的活动。

（《今日浙江》2007年第14期）

风好正是扬帆时

——浙江党员干部和群众谈对党代会的期盼

新的号角即将吹响,新的征程又要开始。

2006年,浙江省生产总值超过15000亿元,人均生产总值接近4000美元。中共浙江省第十一次代表大会以来的5年,把浙江的发展带入了一个新起点。中共浙江省第十二次代表大会的召开,绘制新的5年发展蓝图,引领浙江全省实现全面小康。

日前,记者在全省各地采访,广大党员干部对省第十一次党代会以来的成就感到由衷的自豪,群众普遍对5年来小康社会建设成就感到满意,对即将召开的省第十二次党代会充满了期待,对今后5年充满了信心。全省党员干部和群众相信选举产生的新一届省委领导班子将带领全省人民一心一意谋发展、聚精会神搞建设,在经济、政治、文化、社会建设和党的建设中"干在实处、走在前列"。

更加注重发展内涵

改革开放以来,浙江经济经过20多年的高速增长,在过去5年集中地遇到了"成长的烦恼",土地、能源和环境容量的制约,迫使浙江转变经济增长方式。经过近几年的努力,浙江正在转入到科学发展的轨道上,但增长方式转变的基础还不牢固。今后5年要真正实现又好又快发展,就要更加注重发展的内涵,真正把创新作为发展的最强音。

浙江省委党校教师盛世豪认为,今后浙江在加大技术创新投入的同时,要加快建设以企业技术中心为主要形式的企业技术创新体系、以产学研联合为纽带的科技成果转化体系、以区域技术中心为主要载体的技术支持体系、以中小企业为主要对象的技术创新中介服务体系、以经济政策和法律手段为主要方式的政府技术创新调控体系等5大体系的同时，尽快建立创业投资和风险投资体系，完善产业金融体系，积极引导丰厚的民间资金向新兴产业和高新技术产业转移，建立重点产业发展基金，扶持新兴产业成长发展。更重要的是要跳出科技抓科技。建立市场化的资源配置机制，不仅可以推进资源的节约利用，还可以为推进企业的技术创新创造"倒逼"的外部环境，市场竞争必将刺激技术进步和集约经营。

在采访中，许多县市负责人都表达了这样的期盼，希望今后更加注重科技、人才、文化的支撑，更加注重集约、精细、高效的生产方式，更加注重品牌、管理、专有技术等无形资产的形成与利用，坚持发展循环经济和产业结构调整相结合，倡导绿色GDP，通过产业存量的调整和增量的优化，科学、高效地利用各种资源。坚持产业发展、经济建设和生态环境建设相结合，大力推行清洁生产，发展环保产业。强化农业产业化、规模化、生态化经营改造，大力发展现代农业。

以平湖、嘉善为代表的浙北临沪地区北接江苏，东临大上海，南濒杭州湾，具有得天独厚的区位交通、岸线港口、人文资源优势和发展基础，是全省接轨上海、追赶苏南的桥头堡，在浙江经济社会发展中至关重要。平湖市委书记孙贤龙认为，当前和省第十二次党代会后的一个时期，是浙江经济和社会发展的关键时期，加快浙北临沪地区更好更快发展，应成为省委、省政府实施接轨上海、追赶苏南战略的重要组成部分，应放到优先考虑的位置。

浙江海亮集团董事长冯亚丽说，目前浙江发展正处在加快自主创新，推动经济结构战略调整的关键时期，这是企业奋发有为、再创新业的重要机遇期，所有企业都要发奋图强，积极进取，锐意创新，提升核心竞争力，为促进经济又好又快发展做出新的贡献。

希望生活更加红火

2006年我省城镇居民人均可支配收入达18265元,连续6年居全国省区第一;农村居民人均纯收入7335元,连续22年居全国省区第一。

浙江省统计局社情民意调查中心在全省范围内随机抽取2200名居民(城市、农村居民各占50%),开展了一次关于省十一次党代会以来我省小康社会建设的民意调查。调查结果显示,居民对我省5年来全面建设小康社会的总体满意率为92.5%,其中认为很满意和满意的为69.7%。居民对家庭收入的满意率为82.3%;对生活质量的满意率为85.6%,对目前的生活与工作环境满意率为80%。

"放心店里真方便,物美价廉货物全,日用百货品种多,农资产品把关严,不用坐车进城跑,男女老少笑开颜。"安吉县溪龙乡溪龙村60多岁的金克余老汉在村口的联盛供销超市里买好货物出来,顺口甩出了一串顺口溜。"昔日吃水真发愁,如今自来水通到锅灶头,民心工程政策好,幸福生活在后头。"高禹镇农民邹百清老汉编的这段顺口溜,如今已在全镇传开了。这两段顺口溜真实而朴素地反映出"千村示范万村整治""千万农民饮水工程"等的实施,使我省农民生产生活条件大幅度改善。但在吃饱、穿暖、生活方便之后,农民们开始有了新的期盼。老人们希望农村合作医疗的保障力度能更大一些,农村文化生活更丰富一些,如果农民也有养老金就更好了。

而外出打工的农民工希望能享受到和城里人一样的待遇。从上虞农村到杭州搞装潢的徐木匠在城里已经近20年了,从一个小伙子变成了有一个16岁的孩子的父亲。老婆、孩子和他一起一直住出租房。说起这些经历,他说,以前为了孩子上学的事,交赞助费不说,还得到处求人。去年孩子上高中了。这些年也攒了一些钱,想买房在杭州安营扎寨。他说,要是让在城里的农民工也能买经济适用房就好了。

青田移民党员厉新廷说,现在各级党委、政府把双脚深深扎根于基层,从群众的利益出发讲话、做事,贴近困难群众,帮扶弱势群体,让广大群众满意。希望能够出台政策,加大对农民,特别是农村党员的培训力度，掌握就业和致富的本领，指导农村党员为农村发展、农民致富贡献力量，这样可以进一步提高党员在群众当中的威信。

许多城市职工家庭认为，政府应研究普通工人工资定期增长机制，同时对垄断行业的过高收入进行调节，缩小收入差距，保持社会整体和谐。

医疗、教育、购房、就业，社会保障问题等都是事关人民群众最切身利益的问题，也是广大群众最关心的问题，他们期盼今后5年这些情况会有大变化。

拓展更大发展空间

浙江，七山一水两分田。浙江东临东海，有着漫长的海岸线。这样的地理条件，必然有发展的不平衡。城乡差距、发达地区和山区海岛发展的差距依然存在。

把山区海岛等欠发达地区作为浙江经济新的经济增长点，这不仅是专家学者的呼声，更是欠发达地区人们的企盼。他们希望加大欠发达地区社会主义新农村建设的扶持力度，逐步加大农村地区基础设施投入。重视欠发达地区农民增收和就学、就医问题，继续加强农村基层党组织建设指导，加快集体经济薄弱村的建设。

衢州属我省的经济欠发达地区，广大基层党员群众深切感到衢州的发展离不开省委、省政府的大力扶持，坚信省第十二次党代会的召开是欠发达地区加快发展的又一个新起点。盼望省委继续把经济欠发达地区作为新的经济增长点来培育，进一步加大扶持力度，在项目、资金、技术和基层党建工作等方面实行倾斜政策，帮助欠发达地区解决实际困难。

景宁县沙湾镇张庄村党支部书记蓝晓娟（畲族）说，欠发达地区农村集体经济薄弱，希望这次省党代会能更多地关心、关注经济落后地区的发展。

四明山老区党员张师傅说，经济社会在发展，老百姓的需求也在提高，作为老区的基层党员干部，我们一直都关注新农村建设的问题，希望这次党代会能制定更加切实可行的目标和措施，指导农村发展。

宁波、舟山等地的干部说，我省是一个海洋大省，加快发展海洋经济，既是我省培育新的经济增长点的客观要求，也是推进我省经济结构战略性调整的需要，更是拓展发展空间，推进我省经济社会协调发展的必然要求。他们希望省第十二次党代会能够为我省海洋经济发展注入更大的动力、更多的活力。通过深度开发、利用海洋资源，加快规划建设临港产业带，积极培育新的经济增长点，打造海洋经济强省。坚持把港口建设放在突出位置，大力推进以宁波—舟山港建设为核心的全省港口资源的整合和开发，不断完善港口集疏运体系和信息支撑体系，积极提升港口物流一体化程度，大力发展海洋运输业，积极推进"江海联运"，科学优化运力结构，加快建设港航强省。坚持把发展临港工业作为重中之重，重点推进船舶修造、临港重化工、水产品精深加工、海洋生物医药等临港型先进制造业基地建设。坚持科技兴海战略，积极发展一批科技含量高、资源消耗低、环境污染少的临港工业及其延伸产业，大力发展海洋新兴产业。合理开发海岛资源，积极实施海洋旅游精品战略。坚持深化海洋渔业结构战略性调整，积极发展海水养殖业、远洋渔业，继续引导捕捞渔民转产转业，建设一批现代化渔业基地。加快海岛基础设施建设，优化海洋经济发展环境。坚持走可持续发展道路，切实保护好海洋生态环境。

普陀区桃花镇党委书记王旭光坦言，海岛交通发展与陆地交通相比历来比较落后，这不仅给海岛居民生活带来诸多不便，也制约了这些地方的经济发展，希望省第十二次党代会能够更加关注海岛岛际交通建设，更好、更快地解决海岛居民千百年来出行难的问题。

文化大省建设迈出新步伐

"等闲识得东风面，万紫千红总是春。"浙江昆剧团团长林为林用这首诗表达了他对近年来我省正在蓬勃开展的文化大省建设的感受。面对当今世界各种思想文化相互激荡的大潮，林为林显得更是激情满怀。他说，和谐文化是建设和谐社会不可或缺的精神支柱，提高人的文明素质,关键在于建设和谐文化。一种和谐有序文化体系能约束个人的意识和行为。他表示,昆剧的弘扬和创新,要一手伸向传统,一手伸向生活,在实践中摸索、创新,有所发挥,才能创作出更多更好的艺术精品奉献给人民,创作出具有"真善美"品格的好作品奉献给这个时代。

自从2005年省委十一届八次全会作出加快文化大省建设的决定以来,随着教育强省、科技强省、卫生强省、体育强省4个强省建设的不断推进,全省城乡人民都从中得到了实惠。从2006年秋季起,我省500万中小学生上学免收学杂费;县有图书馆、乡有文化站、村有健身活动场所大量建设;87个县市实现了新型农村合作医疗全覆盖,农民健康工程开启了大规模为农民免费体检的先河……

但是,不可否认,农村的文化娱乐生活仍枯燥且单一。农民们希望今后5年政府加大乡村两级文化网络建设力度,组建一批集图书阅读、宣传教育、文化演出、科普培训、体育和青少年活动于一体的综合性文化站,使农民在村里就能进行文化活动。

农民朋友企盼农村有更加丰富多彩的文化娱乐活动,农村孩子能享受到和城里孩子一样的优质教育,看病能够更方便、更便宜……

向往没有止境,干劲没有止境。全省人民正满怀豪情憧憬新生活。

(《今日浙江》2007年第11期)

后 记

记者是时代的瞭望者、历史的记录者、发展的见证者。

在浙江这片创新创业的热土上,记录和见证"八八战略"的实施,这是记者的幸运,更是记者的责任。

时光回溯到2003年7月,时任中共浙江省委书记习近平通过深入调查研究,在中共浙江省委十一届四次全会上郑重作出了"发挥八个方面优势,推进八个方面举措"的决策部署,即"八八战略",为浙江发展作出了长远性、系统性、全局性的擘画,得到了全省上下的高度认同。自此,浙江大地实施"八八战略"的大幕开启,一台台实施"八八战略"、推进科学发展的好戏竞相上演,精彩纷呈。

就在"八八战略"开始实施的第二个年头,组织上安排我到省委主管、省委办公厅主办的省委机关刊物《今日浙江》杂志社工作。我在杂志社工作的6年,正是浙江省委率领全省干部群众大力实施"八八战略"的一个重要时期。在"八八战略"引领下,浙江各地干部群众劲足实干、奋勇争先,创新实践、创新经验、创新成果层出不穷,浙江城乡面貌发生深刻变化、人民群众生活水平大幅提高、高水平全面小康社会建设加速推进。这6年的工作生涯,既让我圆了少年时代的记者梦,又让我有机会用新闻忠实记录浙江实施"八八战略"的一段不平凡的历史,更加深入、深刻地领略和见证"八八战略"的思想伟力和实践伟力。

笔墨当随时代,记者应记历史。在《今日浙江》,在省委办公厅的领导尤其是分管领导直接指导下,我与杂志社的同仁一道坚持"围绕中心、服务大局",聚焦省委推进实施"八八战略",精心策划了一个个重大宣传主题。尤其是每期"重点关注"栏目的专题报道,紧紧围绕省委中心工作唱响主旋律,组织编辑记者深入基层采写了一篇篇有一定分量的深度报道,或深度阐释重大决策、重要部署、重要活动,或重点宣传重要成就、重要经验、重大进展,营造了较大的主流舆论声势,有效发挥了以正确舆论引导人、鼓舞人、凝聚人的作用。

光阴不居,岁月如流。今年已是实施"八八战略"20周年。20年来,浙江省委始终坚定不移将"八八战略"作为引领浙江发展的总纲领、推进浙江各项工作的总方略,一任接着一任干,一张蓝图绘到底。今天浙江改革发展所取得的巨大成就,尤其是在落实新发展理念、构建新发展格局、推进高质量发展方面能走在全国前列,这与"八八战略"一以贯之、持之以恒的实施是密不可分的。正如浙江省委书记易炼红所言:"'八八战略'是习近平总书记为浙江量身定制的总纲领总遵循,从省域层面率先开启了探索中国式现代化的生动实践,为浙江推进现代化建设提供了强大制度保证、奠定了丰厚物质基础、激发了主动精神力量。"

在即将迎来实施"八八战略"20周年之际,我们学习研究"八八战略"、深化推进"八八战略",需要循迹溯源、温故知新,需要知其然、知其所以然。当我翻阅自己在《今日浙江》刊发的文章时,蓦然觉得这些文章还有点穿越时光的历史价值,不失为是透视那些年我省实施"八八战略"的一个小小窗口,是反映"八八战略"对浙江发展产生重要影响、发挥重大作用的一个小小缩影,于是筛选汇编这些文章,希冀对读者有所裨益,对当前我省深入实施"八八战略"、扎实推动高质量发展有所借鉴和启发。

在重新审读这些文章时,经常会被浙江干部群众干在实处、走在前列、勇立潮头的实干精神、创新精神、拼搏精神所感动,也时常会在心里吟诵起宋代著名文人潘阆描绘钱江潮的两句诗:"弄潮儿向涛头立,手把红旗旗不湿"。我觉得这两句诗在所有描绘浙江的诗词中,最能体现当代浙江人在时代大潮中搏击风浪、勇往直前的英勇气概和精神风貌。这也是《勇立潮头》书名的由来。

由于选编的这些文章都曾公开发表过，为体现尊重历史，编辑过程中原则上保留文稿原貌，只是在个别地方作了适当删改。

本书付梓前，写下以上这些话，权当本书的说明和交待。不妥之处，敬请读者批评指正。

厉佛灯

2023 年 5 月 28 日

图书在版编目（CIP）数据

勇立潮头 ：“八八战略”引领浙江科学发展 / 厉佛灯著． — 杭州 ：浙江人民出版社，2023.7
　ISBN 978-7-213-11150-1

　Ⅰ．①勇… Ⅱ．①厉… Ⅲ．①区域经济发展-研究-浙江 Ⅳ．①F127.55

　中国国家版本馆CIP数据核字（2023）第129737号

勇立潮头——"八八战略"引领浙江科学发展

厉佛灯　著

出版发行	浙江人民出版社（杭州市体育场路347号　邮编　310006）
	市场部电话：(0571)85061682　85176516
责任编辑	朱碧澄　莫莹萍
责任校对	陈　春
责任印务	程　琳
封面设计	王　芸
电脑制版	杭州兴邦电子印务有限公司
印　　刷	杭州钱江彩色印刷有限公司
开　　本	710毫米×1000毫米　1/16
印　　张	16.25
字　　数	235千字
插　　页	1
版　　次	2023年7月第1版
印　　次	2023年7月第1次印刷
书　　号	ISBN 978-7-213-11150-1
定　　价	78.00元

如发现印装质量问题，影响阅读，请与市场部联系调换。